조선의
선비

조선의 선비_살아있는 조선의 청빈을 만난다

1판 1쇄 발행 2006년 11월 28일
2판 4쇄 발행 2019년 7월 15일

편 저 자 이준구, 강호성
펴 낸 이 김상철
발 행 처 스타북스
등 록 번 호 제300-2006-00104호

주   소 서울특별시 종로구 종로1가 르메이에르 1117호
전   화 02)723-1188
팩   스 02)735-5501
이 메 일 starbooks22@naver.com

I S B N 978-89-92433-00-6 03910

ⓒ2019 Starbooks Inc.
Printed in Seoul, Korea

● 잘못 만들어진 책은 본사나 구입하신 서점에서 교환하여 드립니다.
이 책은 저작권법에 의해 보호를 받는 저작물이므로 무단전재와 무단복제를 금합니다.

조선의 선비

清白吏

이준구·강호성 편저

살아 있는 조선의 청빈을 만난다

자고로 부모에게 극진히 효도하는 사람치고 백성을 아끼지 않은 사람이 없었다. 백성을 제 살처럼 아끼고 사랑하는 관리치고 누구든 청백리가 안 될 수 없는 법이었다. 백성을 자기의 살붙이처럼 아끼며 보살피는데 어떻게 그 불쌍한 백성의 재물을 내가 먹자고 빼앗아 제 입에 넣어 버릴 수 있겠는가? 또 부모에게 도리를 다하여 효성을 하는 사람이 백성의 물건을 도둑질해 다가고 기반찬을 얻어 먹다 가도 백성의 원성을 듣는 부정한 재물이라는 것을 안다면 살이 찌고 마음이 편안하기는 고사하고 살이 내리고 한숨이 나와 제 명에 못살고 지레 죽을 일이다. 자고로 사람은 부모를 정성껏 공양하되 깨끗하고 당당하게 벌어들인 재물로 섬길 일이지 도둑질한 물건으로 섬겨서는 안 된다.

스타북스

들어가는 말

당당하게 청빈을 즐긴 조선의 선비들

　해마다 입시철이면 불거지는 학부모들의 청탁 사건, 선거철이면 고개를 드는 뇌물 사건, 그 밖의 고위관리자들의 사치 행각들은 제철 과일처럼 등장하는 메뉴다.
　아직도 끼니를 굶고 추위에 떠는 국민들을 뒤로 한 채 자신들의 욕심 채우기에 여념이 없는 지금의 관리들을 조선시대 청백리들이 본다면 어떠하였을까?
　자신의 끼니를 걱정하기에 앞서 백성들의 끼니를 걱정하고, 높은 관직에 있을 때 들어오는 청탁을 무 자르듯 자르며, 고마움의 표시라고 백성들이 준 선물은 바다에 버리면서까지 강직했던 그들의 욕심없는 삶은 지금의 관리들에게 따끔한 회초리가 될 것이다.

《조선의 선비》는 조선시대에 깨끗하다 못해 궁상맞을 정도로 자신과 가족은 돌보지 않고 백성들의 마음과 끼니를 걱정했던 청백리들에 대해 이야기했다.

성종이 행색을 그림으로 그리게 해 청렴의 표본으로 삼았던 양관을 시작으로, 밥상에 고기 반찬을 두 종류 이상 올리지 못하게 했던 민성휘, 한평생을 옷 한 벌과 이불 하나로 지냈던 신흠, 귀양살이 동안 천한 일을 종들과 도와가면서 그들의 삶을 깨달았던 정광필까지, 그들의 깨끗했던 삶의 에피소드가 묶여 있다.

처음도 끝도 청백

인간으로 태어나 일말의 욕심이 없다면 살아갈 목표가 없을 것이다. 목표가 있기 때문에 그 목표를 향해 욕심을 내서 달리는 것이다. 하지만 그 욕심의 둘레가 어디까지 미치느냐에 따라 사람을 성실하게도, 악하게도 만든다. 자신이 가질 수 있는 범위 안에 욕심의 둘레를 치고 그 안에서 자신의 욕망을 채운다면 그건 어찌보면 자기 향상을 위한 욕심일 수 있다. 하지만 내 것이 아닌 범위까지 욕심의 둘레를 친다면 악인의 둘레를 친 것과 마찬가지이다.

　내 것이 아니면 보지 않으면 된다는 간단한 논리를 사람들은 간단하게 무너뜨린다. 물론 이성적인 판단에 의해 '아니다' 라고 마음속으로는 수없이 외치고 있지만 보여지는 현실의 손은 그 욕심을 벌써 쥐고 놔주지 않고 있다. 이러한 현상들은 과연 돈의 가치가 높아지고 복잡해진 현대사회에서만 이뤄졌을까? 그렇지 않을 것이다. 사람이 존재하고 사회가 존재하는 이상 이러한 일들은 어느 시대를 막론하고 발생한다.

　조선시대 선비들 역시 높은 관직에 있다 보면 많은 청탁과 뇌물의 유혹이 있었을 것이다. 하지만 그 순간의 유혹보다 청빈한 삶을 기록한 그들의 정직한 삶을 이 책에서는 말해 주고 있다. 처음은 청백하였으나 끝은 욕망이었던 지금의 시대와는 달리 처음과 끝을 시종일관 청백으로 마무리 지은 조선의 선비들을 비교해 보는 것도 흥미로운 일일 것이다.

　　　　　　　　　　　　　　　　　　　　　　이준구, 강호성

목차

들어가는 말 _005

양 관, 임금이 행색도를 청렴의 표본으로 삼다 _010
이 서, 뛰어난 수완으로 나랏일을 돌보다 _023
홍언필, 판서 위세 부린 아들을 꾸짖다 _033
조사수, 만조백관이 인정한 청문으로 들어가다 _041
김신국, 죽은 조상은 손자의 일을 모른다 _051
이문원, 낙방자의 답안지에서 급제자를 뽑다 _060
이시백, 구멍난 부들방석도 조심스럽다 _075
홍수주, 얼룩진 비단치마에 포도그림으로 갚다 _085
이 해, 공신전 반환하고 백성에게 돌려주다 _099
김수팽, 죽을 각오로 바둑판을 쓸어버리다 _113
이지함, 걸인청으로 빈민을 구제한다 _124
김덕함, 단벌 옷 빨아 알몸에 관복만 입고 외출하다 _137
이약동, 돈 보기를 흙처럼 하다 _147
이 황, 벼슬에 연연하지 않는다 _155
백인걸, 대의를 위해 핏줄도 잘라내다 _171

민성휘, 한 밥상에 두 가지 고기 반찬을 올리지 않는다 _186
이수광, 초 한 자루로 백성의 수고로움을 알다 _198
이   탁, 손님에게 술 대신 간장 탄 냉수 대접하다 _213
장응일, 나이 칠십 동안 무명이불만 고집하다 _222
신   흠, 평생을 옷 하나, 이불 하나로 살다 _237
이시원, 돗자리를 짜서 생계를 잇다 _249
홍   흥, 왕자도 엄한 법규로 다스리다 _259
송인수, 관기의 유혹을 뿌리치다 _267
정   붕, 잣은 높은 산에 있고 꿀은 백성의 집 벌통 안에 있다 _279
정태화, 서른일곱 번 영의정 사표를 내다 _291
임   담, 철저하게 청탁을 거절하다 _302
이후백, 죽마고우의 명태 한 마리도 받지 않는다 _312
오윤겸, 색과 투와 득을 계로 삼다 _321
조원기, 한평생 나물과 오이로 연명하다 _330
정광필, 죽음을 초연히 받아들이다 _341

양곤
조선의 선비

梁灌

임금이
행색도를
청렴의
표본으로
삼다

임진강 파주 나루로는 날마다 행인들이 쉴 새 없이 들락거렸다. 서울에서 의주 압록강까지 연해 뚫린 길이라 사또가 지나다니고 장사꾼이 출입하며 평양 감사한테 심부름 다니는 방자녀석이 날마다 이 나루를 건너다녔다. 송상(松商)들도 들락거리고 나라의 문서를 가지고 부산하게 다니는 파발 역졸들의 내왕도 쉴 새가 없었다.

파주 나루는 그렇게 큰 길목에 자리 잡고, 또 이 길을 넘나드는 행인들이라면 반드시 이 나루에서 나룻배를 타고 임진강물을 건너야 하기 때문이다.

나루에는 내왕하는 행인들을 실어 나르기 위해 나룻배 두 척이 항상 떠 있었다. 그러나 날씨가 좋고 바람이 자서 나룻배 행객들이 멈추는 일이 없이 그대로 잘 소통이 될 때는 별 문제가 아니지만, 큰 홍수가 지는 여름철에

조선의 선비

는 물이 갑자기 불어나 이삼 일씩 배가 묶이는 수가 있었다. 이런 때는 행인들도 발이 묶이고, 행인들의 발이 묶이면 파주 나룻가 주막집 봉노방에는 길을 가던 나그네들이 묵느라고 법석을 떤다.

"오늘도 못 건너가오?"

"내일이나 돼야 물이 빠지겠수다."

"허, 이거 큰일 났구만!"

"왜 급한 일이시오?"

"급하지요. 우리 고을 나리가 새로 부임해 내려오는데, 우리 같은 사령들이 안 바쁠 수 있소? 어서 이 나루를 건너가 사또를 모셔오는 신연(新延) 맞이를 해야 하는데 하, 이놈의 비 때문에 내가 파주 나루에서 발이 묶이다니…."

"아무리 급해도 개구리가 아닌 바에야 강물을 헤엄쳐서 갈 수야 없지 않소? 하루만 더 참아 봅시다."

"글쎄올시다. 이건 내가 낭패보는 일인데… 어서 달려가서 우리 사또 얼굴 앞에 이놈이 머리를 처박고 큰절을 해야하는 것인데 하필이면 여기서 길이 막힐 게 뭐람?"

사령은 고개를 쑥 뽑아 주막집 바자 울타리 너머로 벙벙하게 흘러가는 나룻터 강물을 쳐다보곤 한다. 나룻배는 강둑에 임자 없이 매여 있는 채 오늘도 저쪽에서 건너오는 행객들은 그림자도 안 보였다.

그런데 행인의 발이 묶인 이 나루에 사흘 전부터 들어와 행객들을 살피고 있는 웬 나그네 하나가 있었다. 행색이 초라한 이 나그네는 장사꾼처럼 꾸미고 주막에 들어 왔지만, 눈초리가 날카롭고 살색이 하얀 것으로 보아 판박이 등짐장수 떠돌이 같지는 않았다.

나그네는 뱃길이 막히기 사흘 전에 이 나루에 왔으니, 물에 막혀 나루를 건너가지 못한 것이 아니라 일부러 나루를 건너가지 않고 저쪽에서 배로 건너오는 행객들의 동태를 살피는 눈치였다. 그 나그네에게는 심부름꾼 같은 또 다른 동패 하나가 딸렸는데 두 사람은 한 방에서 기거했다.

"강물이 내일쯤이나 들리겠는 걸…."

"글쎄올시다. 아마 내일은 길이 통하고 그 나리도 오겠지요."

"쉿, 누가 들을라. 나리란 소리는 입 밖에 내지도 말라!"

나그네 행색으로 꾸민 사람은 보따리 안에다 유척(鍮尺) 한 개를 싸가지고 덕천군수 양관(梁灌)(1)이 나루를 건너오기를 기다리고 있는 암행어사였다.

암행어사는 서울을 떠나올 때 성종으로부터 '파주 나루에서 양관이가 서울 집으로 돌아오는 길목을 지켰다가 불문곡직하고 보따리를 검색하라.'는 어명을 받은 탓이었다. 즉 파주 나루를 건너오는 군수 양관을 암행어사가 어명을 받고 급습하여 불심검문을 하게 되는 것이다.

통상적인 법으로 보아서 사또를 길바닥에서 이렇게 불심검문하는 일은 있지 않았다. 혹 암행어사가 관아를 급습하여 군수의 행적을 조사하는 경우는 있어도 군수 자리를 내놓고 집으로 돌아오는 사람의 행색 보따리를 암행어사를 시켜 길바닥에서 조사시키는 이유는 무언가?

역적 모의를 한 혐의가 아니라면 이런 일은 신하에게 행하는 예의가 아

---

(1) **양관** 梁灌 1437(세종 19)~1507(중종 2).
조선 전기의 무신. 본관은 남원, 호는 일로당(逸老堂). 세조 3년 사마시, 같은 해 6년 무과에 급제하여 내외(內外)의 벼슬을 역임하여 지돈녕부사(知敦寧府事)에 이르고 청렴한 관리로서 청백리로 기록되었다.

조 선 의 선 비

임진강의 황포돛배
고양시는 조선시대 임진강의 나루터를 재현하여 관광상품으로 개발하였다.

니었다. 그런데도 성종成宗(2)은 서북 지방에 암행어사를 내보내면서 아무 날 아무 때쯤, 덕천군수 양관이 파주 나루를 건너올 테니 불문곡직하고 짐 보따리를 뒤지라는 하명下命을 내려 암행어사가 지금 파주 나루에서 뱃길을 노리고 있는 것이다.

(2) **성종** 成宗 조선 제9대 왕(1457~1494, 재위 1469~1494).
세조의 손자, 추존왕인 덕종의 아들. 어머니는 한확의 딸 소혜왕후, 비(妃)는 한명회의 딸 공혜왕후. 1469년(예종 1) 13세로 왕위에 올랐는데, 7년간 세조비 정희대비가 수렴청정하였다. 1476년부터 친정을 시작하여 세종·세조가 이룩한 치적을 기반으로 하여 빛나는 문화정책을 펴나갔다.
숭유억불정책을 철저히 시행하였으며, 1474년에는 《경국대전》을 완성하였다. 서적의 간행에 힘을 써서 《여지승람》,《동국통감》,《동문선》,《오례의》,《악학궤범》 등을 편찬·간행하였다.

그러나 암행어사 자신도 '아무개를 불심검문하라.'는 어명을 받았지만 그 까닭은 아직 전혀 알 수 없었다. 그래도 일을 소홀히 할 수가 없어서 등짐장수와 먹장수로 가장한 역졸 두엇을 미리 덕천까지 보내어 군수 양관이 말을 타고 올라오는 길을 뒤밟으며 살피게 했던 것이다.

그런데 강물이 사흘이나 막혔다가 나흘째에야 뚫렸다. 막혔다가 터진 나루는 배를 타려는 사람들로 크게 붐볐다. 이런 때는 으레 세력있고 하인을 많이 거느린 나리나 양반 행차가 일반 선객들을 뒤로 밀치고 먼저 배를 타기 마련이다. 그래서 다저녁 때가 되어서야 일반 백성과 장사꾼 그리고 보잘 것 없는 지방 나그네들이 들어왔다.

"안 오느냐?"

"예. 아직 안 보입니다."

"오늘 들어오려면 벌써 왔을 텐데 그러는구나!"

"예. 아침나절에는 아무 병사와 영변부사 행차가 배를 타고 왔고 점심나절에는 송상 몇 사람들이 많은 짐을 싣고 건너 왔습니다."

"그래? 덕천군수 양관도 건너오려면 진작 앞 배를 타고 건너왔을 텐데, 오늘 출발하지 않은 모양이구나!"

"그런가 봅니다. 사또 나리 행차가 이렇게 다저녁 때 초라하게 강을 건너 올 까닭은 없으니까요."

사실 사또라는 것은 어디로 몸을 내굴리며 움직이건 간에 행차가 볼만한 것이다.

그 위의 威儀를 갖춰 앞뒤에 사령들을 늘어 세우고 삼현육각 순령수 깃발을 펄럭이며 길을 가는 재미에 아랫배에서 헛기침이 나오는 법이다. 일산日傘 그늘에 귓불이 하얗게 되어 당당한 행차를 놓고 다니니, 그런 사또 덕분

나루터
조선시대 나루터의 모습을 담은 수묵화.

에 사령들도 나팔을 뚜우 뚜우 불며 뽐내는 것인데 이런 행차를 놓아두고, 아무리 퇴임해 오는 길이라지만 덕천군수 양관이 꾀죄죄한 백성들 틈에 끼어 나룻배를 타고 올까?

안 올 모양이라고 사람들이 북적거리는 강변 나루에서 암행어사 일행이 돌아가려고 할 때였다.

"또 오네요!"

"그래?"

"저기 배 한 척이 또 손님을 싣고 건너오지 않습니까요?"

손으로 삿갓을 들추고 강쪽으로 다시 눈을 주니, 맞은편 강변에서 나룻배가 어둠 속에 흔들흔들 배꼬리를 출렁거리면서 건너오고 있다.

"가오!"

"평안도 갔던 먹장수가 이 배로 가오!"

그 어둠 속에서 누가 손을 내저으며 소리를 쳤다. 그 소리를 듣자 암행어사 일행은 금방 알아듣고 긴장을 했다. '평안도 갔던 먹장수'는 바로 암행어사가 덕천까지 미리 보내 미행해 오도록 했던 역졸이었기 때문이다.

암행어사는 얼른 눈짓을 하여 변장하고 달려 온 다른 역졸과 사령들에게 실수없이 일을 거행하도록 명령을 했다.

"불문곡직하고 덕천군수를 덮쳐라!"

"옛!"

"만약 군수를 따라오는 종놈이나 내행(內行)이 있으면 그 짐짝도 이잡듯이 뒤져 조사를 해라!"

"옛!"

이렇게 암행어사가 군사를 풀어 도둑을 잡듯 서슬이 퍼렇게 기다리고 있었다.

속말로 '털어서 먼지 안 나오는 사람 어디 있느냐.'고 한다. 아무리 조그만 회사 하나를 가지고 있거나 시골 면장 권력을 쥐고 행사하는 사람이라도 샅샅이 털어서 먼지 안 나올 사람이 있을까.

그런데 성종 때의 청백리 덕천군수 양관은 군수살이를 한 후 집으로 돌아오는 행리를 암행어사를 보내 수색하게 하였더니, 짐보따리 속에는 단지 '소학(小學)'과 '두시(杜詩)' 등 책 몇 권과 가야금과 화살 따위 몇 개가 나왔을 뿐이었다. 실로 믿기 어려운 청백이었다.

한 고을의 사또가 임기를 다 치루고 자기 집으로 돌아오는 짐보따리가 이렇게 초라할 수가 있는가? 이 사또 영감은 큰방 마님도 없고 과년해서 시집 보낼 딸 자식 하나도 없었던가? 평안도에는 금과 은이 흔하다는데 은 귀이개, 족집게 한 개도 보따리 안에는 간직한 것이 없었다.

원래 원님은 산소(山訴) 덕분으로 먹고 산다는 말이 있었다. 산소는 묏자리를 가지고 백성들 사이에 재판질이 나는 것이요, 이 묘(墓)는 곧 산(山)이다. 그러나 세상의 산이라는 것은 단순히 '임야'라는 뜻이 아니라 금시발복(今時發福)도 묏자리에서 나오고 왕후재상도 명당 한 자리에서 나오니 '산'을 둘러싼 사람들간의 묘지권 싸움은 치열하고 그칠 날이 없었다. 산은 씨족들의 영고성쇠를 좌우하는 복록의 근본이기 때문이다.

요새로 치면 산소가 최대의 이권이 붙은 재산 싸움으로 이런 산소는 대개 씨족 대 씨족의 싸움으로 여러 대(代)를 두고 시비를 벌이는 게 보통이었다.

박씨네 산에 최씨의 뼈가 들어가면 박씨와 최씨 사이에는 싸움이 벌어져 원님에게 상소가 들어온다.

"내가 먼저 그 산꼬리에다 우리 3대조 뼈를 묻었다!"

"아니오. 쇤네가 산 밑에서 살아 7대조부터 송장을 그 산에 묻어왔소!"

"이놈, 양반 앞에서 발악하는구나. 양반의 산에 너희 같은 상놈뼈가 묻히다니? 저놈을 잡아다가 쳐라!"

"아니, 내가 세력이 미약하다고 해서 당신네 최씨가 솥뚜껑으로 자라 잡듯이 날 덮어 씌워 죽이려 하오? 하지만 나도 재당숙네 오촌의 아주머니가 서울 홍참판댁 따님이니 어디 세력으로 겨룰 테면 한 번 겨뤄 봅시다!"

이래서 산소에는 세력 싸움, 집안 싸움이 나고 그렇게 재판이 붙는 동안에 양쪽에서는 서로 기둥뿌리가 빠지고 용마루가 벗겨진다. 그런데 이런 산소는 그 고을의 원님이 판결을 낸다. 이래서 원님은 청(請)을 먹어주는 데 따라 이놈의 법을 코에도 걸고 귀에도 걸면서 요령껏 판결을 내주는데 이 때는 그냥 공짜로 일을 해주는 게 아니다.

원님이야 법을 다루니 차마 그런 '돈'을 안 먹겠지만 어떻게 된 셈인지 항상 세력 강한 쪽이 '옳은 편'이 되어 재판은 이기게 마련이었다.

세력이 센 쪽이 원님에게 더 묵직한 청탁이나 압력을 넣기 때문이다. 그런데 군수 양관은 그런 양반사회의 통념으로 따질 때는 전혀 엉터리 판결만을 내려 온 것이다.

항상 세력이 강하고 돈이 많은 쪽, 신분이 귀하고 문벌이 좋은 쪽이 맡아 놓고 이기는 산소 판결을 때때로 뒤엎고 번복하였다.

"이 산은 박씨네 것이 분명하다!"

"최가가 세력을 믿고 남의 산을 뺏은 것이 분명하다!"

이런 식으로 원리원칙대로 사리를 따져서 판결을 냈다. 이러니 세력을 믿고 산소를 일으켰던 지방 호족들은 판결을 번복하도록 압력을 넣거나 "군수 양관이가 아무개의 청탁을 듣고 산소를 잘못 판결했다.", "양관이는 돈을 좋아해서 이번에 돈 천 냥을 받고 재판을 거꾸로 해주었다."라고 공연한 사람을 모함하거나 모략하는 말을 해 임금의 귀에까지 들어가게 되었다.

"양관이는 음흉한 사람이오. 겉으로는 청백한 체 하면서 속으로는 백성의 재물을 뺏어 다른 고을에다 몇 백 섬짜리 땅을 장만해 놓았다 하오."

"열 길 물 속은 알아도 한 길 사람 속은 모른다고 합니다. 양관이는 임금의 이목을 속여 거짓으로 청백리의 이름을 도적질하는 사람입니다."

"양관이는 이번에도 첩을 하나 더 얻었는데 평양 아무 기생의 딸을 머리 얹어 아무 데에다 집을 사고 살림살이를 장만해 주었다고 합니다."

"아무 첩에게는 은으로 귀이개를 하나 해주었다 합니다. 군수가 법을 어기고 천한 기생의 몸에 은노리개를 갖도록 했으니 마땅히 엄한 법으로 다스려야 할 줄로 아옵니다."

신하들은 임금 성종에게 중구난방으로 양관의 일을 공격하고 탄핵하였다. 사헌부에서도 글을 올려 양관을 탄핵하였다.

그러나 성종은 밝은 임금이었다. 양관이 바른 정사를 펴다가 앞뒤로 적

경국대전 經國大典
고려 말부터 100년 간에 반포된 왕명·교지·조례 및 관례 등을 총망라한 조선시대 유일 최고의 법전. 1485년(성종 16)에 최종본을 완성하였다.

을 사 모함을 당하고 있다는 것을 알았다.

여기서 성종은 다시 암행어사를 보내 파주 나루를 건너오는 덕천군수 양관의 짐보따리를 수색케 한 것인데 과연 양관의 보따리 안에서는 돈 될 것이라고는 여우터럭으로 만든 방석 한 개도 안 나왔던 것이다.

양관은 원래 과거에 합격하여 벼슬길에 나온 선비 출신이 못 되었다. 젊어서부터 부지런히 경서와 사서를 읽으면서 애써 공부를 하였지만 과거시험에는 떨어졌다. 두 번째 과거에도 낙방을 했고 세 번째 과거에서도 떨어지고 말았다.

그래서 문과를 포기하고 말타고 활쏘는 공부를 다시 시작하여 세조 경자년 무과에 급제하여 벼슬길에 나왔다.

그러나 문관을 우대하던 관료제도에서 호반으로 출세를 하자니 여러 문관들이 백안시하고 깔보는 것이 여간 아니었다. 하지만 양관은 성실한 관

양관의 동상
현재 경남 함양의 상림공원 안에 있는 역사인물공원에 양관의 동상이 세워져 있다.

리였다. 그래서 무과 출신으로 벼슬이 누진되어 의주목사를 거쳐 가선대부 동돈녕까지 올라 청백리로 뽑혔던 것이다.

나중에 성종은 승지에게 화공을 불러들이게 하고 덕천군수 양관이 파주 나루에서 짐 수색을 당했던 대목을 그림으로 그리게 하여 왕궁 안에 걸어두고 아침 저녁으로 그 양관 행색도를 들여다 보곤 했다.

청렴하고 깨끗한 수령의 표본, 그 충성스런 신하의 모습에서 성종은 치도의 기쁨을 맛보았던 것이다.

그래서 양관 행색도는 늘 용상 뒤 벽에 걸어두고 새로 지방을 맡아 수령으로 나가는 신하에게 물었다.

"이 그림의 뜻을 알겠느냐?"

"예."

"이 그림의 뜻을 알았다면 마땅히 백성을 어여뻐 여길 것이니라. 수령이 되어서 백성의 재물을 빼앗아 먹는 일이 있다면 이것은 애비가 자식의 것을 도둑질해 먹는 것이나 같으니라."

이렇게 청백리 양관의 행리 그림을 보이며 타일렀다고 한다.

조선의 선비
이서 李曙

뛰어난
수완으로
나랏일을
돌보다

인조 14년(1636) 12월 끝내 병자호란⁽³⁾이 터지고 말았다. 임금이 남한산성으로 피난을 하자 청나라 출사들은 금방 임금의 뒤를 추격해서 남한산성을 겹겹이 포위했다. 영의정 김유가 있고 이시백이 남한산성 방어사로 나서서 항전을 꾀했지만 도리가 없었다. 이듬해 1월 강화도가 무너졌다.

남한산성 안에 포위당해 양식길이 끊어져가는 임금을 구하기 위해 팔도에서 근왕병 수만 명이 몰려 왔지만 청나라 군사의 말발굽 아래 봄눈 녹듯이 와르르 무너지고 말았다.

(3) **병자호란**
1636년 12월부터 1637년 1월에 걸친 청나라와의 전쟁. 명나라가 쇠퇴하고 세력이 강해진 후금은 국호를 청으로 바꾸고 조선에게 군신의 예를 요구해 왔는데 이를 거절하자 청나라 태종이 직접 군대를 이끌고 쳐들어왔다. 인조는 남한산성으로 피해 저항하였으나 45일 만에 송파 삼전포에서 굴욕적인 항복을 하였다.

두 달을 못 버티고 45일 만에 인조[仁祖(4)]는 삼전도로 내려가 청나라 태종에게 무릎을 꿇는 치욕을 맛보았고, 그때까지 써오던 명나라의 연호 숭정[崇禎]도 폐지해 버렸다.

홍익한, 김상헌, 윤집, 오달제 등이 청나라에 볼모로 잡혀가 죽거나 스스로 목숨을 끊어 임금 인조의 주위는 더욱 허전하고 쓸쓸할 수밖에 없었다.

바로 그 전에 인조가 총애하던 신하 완풍부원군 이서[李曙(5)]가 남한산성 안에서 죽었다.

남한산성을 방어할 때 북문을 지키던 공은 몸에 병이 깊어 거동하기도 부자유스러웠는데, 날씨가 몹시 추워 바람이 심하고 눈발이 날리는 가운데서도 부축을 받으면서 성 위에 올라가 군사들을 독려하는 것이 마치 성한 사람과 같았다. 사람들이 공의 병세를 근심하니, 공은 말하기를 "이때가 어느 땐데 한 몸을 돌볼 것이냐!"하며 오히려 더욱 군사를 독려하며 분전하였다.

그러다가 완풍부원군 이서는 끝내 남한산성 안에서 숨을 거두고 말았던 것이다.

"상감마마, 완풍부원군 이서가 숨을 거두었다고 하옵니다."

---

(4) **인조** 仁祖 조선 제16대 왕(1595~ 1649, 재위 1623~1649).
선조의 손자이고 아버지는 정원군, 어머니는 인헌왕후이다. 인조반정으로 왕위에 오른 후 정묘호란과 병자호란을 겪었다. 이이·이원익이 주장한 대동법을 실시했으며, 민간무역을 공인하였다. 군제를 정비하여 총융청과 수어청을 신설하였다. 송시열·송준길·김육·김집 등의 대학자·대정치가가 배출되기도 하였다. 능은 교하의 장릉(長陵)이다.

(5) **이서** 李曙 1580~1637.
조선 인조 때의 무신. 호는 월봉(月峰), 시호는 충정공. 1603년 무과에 급제하고 진도 군수 등을 거쳐 1623년 장단부사로 경기 방어사를 겸임했다. 명청 교체기의 광해군의 중립외교정책에 반발하여 김류, 이귀, 김자점, 신경진 등과 함께 인조반정의 1등 공신으로 완풍 부원군에 봉해지고 호조판서에 보직되었다.

남한산성 지도
남한산성은 이괄의 난을 겪고 난 후 인조 2년(1624)에 시작하여 인조 4년에 준공하였다.

"무엇이?"

"오늘 아침까지 성 위에 올라 분전을 하다가 그만 숨이 떨어진 것이라 하옵니다."

임금 인조도 완풍부원군 이서의 부음을 듣고는 끝내 통곡을 터뜨리고야 말았다. 몸을 떨며 크게 애통해 하는 소리가 밖에까지 들리고, 며칠 동안이나 반찬 없는 수라를 들면서 마음 아파했다.

이렇게 신하의 죽음을 듣고 임금이 소리를 못 죽여 통곡소리가 문틈 밖까지 새어 나가게 한다는 것은 임금된 체통이 아니다. 그런데도 인조는 슬픔을 억누르지 못했다. 물론 인조 임금은 이서와는 끊을 수 없는 인연을 가지고 있었다.

경기 방어사이던 이서는 김유, 이귀 등과 함께 광해군을 몰아내고 인조를 내세우는 쿠데타를 주동한 반정공신(反正功臣)이었다.

그 공으로 김유와 이귀는 일세를 흔드는 권세와 부귀를 누리며 두려울 것이 없는 두각을 나타냈다. 이서는 호조판서에다 정사공신, 완풍부원군 봉작까지 받았지만 일신의 영달에 묻혀 나라와 백성을 저버린 사람이 아니었다. 이서는 병자호란이 나기 10년 전에 이미 남한산성을 쌓아 국란에 대비할 것을 아뢰고 스스로 남한산성 방어사가 되어 성을 쌓기도 했다.

기록된 바에 의하면 이서는 총융사로서 둔전을 넓게 설치하여 군량을 준비하였다. 또 남한산성에 성 쌓기를 건의하니 임금은 이서에게 직접 산성 쌓는 것을 감독하게 한 바, 이서는 1년 만에 완성시켰다. 그러나 역사役事를 다 끝마치고 나니 이서의 몸이 파리하고 피로가 겹쳐 나이 50이 되지 않았는데 수염과 머리가 모두 허옇게 새어버렸다고 한다.

얼마나 노심초사를 하면서 남한산성을 쌓았는가! 일국의 권세 있는 장수가 이렇게 신명을 돌보지 않고 제 몸과 제 집안의 영달을 잊어버리고, 깊은 산 속에 묻혀 나라 방어하는 성쌓기에 골몰한 나머지 몸에는 병이 들고 머리털은 허옇게 변해 버린 것이다.

그러하니 이런 신하를 잃은 임금 인조는 그의 죽음을 슬퍼하지 않을 수가 없었다. 그래서 충정공忠正公 이서의 넋은 나중 인조의 위패와 함께 인조묘정仁祖廟庭에 모셔져 죽은 뒤에도 끊이지 않는 군신의 의義를 나누었다.

그런데 충정공 이서는 보기 드문 충신이면서 또 효자이기도 했다. 본래 이서는 효령대군의 10대손으로 제주목사를 지냈던 이경록李慶祿의 아들로 태어나 스물네 살 되던 선조 36년에 무과로 급제하여 진도군수 등을 역임했다.

그런데 어버이를 섬기는 효성이 천성에서 나왔던지 항상 어머니 앞에서 즐거운 낯빛을 지어 극진히 봉양하기를 끊이지 않았다는 것이다. 자고로 부모에게 극진히 효도하는 사람치고 백성을 아끼지 않은 사람이 없었다.

백성을 제 살처럼 아끼고 사랑하는 관리치고 누구든 청백리가 안 될 수 없는 법이었다. 백성을 자기의 살붙이처럼 아끼며 보살피는데 어떻게 그 불쌍한 백성의 재물을 '내가 먹자'고 빼앗아 제 입에 넣어 버릴 수 있겠는가? 또 부모에게 도리를 다하여 효성을 하는 사람이 백성의 물건을 도둑질해다가 고기반찬으로 공양을 한다면 그것이 무슨 효도하는 도리겠는가?

부모가 고기반찬을 얻어 먹다가도 백성의 원성을 듣는 부정한 재물이라는 것을 안다면 살이 찌고 마음이 편안하기는 고사하고 살이 내리고 한숨이 나와 제 명에 못살고 지레 죽을 일이다. 자고로 사람은 부모를 정성껏 공양하되 깨끗하고 당당하게 벌어들인 재물로 섬길 일이지 도둑질한 물건으로 섬겨서는 안 된다.

그런데 완풍부원군 이서가 황해도 곡산군수로 나가 있을 때였다. 살펴보니 관가 창고 안에 쌓여 있는 병기는 모두 허울만 남고 숫자만 채워져 있지 하나도 쓸모가 없이 낡아있었다. 화승총은 녹이 슬고 화살촉은 부러지고 창과 칼도 녹이 슬었다.

이서는 무과를 한 장수였다. 장수가 이런 무기들을 보고 그냥 놓아둘 수가 있겠는가?

"여봐라, 창고 안의 병장기가 모두 이 꼴이니 이걸 어디다 쓴단 말이냐?"

"그래도 허울과 숫자만은 법대로 다 맞습니다."

"법대로 맞기는 했어도 도둑이나 외적을 막기는커녕 어린애들 장난감으로도 못쓸 만큼 낡았구나!"

"예, 그런 줄은 소인들도 아옵니다."

곡산군의 육방관속들은 속은 있었던지 말은 바로 아뢰었다.

남한산성
위 사진은 남한산성의 현재 모습. 아래 작은 사진은 남한산성 동문. 국가사적 제57호.

"그러면 왜 이렇게 방치해 둔 채 고치지 않는고?"
"그야 나라에 예산이 없고 고을에 큰 부자가 없으니…."
 말하자면 병기를 고칠 재정이 없고 그렇다고 지방 유지들로부터 기부금을 받을 수도 없으니 별 수가 있느냐는 뜻이다.
 그러나 현실이 아무리 그렇더라도 한 고을을 맡은 군수로서 그것도 백면서생의 샌님이 아닌 무과 출신의 장수로서 어떻게 이것을 그냥 방치해 둘 수 있는가? 무슨 방법을 쓰건 무기는 새것으로 만들어 창고 안에 가득히 쌓아두지 않을 수가 없는 입장이었다. 그것이 군수 이서의 소임이었다.
 그런데 돈이 없으니 일을 어떻게 할 것인가? 정 안되면 백성들에게 세금 고지서를 무슨 명목으로든 발부하면 돈은 나오기 마련이다. 이것도 사사롭게 군수가 제 어미 환갑잔치 비용을 쓰겠다고 그러는 것이 아니다. 나라의 병장기를 수리하겠다는 공사이니 죄가 될 일도 아니다.

　더구나 군수 이서는 '수리^{數理}의 귀신'이라고 불릴 만큼 모든 일의 예산과 결산, 그 사업의 진행에 필요한 숫자 계산을 귀신같이 밝게 하는 사람이니 요새로 치면 회계사다. 그런데 군수의 소임을 맡아가지고 이까짓 일 하나를 마음대로 요리 못할 것인가? 그러나 곡산군수 이서는 며칠 동안 생각한 끝에 백성들에게 이렇게 선포했다.

　"만약 내가 시키는 대로 날천산^{捺川山} 아래로 모여 이틀씩 일을 해주는 백성에게는 1년 동안 모든 부역을 면해주리라."

　백성들은 군수가 내건 방문^{榜文}을 보고 금방 구름처럼 모여들었다.

　"나리, 정말로 우리가 이틀씩만 일해주면 부역을 면해 주십니까요?"

　"그렇다!"

　"1년 동안 정말로 부역을 안 시킨단 말씀입지요?"

　"암!"

　"호포^{戶布}도 안 물고요?"

　"오냐!"

　"아이고, 이렇게 좋은 일이…."

　백성들은 서로서로 소문을 퍼뜨려 날천산^{捺川山} 아래로 매일같이 수백 명씩 밀려 들었다.

　백성이 모두 즐거워하면서 날천산으로 모여들자 군수 이서는 그 일꾼들을 산으로 올려보내 큰 나무를 도끼로 찍어 내려보내게 하였다. 말하자면 나무를 잘라 이 재목들을 황주, 봉산 등지로 내다가 팔아 그곳에 흔한 면포를 많이 무역하게 하였다는 것이다.

이서 신도비
이서의 생가와 자료는 6·25 전란 중에 불타고 개축된 생가 뒷산에 묘소와 신도비가 있다.
경기도 의정부시 별내면 고산동 소재.

그래서 목재와 면포에서 많은 이문을 내어 한편으로는 백성들의 품삯을 보상해 주고 남는 돈으로는 목수와 병기 만드는 공인과 대장장이들을 많이 사들였다.

이에 활 만드는 사람은 활을 만들고, 화살을 만드는 공인은 화살을 만들게 하니 얼마 안 되어 활이 1천개나 되고 화살촉이 1만개가 넘었으며 조와 쌀을 팔다가 저축한 것도 1천섬이 넘었다.

말하자면 군수의 지모로 산간지방인 자기 고을의 특산품인 목재를 내어다 황주, 봉산 들녘에 집짓는 재목으로 팔아 이문利文을 보고, 또 그 지방에 흔한 면포를 사다가 자기 고을에 팔아 큰 이문을 남겨, 그것으로 백성들의 주머니를 괴롭히지 않고도 관곡을 1천 섬이나 팔아 쌓아두게 된 것이다.

이만한 지모를 지닌 이서라면 자기집 살림살이도 큰 부자 소리 들으면서 영위할 만한 인물이다. 그런데도 뒷날 한 나라의 재정을 쥔 호조판서 이서는 항상 가난한 살림살이로 일관했다. 그렇게 가난한 가운데 정성을 다하여 어머니를 섬겼을 뿐이었다.

그가 곡산군수로 있으면서 그렇게 군정을 살찌게 만들어 놓자 가까운 친구가 권고했다.

"영감, 영감의 꾀 하나로 이렇게 큰 이문을 내 고을 살림살이를 풍족하게 만들었으니…."

"어쩐단 말인가?"

"그 중에 천 냥만 떼어서…."

"서울 집으로 보내어 늙은 부모를 모신 가계를 넉넉하게 세우는게 어떤가?"

"하하하! 나는 그렇게 나랏돈을 빼돌려 부모를 섬기고 싶지 않네."

이렇게 한 마디로 거절했다.

물론 부모를 잘 섬기는 것은 좋은 일이다. 그러나 무슨 짓을 해서든지 부모를 모시면 효도가 되는 것은 결코 아니다.

젊어서부터 그렇게 깨끗하게 산 완풍부원군 이서였기 때문에 인조도 1637년 남한산성에서 객사하다시피 한 그의 시체를 서울 성 안 그의 본집에 모셔 들여오는 것을 허락하는 은전을 베풀었다.

그때까지의 풍속으로는 성 밖에 나가서 죽은 사람의 시체는 성 안으로 다시 들여오지 못하는 것이 국법이었지만 충정공 이서에게만은 그 나랏법의 관례를 허물어가면서까지 임금도 융숭하게 대접했던 것이다.

조선의 선비
홍언필
洪彥弼

판서 위에
부린 아들을
꾸짓다

아마 우리나라 역대 인물 중에 홍언필만큼 화려한 벼슬을 고루고루 역임한 인물도 드물 것이다.

홍언필洪彥弼(6)은 대사헌을 여섯 차례나 역임했고 이조판서, 형조판서, 호조판서, 병조판서 또 한 번의 호조판서를 지냈다.

그뿐만 아니라 우의정, 좌의정을 거처 영의정에 올랐고 다시 좌의정에다 영의정까지 지냈다. 그러니 남들은 평생 한 번 올라보기도 힘든 자리인 좌의정 두 번에 영의정 두 번, 익성부원군으로 봉해져 공신 칭호를 얻는 등 화려한 길을 걸은 인물이다.

---

(6) **홍언필** 洪彥弼 1476(성종)~1549(명종).
조선 중기의 문신. 본관은 남양(南陽), 호는 묵재(默齋), 시호는 문희(文僖). 1504년(연산군 10) 문과에 급제하였으나 갑자사화에 연루되어 귀향갔다가 중종반정 이후 사면되었다. 1545년(인종 1) 영의정이 되어 영중추부사, 영경연사를 겸하였으며, 명종 때 을사사화에 가담하여 1등 공신에 책록되고, 익성부원군에 봉하여졌다.

홍언필은 성종 7년에 낳아 명종$^{明宗(7)}$ 4년에 죽었다.

그의 아버지 홍형^{洪洞}도 중종 때 역시 선비로 이름이 높았다.

홍언필은 학자로 명망이 높았고 기묘사화 때 죽은 조광조와는 내종간이었다. 그래서 1519년 우부승지로 있다가 기묘사화를 당해 조광조와 내종간이었던 관계로 조광조의 일파로 몰려 옥에 갇혀 있었으나 영의정 정광필의 두호^{斗護}로 풀린 일이 있다.

홍언필은 그처럼 한 나라의 영의정을 두 번이나 지내는 영달을 누렸지만 항상 겸손하고 조심하여 처세에 허물이 없도록 주의를 다했던 염근리^{廉謹吏} 중의 한 사람이었던 것이다. 그것은 아마도 그가 갑자사화 때 전라도 진도로 귀양갔다가 풀려나온 일이라든지(1506), 기묘사화(1519) 때 죽을 뻔 했다가 살아나온 일을 항시 교훈삼아 처신에 조심했던 탓이 아닐까 한다.

그래서 그 홍언필의 일을 두고 소재일기^{蘇齋日記}에는 다음과 같이 기록했다.

홍언필은 성품이 몹시 나약해서 자기가 해를 입을 것을 알면 반드시 미리 피했다. 또 글 읽는 선비를 별로 좋아하지 않았으며, 자기와 내종간인 조광조의 재주 시기하기를 원수같이 했으며, 조광조 일파라는 혐의를 피하기 위해 다른 사람이 여러 번 조광조를 신설^{伸雪}하려 해도 매양 그

---

(7) **명종** 明宗 조선 제13대 왕(1534~1567, 재위 1545~1567).
중종과 문정왕후 윤씨의 아들이다. 1545년 이복 형인 인종이 세상을 떠나자 윤원형 등 소윤 세력의 지원으로 12세에 즉위하였다. 그 과정에서 을사사화가 일어나기도 하였다.
1554년 비변사를 다시 설치하는 등 국방대책을 수립하였다. 또 여러 가지 간행사업을 전개하여 1548년 《속무정보감》, 1555년《경국대전》의 원전·속전 등을 간행하였다. 1551년에는 권문세가들이 불법으로 겸병한 토지를 몰수하여, 이를 공정하게 재분배하는 등 치안·국방·문화창달·경제개혁 등에 걸쳐 많은 업적을 남겼다. 능은 양주의 강릉(康陵)이다.

가 언로(言路)를 막았다.

 이렇게 홍언필의 현세주의적 처세와 나약함을 비웃고 그의 보신책이 꿋꿋한 선비에게는 백안시 당하고 있었다고 한다. 한편으로 생각하면 홍언필은 명관이요, 깨끗한 처세를 했던 일면도 많이 기록되고 있다.
 홍언필이 환갑을 맞았을 때였다.
 이미 나이가 환갑을 달했고 벼슬 역시 일국의 원상(院相)이 되는데다 그의 아들들도 판서 지위에 오른 지가 오라니 실로 자랑스러운 집안이 아닐 수 없었다.
 그래서 홍언필의 여러 자제와 집안 사람들은 광대를 불러 곱사춤을 추게 하고, 기생을 불러 노래를 시키며 흰떡을 가마니로 쳐서 걸판지게 잔치를 베풀었다.
 이러면서 여러 자제와 아이들이 모여 헌수(獻壽)를 하는데 정작 장본인인 홍언필은 기쁘지 않았다.
 "너희들이 나를 위해 이렇게 잔치를 열어 주는 것은 기쁜 일이다. 그러나 정작 기쁘고 또 기뻐해야 할 나는 오히려 마음이 무거우니 웬일이냐?"
 그러자 여러 자제와 집안 사람들은 깜짝 놀랐다.
 "아버님, 그게 웬 말씀이십니까?"
 "할아버지, 오늘 같은 날 그게 어찌된 말씀이십니까?"
 이렇게 다투어 집안 사람들이 여쭈었으나 홍언필은 잠자코 잔치마당을 들여다 보기만 할 뿐이었다.
 그러자 아들 홍섬이 나아가 절하면서 물었다.
 "그러면 어찌해야 아버님 마음이 즐거우시겠습니까?"

"내가 외람되이 한 나라의 높은 벼슬자리를 차지해서 항상 마음속으로 경계하고 삼가는 것을 잊지 않았다. 그러나 오늘이 비록 내 환갑잔치 날이라곤 하지만 수십 명의 기생을 불러 어지럽고 질탕히 노는 것이 내가 오히려 편안치 않도다."

이렇게 해서 홍언필은 자기 환갑잔치에 온 광대와 기생들을 모두 물러나게 했다는 것이다.

홍언필은 그렇게 몸가짐을 항상 조심했고 검소했을 뿐만 아니라 무엇이건 분에 넘치는 화려한 것은 두려워하였다. 그래서 그처럼 높은 지위에 있으면서도 비단옷을 입고 행차한 일이 한 번도 없고 집에서는 언제나 올이 굵은 무명옷을 입고 살았던 것이다.

그뿐만이 아니었다. 홍언필은 자기의 아들과 사위들의 벼슬도 이미 판서급을 넘어서서 집안이 현달하고 또 현달했는데도 검소한 생활 기풍을 허물지 않았다.

무엇보다도 그는 밖에 나갔다가 집에 돌아올 때에는 자기 자신만이 아니라 아들이나 사위들이 동구 밖에서부터 벽제(辟除) 소리를 하는 것을 금했던 것이다. 이 벽제는 권세와 위세의 상징으로 말하자면 곧 청도(淸道)였다고 할 수 있다.

높은 벼슬아치가 초헌이나 보교를 타고 행차할 때에는 주위의 여러 종이나 나졸들이 가마 앞을 미리 달려 가며 외쳤다.

"어이 쉬이, 어이 쉬이! 썩 물러서라! 나지마라!"

서슬 퍼렇게 급하고 위엄 있는 소리를 쳐 금잡인(禁雜人)을 시켰던 것이다. 이러면 입에 담뱃대를 물고 있던 사람도 얼른 땅바닥에 엎드리고 길 가던 백성은 한쪽으로 비켜서서 길을 내주어야 했다. 그렇지 못하면 큰 야단이

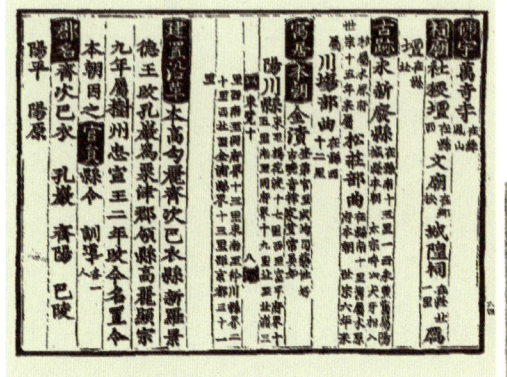

신증동국여지승람 新增東國輿地勝覽
1481년(성종 12)에 동국여지승람 50권을 완성한 이후 1486년 이를 다시 수정, 55권으로 간행하였고, 연산군 때 개수를 거쳐 1530년(중종 25)에 이행, 홍언필 등이 증보하여 완성하였다. 책끝에 홍언필·임사홍·김종직의 발문이 있다.

나는 것이었다.

 벼슬이 높으면 높을수록 그 벽제 울리고 행차 놓는 대목이 위엄이 있었던 것인데 일국의 영의정인 홍언필은 한 번도 그 벽제 소리를 내면서 자기 집 골목 안으로 들어온 일이 없었다는 것이다.

 이처럼 홍언필은 자기 집안의 법도를 엄하게 다스려 여러 아들들도 법도를 넘어서 남의 눈에 띄는 옷사치 혹은 집치장을 전혀 못하도록 했던 것이다.

 아들 홍섬만 하더라도 부제학, 경기도 관찰사, 대사헌을 거쳐 명종 때에 청백리에 올랐으며 이조판서, 대제학에다 좌찬성까지 어떤 때는 한꺼번에 세 개의 대임大任을 한몸으로 겸했다.

 그러다가 뒷날에는 역시 자기 아버지처럼 우의정, 좌의정을 거쳐 영의정만 세 번이나 중임했으니 그 아버지에 그 아들처럼 혁혁한 가문이 아닐 수 없었다.

그런 그의 아들 홍섬이 자기 아버지를 뵐 때는 집안에서도 예복을 모두 갖춰 입고 나서야 문안을 드릴 수 있었다. 조금이라도 법도에 어그러지면 용납하지 않았다.

홍섬이 처음 판서 벼슬을 할 때였다. 나이 마흔 줄에 일국의 당당한 판서가 되었으니 얼마나 기쁜 일인가?

그래서 홍섬은 판서가 된 뒤 초헌 위에 높이 올라 앉아 위엄을 떨치면서 집에 돌아왔던 것이다. 이 모습을 본 홍언필의 부인, 즉 홍섬의 어머니 송 부인은 심히 기쁘고 기뻤다. 자기 아들이 저렇게 헌헌장부가 되어 초헌 위에 높이 앉아 집으로 들어오는 것을 보니 감개가 무량했던 것이다.

그래서 기쁜 나머지 저녁 때 들어온 자기 남편 영의정 홍언필에게 그 얘기를 자랑삼아 했더니 홍언필은 펄쩍 뛰면서 놀랬다.

"무어, 그 아이가 초헌을 타고 집 마당까지 들어왔다고?"

"그러니 얼마나 대견하고 대견하오? 참으로 우리 집안이 영광이 아닐 수 없소이다."

이렇게 부인이 좋아서 말하자 홍언필은 크게 노하며 명했다.

"여봐라, 사랑에 나가 섬을 나오라고 일러라!"

이렇게 자기 아들 판서 홍섬을 부르더니 눈에서 시퍼런 불이 쏟아지게 꾸짖는 것이었다.

"내가 정승의 지위에 있고 네가 또 판서가 되었다. 그런즉 모든 것이 차면 기울어질까 싶어 두려워해야 할 터인데 네가 어찌 감히 초헌을 타고 길바닥을 돌아다닌단 말이냐? 이것은 우리 집의 복이 아니라 화를 불러들이는 일이 아니겠느냐?"

이렇게 꾸짖더니 종들에게 초헌을 마당 가운데에 차리게 하고 그 초헌 위에 자기 아들 홍섬을 올라타라고 명령했다.

"어서, 이 초헌을 타고 벽제 소리를 울리면서 마당을 뺑뺑 돌아라! 어서 벽제 소리를 크게 울리면서 뺑뺑 돌아봐! 그렇게 타고 싶은 초헌이니 마음껏 타보려무나!"

이렇게 명령하니 아버지 말씀에 따르지 않을 수 없어 송구한 채 아들 홍섬은 대감들이 타고 다니는 초헌 위에 올라 쥐죽은 소리로 벽제 소리를 울리며 자기 집 마당을 돌 수밖에 없었다.

아들이 초헌을 타고 자기 집 마당을 도는데 아버지 홍언필은 뒷짐을 지고 맨발로 미투리 신발을 신고서 그 뒤를 묵묵히 따라 다니니 초헌 위에 앉은 아들이 얼마나 송구하고 황공하겠는가?

이렇게 자기 아버지로부터 호된 꾸지람을 당한 후부터 판서 홍섬은 뒷날 영의정을 세 번씩이나 중임하는 큰 벼슬에 올랐으나 아버지처럼 집에 들어올 때에는 벽제 소리도 울리지 않았고 초헌도 타지 않았다고 한다.

조사수
조선의 선비
趙士秀

만조백관이
인정한
청문으로
들어가다

조언수는 조선 중종, 인종, 명종, 선조 때까지 내리 4대의 임금을 섬긴 청백리였다.

그는 바로 선조 때에 영의정으로, 명신으로 이름을 떨쳤던 이산해의 장인이 되고, 청백리로 당대에 첫손을 꼽혔던 조사수 趙士秀(8)의 형이 된다.

한 울타리 안에서 나온 조언수와 조사수는 청백리 형제로 한 세상의 존경과 추앙을 받았는데, 우선 아우되는 청백리 조사수의 행적을 먼저 엿보기로 하자.

조사수는 연산군 8년(1502)에 낳아 명종 13년(1558)까지 살았으니 쉰일

---

(8) **조사수** 趙士秀 1502(연산 8)~1558(명종 13).
조선 중기의 문신. 본관은 양주, 호는 송강(松岡), 시호는 문정(文貞). 1531년(중종 26) 식년문과에 갑과로 급제하여 정언·교리·보덕 등을 역임하고, 1539년 경차관(敬差官)으로 파견되어 성주사고의 화재 원인을 조사하기도 하였다.

곱 살로 세상을 떠났고, 형되는 조언수는 연산군 3년(1497)에 낳아 선조 7년 (1574)에 죽었으니 일흔여덟 살까지 장수를 하였다. 그래서 동생보다 다섯 살이 위이면서 20년 정도나 더 오래 산 셈이었다.

두 형제는 한양 조씨로 태종, 세종 때의 명신이던 조말생^{趙末生}의 고손으로 조방좌^{趙邦佐}의 아들이 되는데 모두 어려서부터 행실이 기특했다고 한다.

조사수는 중종^{中宗(9)} 26년에 과거에 올라 제주목사, 이조참판, 대사성, 대사간, 대사헌 등을 역임했으니 요새로 치면 대법원장에다 국회의장에다가 대학교 총장쯤을 맡아 보았고 이조, 호조, 공조, 형조판서에다 명나라에 사신까지 다녀왔으니 각부 장관에다 대사까지 맛본 셈이다.

사람이 세상에 태어나서 이만한 벼슬을 골고루 섭렵해 보았으면 출세도 이만저만하게 많이 한 것이 아니다. 이렇게 좋은 출세와 좋은 벼슬자리를 골고루 지냈다면 온갖 영화를 누리고 살았을 것이다.

그런데 이런 일화가 전해지고 있다.

중종 때 임금이 만조백관이 모인 자리에서 청백리를 뽑는 행사를 몸소 벌인 일이 있었다.

"만조백관들은 들으시오. 나라와 방면을 맡아 다스리는 사람이라면 누

---

(9) **중종** 中宗 조선 제11대 왕(1488~1544, 재위 1506~1544).
1506년 9월 2일 연산군의 학정에 반발한 성희안·박원종·유순정 등은 연산군을 몰아내고 진성대군을 왕으로 추대하였다. 본인의 의사와는 상관없이 반정세력에 의해 즉위한 중종은 연산군이 폐제시켰던 모든 법제를 복귀시켰으며 조광조 등 사림을 등용하였다.
이후 조광조의 개혁정치에 불안을 느낀 중종과 훈구 대신들은 다수의 사림들을 실각시켰으며 조광조 등은 사사되었다. 그 후 장경왕후의 친척인 윤임(대윤), 문정왕후의 친척인 윤원로, 윤원형 형제(소윤) 등 새로운 외척 세력이 등장하였다. 대외적으로는 남쪽의 왜구와 북쪽의 야인의 침입 등 정치적으로나 군사적으로 혼란스런 시기였다.

구나 높낮은 소임을 맡기 마련이요. 위로는 영의정으로부터 아래로는 육모방망이를 든 포졸에 이르기까지 모두 나라의 녹을 먹는 관리일진대, 그 벼슬의 높낮음보다 청백한 관리로 백성의 추앙을 받는 명예가 훨씬 값나갈 것이오."

사실 옛날 사람은 자기 집 가문을 빛내고 이름 떨치는 일을 모두 바랐지만 그것은 단순히 벼슬만 높다고 해서 이뤄지는 것이 아니었다.

벼슬 품계로는 영의정이나 판서가 자랑스런 자리지만 "우리 집안에서는 영의정 벼슬한 할아버지가 몇 사람 나왔다.", "우리 집안에서는 판서 벼슬을 한 아저씨가 열두 명이다."라고 집안 자랑하는 말을 꺼내는 것이 아니라 "우리 집안에서는 홍문관 대제학이 몇 사람 나왔다.", "우리는 교리 아무 아무의 자손이다."라고 말하는 것이 훨씬 명예스러웠다.

그 이유는 벼슬의 품계로는 영의정이나 판서보다 격이 낮지만 대제학이나 교리는 세상이 다 알아주는 청직이라는 데 있었다. 벼슬 중에서도 '깨끗한 벼슬자리'라는 것이다. 이 '깨끗한 벼슬자리'라는 것이 요새로 말하면 '국물도 없는 자리'로 한직이어서 전혀 햇빛을 못보는 자리라는 뜻이다.

이 청직이라는 것은 조선시대에도 먹을 것이 안 생기는 자리기는 마찬가지였다. 그래서 거느린 식구가 많다거나 늙은 부모를 봉양하기 어려운 관리는 대개 "외임外任이라도 한 자리 해나가겠소."하고 지방관으로 나가기를 자청했던 것이다. 지방관으로 나가면 먹고 사는 문제는 어떻게든지 보장이 되었던 탓이었다.

조선시대에도 관리의 급료라는 것은 형편이 없어서 나라의 녹을 먹는 벼슬아치는 크든 적든 '국물'을 생각하지 않고서는 살기가 힘들었다.

그때 이도吏道의 사정이 그랬으니, 임금이 직접 만조백관 앞에서 청백리를 뽑아 표창하고, 그런 청백리는 왕조의 기록 위에다 영원히 이름을 올려 추앙하도록 한 것이 아니겠는가? 그래서 고관을 지낸 것보다도 '청백리록淸白吏錄'에 한 번 올라가는 것이 훨씬 값진 명예가 되었다. 그래서 관리들은 한 번쯤은 모두다 청백리록에 자신의 이름이 오르기를 꿈꿨던 것이다. 그러나 요샛말에 털어서 먼지 안 나는 사람 없다고 한다.

어느 날 임금 중종이 말했다.

"여러 만조백관은 들으시오. 지금 저 마당에는 문 세 개를 만들어 놓았소."

만조백관이 궁전 안뜰로 들어서니 아닌 게 아니라 뜰 가운데다 문짝 형용의 대문 셋을 만들어 놓았다.

"문 셋은 청문淸門, 예문例門, 탁문濁門으로 구별했으니 지금부터 여러 관원들은 자기가 해당된다고 믿는 문으로 각각 걸어 들어가시오."

임금의 명령에 따라 만조백관들은 모두 그 세 문 중의 하나를 통과하는 시험을 치르지 않을 수가 없었다.

먼저 영의정이 걸어 나가더니 예문을 통과했다. 이조, 예조, 공조판서들도 각각 '청'도 아니고 '탁'도 아니고 '보통'이라는 뜻의 예문을 통과했다.

한성판윤도 세 문 앞에서 양심의 망설임 때문에 약간 주저주저하더니 용기내어 예문으로 들어갔다.

임금 앞에서 차마 스스로 탁문을 택할 용기는 모두에게 없었다. 마찬가지로 청문을 통과하여 '나는 깨끗하다.'라고 선언할 관리도 그런 용기를 가진 관리도 없었다. 설령 자기 자신을 청백리라고 생각해 본 적이 있다고 해도 차마 임금 앞에서 그 청문으로 걸어 나가는 사람이 어떻게 나올 수 있겠는가?

그런데 모든 백관이 예문으로 들어가는데 오직 조사수만이 청문으로 주저없이 들어가는 것이었다. 더욱이 사람들이 그것을 조금도 이상하게 여기지 않았다. 조사수는 그 자신이 믿는 것과 사람들에게서 청백리라고 믿음을 받는 바가 같았던 것이다.

참으로 얼마나 당당하고 엄청난 이야긴가?

자기 자신이 자기 양심 앞에서 머뭇거리지 않고 청문으로 들어간 행위가 엄청나지 않을 수 없고, 그런 건방지고 엄청난 짓을 하는 조사수의 행동 앞에 아무도 이상하게 여길 사람이 없었다니 더 무슨 말로 조사수의 청백을 이야기하랴.

조사수는 매사에 어찌나 깐깐하고 대쪽 같은 사람이었던지 자신의 영달을 위해서 남에게 굽실거린 일도 없었고 권세를 쥔 권신 앞에서 떨어본 일도 없었다고 한다.

그가 성균관의 대사성으로 있을 때였다.

공은 성균관으로 드나들 때마다 연지동, 즉 지금의 종로 4가 앞길로 해서 지나다니게 되는데 그 길 어름에는 그 당시 소윤 윤원형의 심복이던 진복창의 집이 있었다. 진복창은 윤원형의 심복으로 있으면서 을사사화(10)를 꾸몄던 장본인으로 전국의 사림들을 사지에 몰아넣은 극적^{極賊}이었다고 기록되어 있다.

---

(10) **을사사화**
1545년 인종의 세자책봉을 둘러싸고 인종의 외삼촌 윤임과 경원대군의 외삼촌 윤원로·윤원형 형제가 비밀리에 암투를 벌였다. 이후 인종이 일찍 죽고 경원대군 명종이 왕위에 오르자, 윤원형이 윤임 일파를 역적으로 몰아 약 1백여 명을 처형하였다.

진복창은 현감벼슬을 했던 진의손陳義孫의 아들로 젊어서는 구수담具壽聃의 문하에서 글을 읽고 벼슬길에 나간 사람이었다. 그러므로 구수담은 진복창의 스승인데, 그 당시 자기를 가르쳐준 스승이라면 아버지와 같이 섬긴 것인데 진복창은 스승의 충언조차 귀에 거슬린다고 하여 구수담을 역적으로 몰아죽이게 했고, 누구나 진복창에게 역적으로 몰리면 그 집안은 젖먹는 어린것까지 모두 잡아 죽이는 혹독한 짓을 했다.

이런 위인이니 세상 사람은 모두 진복창을 두려워했다. 두려우니 속으로는 싫으면서도 진복창의 문하에 찾아가 아첨을 떨지 않는 사람이 없었다고 한다. 그런데도 대사성 조사수는 3년 동안이나 날마다 그 진복창의 집 문전으로 지나다니면서도 한 번도 찾아가 보지 않았다는 것이다.

참으로 털어서 먼지 안 나는 사람 없다지만 조사수는 간교한 극적이라고 온 세상이 두려워하는 진복창 앞에서도 트집을 잡힐 일이 전혀 없었으니 그만큼 고고하고 고개가 뻣뻣할 수 있었던 것이 아닐까?

조사수는 그렇게 성품이 대쪽 같은 청백리였다.

하루는 심연원沈連源(11)이 영의정으로 있을 때 대사헌 조사수는 그와 한자리에서 경연經筵을 할 때였다.

무슨 이야기가 나오다가 대사성 조사수가 영의정 심연원을 논박하는 말을 꺼냈다.

---

(11) **심연원** 沈連源 1491(성종 22)~1558(명종 13).
의주부사, 예조참판을 거치며 진향사(進香使)가 되어 명나라에 다녀와 대사간, 대사성, 한성부판윤, 호조참판을 역임하였다. 이후 감춘추관사(監春秋館事)로 〈인종실록〉 편찬에 참여하였다. 우의정, 좌의정을 거쳐 1551년에는 영의정에 올랐다.

심연원의 신도비
신도비는 종2품 이상의 신하나 훌륭한 학자에게 허용되었던 것으로 무덤의 남쪽 가까이에 세웠다. 김포시 통진면 옹정리 소재.

"요새 백성들의 집이 제도에 맞지 않게 크거나 호화로워 큰 걱정입니다."
이에 임금 중종도 엄숙한 표정을 지으면서 하문하였다.
"나라에서는 간각지수 間閣之數를 법으로 정해 신분제도에 어긋나는 집을 짓거나 꾸밀 수 없게 하고 있소. 그것은 산의 나무와 돌을 아껴 자연을 보호하자는 뜻도 있지만 백성들이 절약하고 검소한 기풍으로 국력을 기르게 하자는 뜻도 되오. 그런데 어찌 그것이 안 지켜지고 있다는 말이오?"
그러자 대사헌 조사수는 눈곱만큼도 머뭇거리지 않고 이렇게 입을 열었다.
"그것은 일인지하요, 만인지상인 영의정부터 법을 어긴 탓이올시다."
"……?"
임금은 놀랐고 영의정의 낯빛이 파랗게 질렸다.
"그것은 어찌 그렇단 말이오?"

조선의 선비

"우선 영의정의 첩 아무개의 집은 처마 끝이 너무 길고, 또 사랑마루의 칸 수가 법도보다도 넓고 큰 사치를 하고 있으니, 아무리 영의정 나리의 본집이 아닌 첩의 집이라고 할지라도 이는 영의정이 법도를 어긴 것이나 다름없사옵니다."

아무리 대쪽같이 곧은 청백리요, 언관이라고는 하지만 이렇게 대담할 수가 있는가? 임금 앞에서 함께 마주앉은 영의정의 체면을 이렇게 무참하고 냉혹하게 깎을 수가 있는가?

영의정 심연원은 등골에서 식은 땀이 흘러 옷이 축축하게 젖었다고 한다. 그렇게 조사수의 청백 앞에서 영의정은 오돌오돌 떨면서 당했던 것이다.

그 뒤부터 영의정 심연원은 첩의 집 사랑을 쓰지 않고 작은 사랑에서 손님을 맞는데 그래도 뒷날 심연원은 조사수를 추천하여 이조판서 낙점을 얻게 했다는 것이니, 그래도 옛 사람들의 청백을 아끼는 풍속은 훨씬 밝고 깨끗했던 것이 아닌가? 그러면 그런 청백리 조사수의 형되는 형조판서 조언수[12]는 얼마나 청백한 관리였던가?

옛말에 '형만한 아우가 없다.'고도 했지만 형조판서 조언수는 대사헌 조사수보다도 더 청렴하게 살았던 관리라는 것이 기록에서 증명하고 있다.

조언수는 신선당(信善堂)이라는 호를 즐겨 썼다. 공은 본래 자질이 순후하고 성품이 너그러워서 평생 말을 빨리 하거나 당황하는 기색이 없었다. 조정

---

(12) **조언수** 趙彦秀 1497(연산 3)~1574(선조 7).
　　조선 중기의 문신. 호는 신선당(信善堂), 시호는 정간(貞簡), 1546년(명종 1) 위사원종공신(衛社原從功臣) 1등에 책록되면서 동부승지 · 좌승지에 이르렀다.
　　이후 여러 관직을 거쳐 강원도관찰사, 한성부우윤, 예조와 이조의 참판을 역임하고, 1559년 한성부판윤, 이듬해 형조판서, 동지중추부사, 우참찬, 공조판서를 역임하였다.

에 나와 벼슬살이 한 지가 40년이 넘지만 일찍이 한 칸 집, 한 이랑의 밭을 산 일이 없으며 선대의 옛 집조차 한 번도 수리하지 않고 지내면서 항상 말하기를 "이만하면 족히 내 일생을 마칠만 하다."라고 하였다. 공은 살림이 넉넉해서가 아니라 그렇게 검소하게 살았는데 공이 죽은 뒤 정말로 집안에는 벼 한 섬이 남아있지 않았다니, 모든 것이 기록대로였다면 참으로 무서운 청백리 형제의 행적이 아닐 수 있는가?

죽은
조상은
손자의
일을
모른다

조선 인조 때의 영중추부사 김신국 金藎國(13)은 강단 있고 당차고 매사에 경위가 대쪽같이 곧은 청백리였다.

인조 24년(1646) 영중추부사가 될 때였다.

그 당시 영중추부사는 정1품이었다. 영중추부사는 실직사무는 없지만 영의정과 같은 위계인 재상급의 예우를 받는 자리였다.

조선 때의 중추부 구성은 대신을 지낸 사람 중에서 나이가 많아지면 영

---

(13) **김신국** 金藎國 1572(선조 5)~1657(효종 8).
조선 중기의 문신. 본관은 청풍, 호는 후추. 1591년(선조 24) 임진왜란 때 세운 공으로 참봉이 되었다. 1623년 인조반정으로 광해군 때의 훈작을 삭탈당하였다 다시 평안도 관찰사로 기용되었다. 1627년(인조 5) 정묘호란 때는 호조판서로, 이듬해는 소현세자와 심양에 갔다가 1640년에 귀국하여 1646년에는 영중추부사가 되었다.

사^{領事}나 지사^{知事}에 임명하였는데 김신국도 호조판서, 병조판서, 공조판서 등을 역임한 뒤 나라에 많은 공을 세워 영중추부사가 되던 때였다.

어떤 신하가 임금께 아뢰기를 "영중추부사 김신국은 젊어서 이래로 나라에 많은 공로를 세웠습니다. 하온데 오직 한 가지 지금껏 섭섭한 일은 조상의 문지^{門地}가 혁혁하지 못한 데 있습니다. 그는 아비가 현감의 직책밖에 지내지 못했고 그 조부나 증조, 고조부들도 이렇다 할 큰 벼슬을 지내지 못했사오니…."

"그러니 어쩌자는 뜻이오?"

"바라옵건대 김신국의 가문에 벼슬을 추증^{追贈}하여 주시옵기를…."

영중추부사 김신국의 조상에게 증직^{贈職}을 내리는 영광을 베풀어 주십사 하고 아뢰었던 것이다.

그때 증직을 내리는 제도는 많이 활용되었다. 나라에 큰 공로를 세운 사람이 죽을 때 임금이 품계나 관직을 추증하여 영예를 누리게 했던 제도였다. 요새로 치면 공무원이 공로를 세우다가 순직했을 때 한 계급을 승진시켜 영예를 돋구어 주는 것이나 일반이었다.

이런 추증제도는 멀리 신라시대에도 있었다. 신라 눌지왕 때 박제상^{朴堤上}이 일본에 볼모로 잡혀가 있던 왕의 아우 미사흔^{未斯欣}을 구출하여 보내고 대신 죽었을 때, 눌지왕은 박제상에게 대아찬^{大阿湌}의 벼슬을 추증했었다.

그 후 고려 때 와서는 나라에 공로를 세운 본인만이 아니라 그의 아내나 부모에게도 봉작^{封爵}을 내렸는데 이것을 추은봉증^{追恩封贈}이라고 했다.

고려 공양왕 때는 2품 이상은 3대조, 3품 이상은 2대조까지 추증할 수 있었는데 4품에서 6품관이라도 나라에 큰 공로가 있으면 '부모'까지는 추증을 해주었다.

그런데 이런 추증제도는 조선시대에 들어와서는 더욱 활용 범위가 넓어져 품계를 가진 관리만이 아니라 명유^{名儒}나 절개 있는 신하, 과거에 합격했다가 벼슬을 하지 못하고 죽은 사람이나 효행이 뛰어난 사람에게도 증직이 되었다.

가령 대군^{大君}의 장인에게는 정1품, 왕비의 아비에게는 영의정 벼슬을 내려 주었던 것이며, 신하가 공신이 되어도 1등, 2등, 3등의 등급에 따라 3대조까지는 벼슬을 증직받을 수 있었다.

광해군 때 익사공신이 되어 청릉군^{淸陵君} 봉군을 받았던 김신국으로서는 그의 조상이 추증을 받는다고 해서 법도에 어그러진 것은 하나도 없는 것이었다.

명예스럽고도 명예스러운 나라의 은전이 아닐 수 없다. 남의 집 자손으로 태어나서 집안을 빛내고 조상의 얼굴을 빛내어, 죽은 조상에게까지 벼슬이 추증된다면 영광스러운 일이 아닐 수 없었다.

더구나 김신국은 혁혁한 가문과 혈통 덕택으로 그늘에 가만히 앉은 채 저절로 관찰사도 되고 판서도 되었던 사람이 아니다. 현감 김급^{金汲}의 아들이요, 임보신^{任補臣}의 외손자이긴 해도 김신국은 젊어서 이래로 전쟁마당에 뛰어 들어 스스로 공을 세우고 스스로 벼슬을 얻었던 자업자득의 관리라 할 수 있다. 그는 선조 24년에 나이 스물네 살로 생원이 되었다가 이듬해 임진왜란이 나자 영남지방에서 의병 1천여 명을 모집하여 나라에 공을 세우고 비로소 참봉이 되었다.

그 후에도 인조반정, 이괄의 난, 병자호란, 정묘호란 등 험난하고 기구한 전란의 시대를 살면서 지략과 배짱을 키워 예순다섯 살 때는 영중추부사가 된 것이다.

그래서 나라에서 미천할 것까지는 없지만 혁혁한 가문이 되지 못하는 김신국의 조상에게 추증하는 벼슬을 내려준다면 일생일대에 그보다 더 영광스러운 일이 어디있는가?

사나이가 일대의 신명身命을 걸고 얻고자 하는 명예가 바로 조상에게 내리는 추증이 아닐 수 없다고 할 것이다.

그런데 영중추부사 김신국은 그런 자기 조상의 추증문제가 거론되자 스스로 완강히 거절하면서 한 말이 천하의 명언으로 전해온다.

"내 선조가 어찌 순치順治의 연월年月을 알리오."

여기서 말하는 순치는 청나라의 연호年號로 1644년에서 1661년, 즉 김신국이 살고 있는 당대가 된다.

그러니까 '죽은 조상이 어찌 순치시대의 일을 알겠느냐?' 하는 것은 '죽은 조상이 어찌 손자가 한 일을 알겠느냐?'는 뜻이다.

후손이 잘했으면 그 후손 당사자에게 작위를 주는 것은 모르지만 조상으로 거슬러 올라가 영의정이니, 판서니 하는 벼슬을 준다는 것은 사리에 온당치 못하다고 한 말이다.

후손이 나라에 공을 세워 작위를 얻는다면 죽은 조상에게는 저절로 빛난 영광이 돌아간다. 그 죽은 송장 뼈다귀가 묻힌 3대조 할아버지 묘소에 벼슬이 떨어진다면 이것이 반드시 뒷날의 화근이 될 것은 뻔한 일이다.

세력 쓰는 사람들이 잘못 남용하여 나라의 기강을 흐려 놓을 것은 뻔한 일이다. 그래서 영중추부사 김신국은 자기 조상에게 추증으로 내리는 벼슬을 사양했다. 그만큼 생각하는 바가 깨끗하고 대쪽 같은 인물이었다.

그 영중추부사 김신국에게는 또 이런 명언이 있었다.

병자호란 때 김신국은 임금을 모시고 남한산성으로 들어가 끝까지 강화를 반대하고 싸울 것을 주장했다.

그 때문에 나중에는 청나라에 볼모로 잡혀가는 소현세자[14]를 모시고 심양까지 들어가 있다가 5년 만에야 돌아왔다. 그런데 다 알다시피 나라에 큰 난리만 있으면 강화도 섬이 아니면 남한산성 산 속으로 피난을 하여 위기를 넘기곤 했다.

그래서 나라의 대신들은 한결같이 말했다.

"나라에 남한산성이 있어서 그 남한산성에 힘입어 사직이 지탱되었으니 남한산성은 나라의 보배라고 하지 않을 수 없소!"

이렇게 남한산성이 나라의 위기를 넘겨주었다고 고마워했다.

그러자 김신국이 그 말을 듣고 꾸짖었다.

"나라에 남한산성이 있었기 때문에 그것을 믿고 있다가 나라가 이 지경이 된 것이오!"

이를 들은 모든 신하들이 얼굴을 붉혔다고 한다.

참으로 전쟁마당에 종사하여 본 사람이 아니고는 생각해 볼 수 없는 명언이다. 남한산성을 믿었기 때문에 그것을 믿고 사람이 할 군사의 방비와 계획, 훈련을 소홀히 하였기 때문에 나라를 외침 앞에 절단내지 않았는가?

---

(14) **소현세자** 昭顯世子 1612(광해군 4)~1645(인조 23).
조선 인조와 인열왕후의 적장자이다. 1636년 병자호란이 일어난 이듬해에 부인 및 동생인 봉림대군(효종)과 함께 인질로 선양에 끌려갔다. 그는 그곳에서 오랫동안 청나라와 조선을 중재하는 역할을 하다가 1645년 2월에 돌아왔으나 인조는 천주교와 서양 과학을 들여오고자 한 세자를 감시하고 박대했다. 얼마되지 않아 세자는 의문의 죽음을 맞는다.
이후 봉림대군이 세자에 책봉되었으며, 부인 세자빈 강씨는 인조를 독살하려고 했다는 누명을 쓰고 사사되고, 세 아들은 제주도로 귀양을 가게 된다. 첫째와 둘째는 제주도에서 죽었으며, 셋째 경안군은 효종대에 귀양에서 벗어났다.

끌려가는 소현세자
1637년 병자호란이 끝나자 청나라는 소현세자, 봉림대군, 인평대군 등 인조의 세 아들을 볼모로 끌고 갔다.

 차라리 남한산성이 없었다면 숨을 곳을 생각하지 않고 처음부터 나아가서 싸울 계책을 세워 나갔을지도 모를 일이다. 죽기로써 그만큼 방비를 더 튼튼히 했을지도 모를 일이다. 김신국은 난리를 여러 번 겪으면서 관리로서 나라를 사랑하는 일은, 첫째 기강을 바로 세우고 나라의 재정을 아껴 쓰는 일이라고 느꼈다.
 정묘년 호란을 치르고 난 뒤 김신국은 나라의 재정출납을 맡은 호조판서가 되었다. 말하자면 나라의 살림살이 돈주머니를 맡은 셈이다.
 그때 난리 끝이라 나라의 재정은 극히 어려운데도 일부 권신들이 사치를 하자 호조판서 김신국은 임금에게 서슴없이 아뢰었다.
 "일부 대신들이 이런 어려운 난리 끝의 살림살이를 하면서 비단방석을 깔고 앉는다 하니 이를 엄히 벌주도록 하여 주시옵소서."
 이는 대신들 사이에 퍼지는 사치풍조를 바로 잡게 했고, 자신도 환갑이 넘은 뒤까지도 무명방석을 깔고 앉아 나라 일을 결재했다고 한다. 물론 대신이 깔고 앉는 방석 하나가 비단이거나 무명이거나 별 것이 아닐런지 모른다. 그러나 그것이 백성들에게 끼치는 심리적인 영향은 대단한 것이다.

　백성들은 청나라와의 싸움에 항복한 후 굶기를 밥 먹듯 하고 있었다. 여기다 매년 청나라에 바치는 은^{銀}조공 때문에 피를 말리는 고통을 받았다. 은이 모자라면 산에서 산삼을 캐어 그것을 대마도 왜인에게 팔고 그 돈으로 왜은^{倭銀}을 사들여서 조공을 바치기도 했다. 그런데 은을 사들여 올 산삼이나 곡식이나 담배농사가 그렇게 쉽게 되는 것인가?

　다 백성들이 눈물과 땀을 흘려 바친 돈을 가져야 마련할 수 있었다. 가난한 살림에 청나라에 바칠 조공은자^{朝貢銀子}까지 백성들이 마련하자니 그 고통이 이만저만이겠는가?

　그런데도 일부 대관들은 비단방석을 깔고 기생놀음을 하고 또 다른 일부 관리들은 청나라에 보낼 은자까지도 틈만 있으면 훔쳐가 버리니 나라의 기강이 말이 아니었다. 더구나 세력을 쓰는 대신들을 뒷줄에 기대고 있는 일부 아전배들이 나랏것을 제것처럼 훔쳐 먹는데도 배후의 대신이 무서워 함부로 막지도 못하는 세태였다.

　한 번은 청나라에 보낼 은을 창고 안에서 꺼내 봉하는 일이 있었다.

　그때 호조 안에 있던 산원^{算員} 하나가 어떤 세력 쓰는 대신에게 등을 기대고 번번이 창고 안의 은을 훔치곤 하여, 이번에는 호조판서 김신국이 직접 봉은^{封銀}하는 업무를 감독하면서 봉은이 끝나면 스스로 수를 세고 근대를 다는 일까지 지휘했다.

　그런데도 그 산원은 호조판서가 잠깐 한눈을 파는 사이에 은덩이 하나를 훔쳐 소매 속에 집어 넣고는 말했다.

　"소인은 잠깐 소피를 하고 오겠사옵니다."

밖으로 나간 산원은 몰래 그 은덩이를 숨겨두고 오는 것이다.

다른 사람은 그 산원이 소매 속에 은을 훔쳐 가지고 나가는 것을 못 보았지만 호조판서는 유심히 살폈기 때문에 그것을 보았다.

그러나 호조판서는 직접 은덩이 하나가 없어졌다고 소란을 피우지 않았다.

"허허, 오늘 은을 봉고(封庫)하는 일은 이만하고 끝을 내야겠다. 내가 갑자기 곽란이 나려고 하니 감독을 더 못 하겠구나!"

호조판서는 은을 훔쳐 밖에다 숨겨두고 돌아온 바로 그 산원에게 당부했다.

"봉고하다가 남은 나머지 은을 모두 한 방 안에 넣고, 오늘밤은 네가 이 은덩이를 지켜라. 내일 모두 다시 모여 나머지 은을 봉하도록 하자!"

이렇게 해놓고 이튿날 다시 살펴보니 그 산원은 훔쳤던 은덩이 하나를 제대로 채워 제자리에 둔 것이 아닌가?

호조판서 김신국의 도둑을 잡는 방법이 그처럼 귀신 같았다. 그러나 여러 사람 앞에 그 일을 드러내 꾸짖지 않고 덮어 두었다가 나중에 다른 일을 잘못한 트집을 잡아 그 산원을 몰아내 버렸다는 것이다.

김신국의 대쪽 같은 청렴은 결국 무능에서 온 가난이 아니라 보통 사람보다도 몇 배나 유능하고 배짱도 있었지만 자기가 노력하여 얻은 응분의 열매가 아니면 취하지를 않으려고 했던 결백성에서 온 깨끗함과 고집이라고 할 수 있었다.

그랬으니 그는 세상 사람들이 모두 탐하고 바라는 자기 조상의 영화도 추증이란 벼슬 형태로는 받기를 사양했던 것이다.

이문원
조선의 선비
李文源

낙방자의
답안지에서
급제자를
뽑다

요새는 없어진 문자지만 구한국 시대까지도 '연이광김延李光金'이라는 말을 썼다. 우리나라 사람들이 어디 무슨 성씨가 양반이고 누가 잘났다고 겨루다가도 '연이광김'이라는 말이 나오면 모두 입들을 봉해 버렸다.

연안 이씨와 광산 김씨가 우리나라의 으뜸가는 양반 대가라는 문자다. 그 연안 이씨로 조선조 영조 때 정1품 영의정 벼슬을 두 번이나 지낸 진암晉庵 이천보李天輔(15)가 있었다.

이천보는 군수 이주신李舟臣의 아들로 태어나서 마흔한 살 때에야 알성문

---

(15) **이천보** 李天輔 1698(숙종 24)~1761(영조37).
이문원의 아버지. 본관은 연안, 호는 진암, 시호는 문간(文簡). 1740년 정자가 되고 교리·헌납·장령 등 언관직을 역임한 뒤 1749년 이조참판에 올랐다. 그 뒤 이조판서·병조판서 등을 거쳐 1752년 우의정에 승진하고, 같은해 좌의정에 올랐다가 영돈녕부사로 전임되었다.
1761년 영의정에 올랐으나 장헌세자(사도세자)의 평양 원유사건에 인책, 음독 자결하였다.

이천보 영정

과로 과거에 급제하였지만 그 후 속성으로 출세를 하여 등과 10년 만에 이조참판이 되었다가 쉰다섯 살 때는 우의정, 좌의정, 쉰일곱 살 때는 영의정 자리에 올랐으니 실로 무서운 연안 이씨의 뼈대가 아닐 수 없었다.

그 이천보가 영의정을 두 번째 역임하고 영조[16] 37년(1761)에 스스로 독약을 마시고 음독자살한 일이 있었다.

"영의정 대감이 약을 먹고 죽다니!"

---

(16) **영조** 英祖 조선 제21대 왕(1694~1776, 재위 1725~1776).
숙종과 화경숙빈 최씨의 아들. 1721년에 왕세제로 책봉되었다. 1725년 이복 형인 경종이 죽자 왕위를 물려받게 되었다. 즉위 직후 탕평책으로 노·소론의 균형 정국을 만들고자 했으나 1728년 이인좌의 난을 계기로 다시 노론을 중용하였다.
이와 같은 구도는 끝내 1762년 자신의 아들인 장헌세자를 죽음으로 몰고 갔다. 영조는 곧 이를 후회하고 장헌세자의 아들을 세손(정조)으로 삼았다. 또한 영조는 가혹한 형벌들을 폐지하고 신문고 제도를 부활하였으며 균역법을 시행하여 백성들의 군역 부담을 크게 줄였다. 83세의 나이로 죽어 조선 역대 왕 중 최장 재위 기간(52년)을 가진 왕이다.

"무슨 일이 있었구만. 말 못할 일이 있었어."

"아무리 그래도 집안에서 생피붙은 패륜 사건이라도 없다면 약을 먹고 죽기까지야 했겠어!"

"아니야, 집안 일이 아니고 나랏일이라네."

"나랏일?"

"사도세자 말이야…."

영조는 정성왕후 서씨徐氏가 죽자 계비로 정순왕후 김씨를 맞아들였지만 이 계비한테서도 소생이 없었다. 다만 영빈 이씨한테서 두 아들을 낳았는데 장효세자는 일찍 죽고 사도세자思悼世子만이 자라, 영조 25년부터는 그 사도세자에게 장차 왕위를 물려주려고 대리청정을 시켰다.

이 사도세자를 도와 이조참판 이천보는 온갖 정성을 다했고 그의 보호자가 되어 이조·병조판서를 거쳐 영의정 자리까지 올라갔다. 그런데 대리청정으로 군왕학을 배워가던 세자에게는 고칠 수 없는 나쁜 버릇이 있었다.

어떤 까닭인지 동궁은 학문을 싫어하고 놀기만을 좋아하였다. 궁녀와 내시를 함부로 죽이고 밤이면 왕궁 밖으로 담장을 뛰어 넘어가 미복微服한 채 기생과 여승들을 희롱하다가 나중에는 왕궁 안으로 여승을 자주 불러들여 통간을 하였다. 영의정 이천보는 사도세자의 이런 행실을 고쳐 주려고 몇 번씩 간곡히 타일러 올렸다.

그렇지 않아도 말썽과 시기가 많은 왕궁 안에서 이 일이 부왕 영조께서 알게 되기라도 하면, 또 장차 한 나라를 맡아 다스릴 왕세자가 이런 일에 맛을 들인다면 나라와 백성은 무엇이 되겠는가?

그래서 사도세자를 적극 보호하던 이천보는 몇 번씩 울면서 행실을 고쳐 글을 읽으시도록 충간을 드렸는데도 사도세자는 끝내 듣지 않고 못된 무리

이천보의 고가와 묘

진암 이천보가 거처하던 곳으로 당시에 심은 수령 300년 이상된 향나무가 뒷뜰에 남아 있다. 6·25를 거치면서 대부분이 불타버리고 현재는 사랑채와 안채의 행랑채만이 남아 있다. 문간채 뒷편 언덕 위로는 이천보의 묘소가 있다. 경기도 가평군 상면 연하리 226번지 소재.

들과 어울려서 평양까지 나가 기생들과 호유를 하고 돌아왔다. 그러나 세상에 어떻게 비밀이 있겠는가?

왕비(嬪妃, 계비)이면서 왕자를 생산하지 못해 영빈 이씨 소생의 사도세자에게 동궁자리를 주게 되어 그렇지 않아도 가슴에서 불이 나는 장순왕후 김씨 일파가 그 일을 탐지하고 끝내 영조에게 상소를 하였다.

이 사건이 소위 평양원유(平壤遠遊)라는 것인데 이 일이 탄로나자 여러 관원들이 파면을 당했고 영의정 이천보는 마음이 몹시 괴로운 나머지 음독자살을 해버린 것이다.

이 일로 그 다음 해인 영조 38년 5월 부왕 영조는 끝내 사도세자를 뒤주 속에 가두어 굶겨 죽이고 말았지만, 한 나라의 영의정이 이 사건에 앞서 혼자 고민하던 나머지 음독자살을 해버린 것은 기막힌 비극이었다.

그래서 영조 임금도 몹시 마음 아파했다.

"영의정이 음독자살을 했다니 그 후사는 몇이나 있느냐?"

"양자가 한 명 있다고 하옵니다."

"양자? 나이는 몇 살이나 되었느냐?"

"스물 두 살이오나 아직 초시, 진사도 못했다 하옵니다."

"영의정의 아들이 스물두 살이 되도록 초시도 못하다니…."

"이문원李文源(17)이란 양자를 어려서 들여 세웠사오나 글 읽기를 싫어하여…."

글을 읽지 않은 무식꾼이니 나라에서도 어쩔 도리가 없었다. 그래서 '영의정의 집안에는 아들이 없다.'고 탄식들을 했다. 글을 읽어 과거에 급제하는 아들이 아니었기 때문이었다. 그러자 영조는 시파와 벽파로 나뉜 심한 당쟁 싸움에 휘말려 하나밖에 없는 외아들 장헌세자莊獻世子를 한여름 뒤주 속에 넣어서 굶겨 죽인 후, 몹시 마음이 아팠다. 이렇게 손자인 정조를 기르면서 뒤주 속에 가두어 굶겨 죽였던 장헌세자에게 '사도思悼'라는 시호를 내렸다.

"영의정의 집안은 그 후 어찌되었느냐?"

"이문원이란 양자가 지금 삼년상을 지내고 있습니다."

"그 양자는 과거를 했느냐?"

"아직 못하고 초야에 묻혀 있습니다."

"그럼 체면이 아니다. 영의정의 충절을 생각해서라도 집안이 망하게 그냥 놓아둘 수는 없느니라."

---

(17) **이문원** 李文源 1740(영조 16)~1794(정조18).
조선 후기의 문신. 본관은 연안, 시호는 익헌(翼憲). 형조, 병조, 예조, 이조판서를 거치다 수찬 최헌중의 탄핵을 받고 사직소를 올려 체직(遞職)되었으며, 지경연사 · 부사직 · 형조판서 등을 지냈다.

그래서 이문원은 스물네 살 되던 해에 영조가 특명을 내려 음보로 호조 좌랑 벼슬을 받았다. 그러다가 서른두 살 때는 정시문과(庭試文科)를 왕궁에서 보이고 과거에 합격시켰던 것이다.

바로 여기 나오는 영의정 이천보의 양자 이문원이 뒷날 형조, 이조, 예조, 병조판서를 역임했던 청백리로 백성의 추앙을 받던 인물이다. 그 이문원에게는 영의정 집에 양자로 들어오던 어린 시절부터 일화가 많았다.

이조판서이던 이천보의 정실이 영영 아들을 낳지 못하자 할 수 없이 양자를 들여 세우는데 경기도 가평에서 집안 아이 하나를 데려오게 되었다.

일곱 살 때부터 이천보의 집으로 데려다가 글 선생을 들여 앉히고 공부를 시켰는데, 이 아이는 도무지 이르는 말을 잘 듣지 않았다. 지붕 구멍을 쑤셔 참새 새끼를 잡는 등 한눈을 팔며 글 공부는 하려고 들지 않았다. 하늘 천(天)자 하나를 온종일 가르쳐도 아는 것 같지가 않았다. 무슨 아이가 선생님이 호되게 꾸중하고 달래며 얼러 주어도 이렇게 고집 세게 공부를 안 할까?

"대감마님!"

"왜, 문원이가 글 공부를 영영 마다하고 있는가?"

"영영 안 되겠습니다."

"더 가르쳐봐. 그래도 내 아들인데."

그래도 말썽만 피우며 글을 읽지 않았다. 그러자 나중에는 마님도 "연안 이씨 집안 중에 어찌 저런 아이가 있느냐"고 혀를 차 양자로 들어온 어린 아이는 할 수 없이 본가에 쫓겨가고야 마는데, 등에 업고 가던 종할아범이 어린 것의 신세가 딱해서 혀를 끌끌 찼다.

"할아범, 왜 나를 업고 가면서 혀를 차?"

"도련님이 딱해서 그렇습니다."

"딱하다니, 왜?"

"서울 대감댁은 돈도 많고 벼슬도 높아 도련님이 그 집에서 살면 평생 고기반찬을 먹기 싫도록 먹고 살 수 있지만, 이제 본가로 가시면 쌀밥은 구경도 하기가 어렵지 않겠습니까?"

"그래서 혀를 찼어?"

"예. 글만 읽으시면 평생 호강하고 살 텐데 왜 이리 신세를 그르쳤소?"

"치. 할아범도 모르는 소리 말아. 내가 만약 글을 읽는 척만 해봐."

"그러면 어때서요?"

"광에 가득찬 책을 다 읽으라고 할 게 아니야?"

그렇게 당돌한 아이를 업어다 주고 돌아온 종할아범에게 이천보가 물었다.

"그 아이가 제 집으로 쫓겨가면서 아무 말도 않더냐?"

"아니옵니다. 광에 가득찬 책을 다 읽으라고 할까 봐서 글 공부를 안 했다고 하였습니다."

이런 이야기를 듣던 이천보는 한참 생각하다가 웃으며 말했다.

"하하하. 그놈이 그렇게 말하더냐?"

"예."

"그렇다면 그놈은 쓸만 하겠다. 어서 가서 네가 그 녀석을 다시 업어와라."

이래서 본가로 쫓겨갔던 일곱 살짜리 아이는 다시 양가로 들어왔지만 그 후에도 하는 짓은 신통한 구석이 없었다. 그러나 장난꾸러기 어린 아이에게는 무슨 일이건 끝을 보고야 마는 무서운 고집이 있었다.

한번은 이천보가 아이를 무릎 위에 앉혀 놓고 이렇게 타일렀다.

"문원아!"

"예, 아버지."

"양반은 글을 읽어야 사람이 되느니라."

"그럼 소는 글을 안 읽어 소가 됐나요?"

"그렇지. 그러니 너 글 읽겠느냐?"

"예."

"그럼 내가 밖에 나갔다 돌아올 때까지 추구推句 한 권을 다 읽어라."

이렇게 타일러 놓고 이천보가 출타를 했다가 돌아와 보니 사랑방 장판 바닥에 온통 벌집 쑤신 것처럼 구멍이 뻥뻥 나 있다. 지금하고 달라서 옛날에는 양반집이나 돈 많은 부잣집이 아니고는 벽에다 도배하고 방바닥에 각角장판을 깔고 살지 못했다.

그 중에도 들기름을 빳빳이 먹인 각장판은 양반집에서나 쓰는 것이었다. 그런데 이천보가 쓰는 사랑방 장판 바닥을 온통 송곳으로 쑤셔서 흙투성이 구멍을 만들어 놓았으니 어린아이 장난치고는 너무나 버릇이 없었다. 이천보는 대노하여 아이를 불러 회초리로 종아리를 때리려고 했다.

"아버지…."

"왜?"

"장판은 버렸어도 벼룩은 기어이 잡았습니다."

"벼룩?"

"방바닥 위에서 벼룩이 뛰길래 이놈을 잡으려고 쫓아다니다가 그만 방바닥이 이렇게 됐습니다."

"그럼, 벼룩은 잡았느냐?"

"저기 송곳 끝에 꽂혀 있습니다."

과연 방바닥 한쪽에 그대로 꽂아둔 송곳 끝에는 벼룩이 동창나서 꽂혀 있는걸 보고 이천보도 회초리를 거두었다고 한다.

그런 고집을 가진 이문원이었기 때문에 끝내 큰 글을 읽지 않았지만 아버지 이천보가 영의정을 지내다가 음독자살을 하여 죽고 나자 새 사람이 되었다.

청빈하게 살았던 탓으로 양가에는 별로 이렇다 하게 쌓아 놓은 재물이 없었다. 그래서 이문원은 음보로 호조에 들어간 후 글을 읽어 과거에 올랐고, 마흔한 살 되던 정조 4년에는 동래부사로 나가 백성을 다스렸다.

그러다가 이듬해에는 경상도 관찰사로 옮겨 고을을 다스리는데 눈곱만큼도 사정을 쓰거나 공사公事를 어긋내는 법이 없었다. 글은 많이 읽은 것이 없다고 자처했지만 사람을 보고 다룰 줄 아는 세도인심에는 귀신같이 통했다.

어떤 의미로는 백성을 다스리는 관찰사의 임무는 글만 많이 읽고 음풍농월에 빠진 문인이나 학자 같은 관찰사보다 이문원처럼 법을 법같이 쓰는 관찰사가 훨씬 더 백성을 편안하게 하는 명관일 수도 있었다.

'법을 법같이 쓴다.'는 것은 무엇인가?

물론 백성을 다스리는 요체는 백성들이 좋아하는 바를 좋아하고 백성들이 싫어하는 바는 위정자도 함께 싫어하라고 했다.

그것은 수령된 사람이 백성을 자식처럼 사랑하라는 뜻이다. 그러나 위정자는 백성을 사랑하되 그 사랑하는 바는 법도에 맞아야만 한다.

古人言 治下過曰 愛民 … 且愛之過 而慢不從令 亦非愛也
  정치는 '백성을 사랑하는 것'으로 요약되지만 그러나 백성에 대한

조 선 의   선 비

애정이 맹목적으로 지나쳐서 너무 돌보면 오히려 백성들은 태만해져서 영을 따르지 않고 그릇되니 이렇게 되게 하는 것도 역시 백성을 사랑하는 것이 아니라는 것이다.

우리가 집에서 자식들을 길러 보아도 이 말은 딱 맞다. 너무 아이를 귀엽게 다뤄 무엇이건 오냐 오냐하고 떠받들어 놓으면 어른을 몰라본다. 그래서 자모慈母가 있는 반면 엄부嚴父도 있어야 교육이 제대로 이루어지는 것이다. 그 엄부가 엄부 노릇을 제대로 못하면 그것도 탈이 아닐 수 없다. 마찬가지로 관찰사가 법을 법같이 세우지 못하면 결국은 백성이 괴로워진다. 아전배가 발호하여 백성과 관찰사를 속이기 때문이다.

경상도 관찰사 이문원이 진사와 생원을 뽑는 감시監試를 치를 때였다. 여러 시관試官들이 지방 토호와 결탁하여 청을 먹고 급제자를 조작하려고 하는 낌새가 있었다. 그러자 그것을 눈치 챈 관찰사는 농을 쳤다.

"나는 본래 무식해서 글을 잘 모른다. 그러니 여러 시관들이 상의하여 먼저 급제될 만한 글을 골라서 내게 보내 주게."

과연 시관들은 청탁을 받은 시험답안지만을 급제감으로 골라서 가져왔다. 그러나 관찰사 이문원은 어릴 때부터 장난꾸러기요, 글을 안 읽어 무식꾼을 자처했지만 실상은 그렇지가 않았다. 웬만한 문자는 모두 통했고 경전에도 박식하였다. 그래서 시관들이 올린 답안지를 보자마자 곧 청탁받은 것들임을 알고 물었다.

"이게 다 급제자의 것을 뽑은 것이냐?"

"예."

"알았다. 그럼 낙방자의 답안지를 모두 모아 오게."

"……?"

시관들이 낙방자의 답안지를 다시 내놓자 관찰사는 낙방자 중에서 모두 급제자를 골라 발표해 버렸는데 뽑은 것이 귀신같이 공정하고도 정확했다. 이래서 일도一道의 글 읽는 선비들이 모두 '시원한 꼴을 보았다.'고 관찰사를 추앙했다.

그 후에도 이문원은 대사성, 공조판서, 선혜청 제조, 이조판서 등을 역임하면서 공사를 처결하는 데 한 치의 어김이 없고, 선혜청 제조 때는 속여 먹고 협잡해 먹기 잘하는 고직庫直들이 포목 한 자 훔쳐 내지를 못했다고 한다.

세도世道에 밝고 하정下情에도 모르는 구석이 없기 때문에 어리숙한 '책상물림 양반'들을 앉혀 놓고 속여 먹듯이 할 수가 없었기 때문이다.

이래서 이문원은 판의금부사를 거쳐 함경도 관찰사로 나갔을 때는 어찌나 세금과 부역을 맑고 깨끗하게 다스렸던지 그가 관찰사를 그만 두고 서울로 돌아오려고 할 때는 함경도 백성들이 통곡했다.

"사또, 못 가십니다."

"함경도 백성을 버리고 왜 돌아가시려 합니까?"

함흥 만세교를 막으면서 붙잡고 울었다는 것이 기록에 있다. 이래서 함경도 관찰사에서 돌아온 후 다시 호조판서를 역임하여 나라의 재정을 넉넉하게 하였지만 자신의 비기肥己는 돌아본 일이 없었다. 비기라는 것은 글자 그대로 '자기를 살찌운다.'는 뜻이다.

정사를 맡은 관리가 자기 살림살이를 살찌우는 것은 장리가 되지 않고서는 딴 방법이 있겠는가? 나라 살림살이를 맡은 관리가 나랏것을 빼내 '자기 집 살림살이'를 보태는 것은 결국 무엇인가?

그때나 지금이나 공직을 맡은 관리가 분수 밖으로 넉넉하게 사는 것은 남의 눈총거리밖에는 되지 않았다. 이렇게 누구보다도 아전 장리를 혹독하게 다뤄 매사를 깨끗하게 처리하고 보니 판서 이문원의 살림살이는 항상 넉넉할 수가 없었다.

"여보, 마누라. 텃밭에 물을 잘 주오. 오이농사를 잘 지어야 올 여름에는 그걸로 반찬거리를 할 게 아니오?"

"예."

"우리가 가난하지만 그래도 죄는 짓지 않아 큰 근심 안 하고 사니 다행이요. 나는 저 앞 냇물에 가서 물고기나 좀 낚아오리다."

벼슬을 그만 둔 만년에는 퇴계원으로 가서 한가롭게 낚시질을 하면서 지내는데, 동네 사람들은 도롱이를 쓰고 앉아 낚시대를 드리우는 협수룩한 영감이 판서 자리를 일곱 번이나 지낸 사람인줄을 미쳐 모르고 있었다. 초가집 네댓 칸에 농막을 틀고 사는 이문원의 살림살이가 하도 보잘 것 없고 소탈했기 때문이다.

이문원이 퇴계원에 물러가 살면서 냇가에서 낚시질을 하고 있던 어느 날이었다.

"여보, 여보…."

"……."

"여보, 삿갓 쓰고 낚시질하는 늙은이."

건너편에서 무슨 일로 급히 길을 걸어오던 관복입은 도사(都事) 두 사람이 큰 소리로 부른다.

"나 불렀소?"

"응, 영감 불렀네."

"무슨 일이시오?"

"내가 급한 일로 공무를 보러 가는데 신발을 벗을 수 없구만. 늙은이가 건너와서 잠시 나를 좀 업어 건네주게."

이렇게 거드름을 피우자 낚시질을 하던 영감은 말 없이 건너와서 그 벼슬아치를 업어서 건네다 주었다. 그런데 이게 웬일인가? 급한 볼 일로 서울서 내려온 벼슬아치가 영감의 농막집 뜰 안에 들어섰다.

"대감 계시냐?"

마침 등 뒤에서 낚싯대를 메고 천천히 돌아오던 늙은이가 말했다.

"왜 나를 찾느냐?"

이렇게 대답하면서 웃고 서 있지 않는가?

"아니?"

"하하하…."

"대감, 죽여 주시옵소서!"

기절초풍하게 놀라 마당 가운데 엎드린 도사는 이문원을 쳐다 볼 수가 없었다.

"여보, 부인. 보리술 익었거든 두 사발만 걸러주시오. 오늘은 먼 데서 손님이 찾아왔으니 함께 한 잔 하겠소."

무슨 까닭인지 퇴계원 오막살이에서 종도 거느리지 않고 살고 있었던 것이다. 이문원은 이렇게 소탈하고 늙어서도 장난하기를 좋아하는 달인이었다. 달인이라는 것은 속이 옹졸하지 않고 훤하게 트였다는 말이다.

그렇게 훤히 트인 속으로 세상을 볼 때 몇 주먹 안 되는 재물 모으기에 그렇게 훔치고 속여 가면서 집착하는 것은 어리석고 비루한 일이 아니겠는가?

조선의 선비
이시백
李時白

구멍 난
부들방석도
조심스럽다

　　기록이라고 하는 것은 어디까지나 정확하고 신빙성이 있어야 함은 물론 어느 한쪽에 치우치지 않는 공정성을 잃어서도 안 될 것이다.

　말로는 누구나 기록의 공정성을 쉽게 들추지만 기록이라고 하는 것도 사람이 하는 이상, 모든 기록이 전부 정직하고 공평성을 띨 수는 없었을 것이다.

　그렇기 때문에 나라에서는 사관史官을 두어 임금이 행한 말이나 행동이라고 할지라도 추호도 어그러지지 않는 정확한 기록을 후대에 남기는 일을 그 첫째의 사명으로 삼았던 것이다.

　그래서 역사의 기록, 즉 사관이 그날 그날 쓴 왕조의 일지는 추상 같고 또 저울대 같아서 후대의 역사 연구가들이 거울로 삼아도 부끄러움이 없는 것으로 알고 있다.

　물론 구실이나 토를 달아 말하자면 '역사는 국민이 기록한다'느니 또 역사는 쓰는 사람의 입장에 따라 얼마든지 아전인수격으로 자기네들을 합리화하여 후대의 기록을 남긴다고 말하여 왕조가 남긴 관변적 기록을 하나에

조선의 선비

이귀

서 열까지 다 믿을 수는 없는 것이라는 태도를 취하기도 한다.

그러나 여기서 사론^{史論}을 말하려는 것이 아니라 한 인물에 대한 나라의 전통적인 기록과 평판이 사실이라면 다음에 이야기하려는 이귀^{李貴(18)}와 그의 아들 이시백^{李時白} 부자의 청렴한 가풍을 사실대로 믿어야 할 것인지 의심스럽기 때문에 꺼낸 말일 뿐이다.

인조반정을 전후하여 이귀와 이시백 부자는 각각 정사 1등 공신과 2등 공신으로 아버지 이귀는 연평부원군, 아들 이시백은 연양군에 봉작되었다.

이들 부자는 당대 이 나라의 백성된 사람으로서는 제일 두려울 것이 없는 권신이자 공신이며 또 가장 혁혁한 가문을 이루어 그야말로 연안 이씨

---

(18) **이귀** 李貴 1557(명종 12)~1633(인조 11).
호는 묵재(默齋). 이시백의 아버지. 임진왜란 때 삼도소모관(三道召募官)에 임명되어 공을 세웠고 그 뒤 장성현감·군기시판관·김제군수를 역임하면서 난 후 수습에 힘썼다. 1616년(광해군 8)에 숙천부사, 해주목사 1622년에 평산부사가 되었다. 이후 인조반정에 성공하여 정사공신 1등에 책록되었다. 1626년(인조 4)에 병조·이조판서를 지냈다.

의 혁혁한 가문을 자랑했던 것이다.

그런데 그 이시백이 얼마나 청렴결백하고 집 안을 깨끗이 다스렸느냐 하는 점을 나타내는 다음과 같은 기록이 전해오고 있다.

공의 집은 선조 대대로 청렴함과 검소함을 가풍으로 삼아 지켜왔다. 그런데 어느 날 공이 조정의 공사에 참례했다가 집으로 돌아오니 부인이 비단실로 가장자리를 두른 방석을 만들었다는 이야기를 듣고 크게 놀랐다. 그러나 대신의 부인도 남 앞에서 깔보일 수 없는 지체와 위엄을 가지고 있는 터라 공은 곧바로 부인을 불러 꾸짖기가 난처하였다.

요새는 소파 하나에도 몇 백만 원짜리가 있다고 한다. 한때 어떤 재벌의 안방마님은 이탈리아 호화 가구로 수백만 원짜리 침대와 소파를 밀수해 들였다가 세상의 망신을 샀던 이야기는 아직도 생생하다.

그런데 소파가 없던 그 시절엔 방석이 귀여움을 받던 가구의 하나였다. 그래서 원님쯤 되면 호랑이 가죽으로 방석을 만들어 깔고 앉아 위엄을 부리기도 했고, 사치하는 안방마님들은 육 칸 대청에 비단 방석을 깔아놓고 강화도 돗자리를 곁들여 옷걸이, 팔걸이로 위세를 자랑하였다.

그래서 요즘도 고급 요정에 들어가 옛날 양반 흉내를 내면서 팔걸이, 등걸이에 교자상을 받고 술을 마시는 곳을 '방석집'이라고 하지 않는가. 돈 있고 권세 있는 사람들은 옛날에도 비단 방석 하나에 쌀가마 값이나 들여서 호사하게 살았던 것이다.

이러니 한 나라의 두려울 것 없는 권문세가로 우의정, 좌의정에다 영의정까지 오른 이시백의 집에서 비단 방석을 수백 개 쌓아 놓고 사용해도 하

조 선 의 선 비

이시백 李時白 1581(선조 14)~1660(현종 1)

조선 후기의 문신. 본관은 연안, 호는 조암(釣巖). 1623년 유생으로 인조반정에 공을 세워 정사공신 2등으로 연양군에 봉해졌다. 다음해 이괄의 난이 일어나자 협수사(協守使)가 되어 반란군을 격파하여 그 공으로 수원방어사가 되었다. 1633년 병조참판에 있을 때 병자호란이 일어나자 성을 수비하였고, 다음해 공조판서와 지의금부사를 겸하였다. 이후 병조판서와 총융사에 이어 한성판윤과 형조·공조의 판서를 지냈다. 효종이 즉위하자 이조판서·좌참찬이 되고, 우의정에 올랐다. 좌의정에 이어 연양부원군에 봉해지고, 1655년 영의정에 임명되었다.

나도 흉될 것이 없었을 것이다.

그런데 비단 방석은커녕 비단으로 가장자리를 두른 방석을 만들었다는 이야기를 듣자 영의정 이시백은 깜짝 놀랐다는 것이다.

그것은 말할 것도 없이 청렴하고 결백한 가풍에 비추어 사치스러운 비단 방석을 쓸 수 없다고 생각했기 때문이었다.

그래서 영의정 이시백은 종에게 하명하였다.

"애야, 마당 가운데 내가 늘 깔고 앉던 부들자리를 내다 깔아라."

그러자 이시백의 분부를 받은 하인은 다 떨어진 부들자리 하나를 마당에 깔았다. 이 부들자리는 몇 십 년이나 썼는지 가장자리는 쥐가 뜯어먹고 또 여기저기 얼룩지고 때가 묻어 더 쓰기가 어렵게 낡은 것이었다. 그런데 영의정 이시백은 그 부들자리 위에 태연히 앉아서 명하였다.

"애야, 안에 들어가서 마님을 모셔 오도록 하여라."

얼마 후 마님이 영감 앞에 불려 나왔다.

벌써 영감이 무슨 말씀을 하시려는지 눈치를 챈 영의정 부인은 아무 말도 하지 않고 그 다 떨어진 부들자리 위에 올라가 앉았다.

"이것이 우리가 옛날부터 깔던 부들자리 아니겠소?"

"예, 그렇습니다."

"그런데 당신도 알다시피 내가 나라의 풍운의 때를 만나 외람되게 공경의 자리에까지 올라 더욱 조심스럽고 위태롭게 여겨지며 항상 실패할까 두려워하고 있는 것이오."

영의정 이시백은 정색을 하고 자기 부인의 얼굴을 바라보았다.

"그런데 어찌하여 당신은 방석에다 비단실로 가장자리를 떠 이 집안이 사치로 망하기를 재촉한단 말이오?"

그러자 말 없이 고개를 숙이고 있는 자기 부인에게 영의정 이시백은 더욱 이렇게 꾸짖는 것이었다.

"오늘 같은 날에는 부들자리도 나에게는 오히려 불안한데 하물며 비단 방석이라니. 그래서 집안 망하기를 당신이 재촉한대서야 대대로 뻗어나갈 후손에게 무슨 부끄러움이오?"

이렇게 한탄하기를 그치지 않았다고 한다.

그러자 영의정 부인은 매우 부끄럽게 여겨 이시백에게 잘못을 사과하고 자기가 비단실로 띠를 둘렀던 방석에서 비단 띠를 도로 뜯어냈다고 한다.

이것이 한 나라 영의정이 집안을 얼마나 검소하게 다스렸던가 하는 한 일면을 나타냈던 일화인데 과연 오늘날 우리에게 어떤 교훈을 주는 대목이 될 수 있을 것인가?

이 기록이 정확한 입장에서 사실을 과장하고 미화시킨 대목이 아니라면 참으로 대단한 청백리의 기백과 가도를 엿보게 하는 것이라고 하지 않을 수 없다.

왜냐하면 좌의정이나 영의정은 그만 두고라도 한 고을의 원님만 되어도 별별 사치와 장식으로 집안을 호화롭게 꾸미고 살기를 보통으로 여기는 터에 어찌 한 나라의 영의정이 비단 방석도 아닌 베 방석에 가장자리를 비단실로 띠를 둘렀다고 해서 자기 부인을 이렇게 호되게 꾸짖을 수 있는가?

"사치로써 장차 집안을 망하려 하게 하느냐?"

하고서 준열히 나무라고 난 뒤 풍운을 만나 공경의 자리까지 오른 자기의 입장이 다 떨어진 부들자리를 깔고 앉아 생활하기에도 항상 부끄럽고 조심스럽고 실패할까 두렵다고 얘기하는 대목에서는 머리가 숙여지지 않을 수가 없는 일이다.

그것도 이시백은 보통 혁혁한 벼슬길을 달려왔던 인물이던가.

인조반정이 성공한 후 아버지 이귀는 금방 호위대장, 우참찬, 대사헌, 좌찬성을 거쳐 인조 4년에는 병조판서, 이조판서 등을 역임했고, 이시백도 인조반정 다음해에 '이괄의 난'[19]이 일어나자 협수사(協守使)가 되어 군사를 모집하여 그를 막았고 그 공로로 곧 수원방어사가 되기도 했다.

그 후 양주목사, 강화부 유수, 병조참판, 남한산성 수어사, 호위대장을 겸직했다.

또 총융사, 공조판서, 이조판서, 우의정, 좌의정, 영의정으로 올랐으니 사람이 세상에 태어나서 이렇게 혁혁한 벼슬길로 뛰어오를 수 있는 사람도 그렇게 흔하지는 않을 것이다.

그래서 병자호란 등 어려운 고비를 겪으면서 임금을 충성스럽게 모셨고 청나라에 들어가는 진하사, 진주사, 사은사 등으로 사신 길을 떠난 것만 서너 번이나 되었다.

이러던 이시백이 구멍 뚫린 부들자리 방석을 마당에 깔아놓고 부인을 훈계한 것은 참으로 보통 있는 일이 아니다.

그뿐만 아니라 그가 한 번은 청나라에 진하사로 들어가기 위해 평양 대동문 밖에 이르렀을 때였다.

옛날부터 평양은 명나라나 청나라 칙사들이 출입했던 길목으로 매년 중

---

(19) **이괄의 난**
인조 2년인 1624년에 이괄은 인조반정에 공이 컸음에도 불구하고 2등 공신에 봉해지고, 그 뒤 평안도 병마절도사로 좌천되어 불만을 가지고 있었는데, 아들이 반역을 꾀한다는 모함을 받아 잡혀 가자 부하인 기익헌 등과 함께 난을 일으켰다. 반란군은 한때 서울을 점령하고, 인조는 공주로 피난했으나 서울 점령 하루 만에 패하고, 이괄은 부하에게 죽임을 당한다.

국으로 들어가는 사신행차가 거쳐가는 대목이라서 항상 화려한 복색을 갖춘 기생들이 득실거려 출입하는 사신행차를 접대했던 것이 한 풍속이었다.

그런데 마침 병자호란에 혹독하게 나라가 병들어 있는 때에 이시백이 사신행차를 거느리고 평양 대동문 밖에 이르니 꽃같이 예쁜 기생들이 무리를 이루어 그를 맞아들이는 것이 아닌가.

그 화려한 복색과 요란스런 기생들의 단장을 보자 진하사 이시백은 불같이 노했다.

"병자년 난리 이후 평안도 일판이 모두 탕진되어 남은 것이 하나도 없다고 하더니 이제 와 보니 매우 이상한 일이 생겼구나!"

이렇게 꾸짖자 평양 서윤이 자랑스럽게 보고하였다.

"예, 난리를 치루고 나니 기생이라고는 오직 늙고 병든 자만이 남아 있어 사신의 행차에 체통을 이루지 못하므로 이에 각 고을 관청의 관비들 가운데 자태와 재주가 있는 자를 선발하여 평양부로 옮기고 또 그 친족들로 하여금 그 의복의 비용을 맡게 하여 이렇게 기생으로 꾸며 두었습니다."

병자호란 뒤에 평양 일판이 쑥밭이 되어 기생이 없자 출입하는 사신들에게 체통이 서지 않아 각 고을의 관청 여종들을 모아 이렇게 기생으로 꾸몄다는 이야기였다.

그러자 이시백은 더욱 노하여 꾸짖었다.

"이놈아, 나라에서 너와 같은 서윤을 설치한 것은 백성을 사랑하고 잘 다스리라고 함인가, 아니면 사신에게 아첨하여 그들에게 잘보이고 기쁘게 하기 위함인가? 이러한 어려운 시절을 당하여 이런 기생 꾸밈에만 신경을 쓰고 있으니 서윤치고는 극히 놀랄 일만 하고 있는 놈이로구나!"

그리곤 평양 감사를 불러 책망하였다.

"지금 어찌 기생의 놀이를 베풀 때인가? 임금께 아뢰어 평양 감영의 잘못을 치죄하고 넘어가는 것이 마땅한 일이나 이번만은 그냥 둘 터이니 오늘로 모름지기 저 기생들을 모두 자기 고을로 돌려 보내도록 하라."

이렇게 지엄한 분부를 내려 사회의 기강을 잡았다고 한다.

홍수주
조선의 선비
洪受疇

얼룩진
비단치마에
포도 그림으로
갚다

서울 동대문 바로 앞에 사학^{四學}의 하나인 '동학'이 있었고 여기서 종로 쪽으로 반듯하게 걸어가면 지금의 종로 5가 네거리쯤에 첫다리^{初橋}라는 것이 있었다.

이 첫다리 물은 성균관 양쪽 골짝에서부터 흘러내려온 것이 낙원동 종로 쪽에서 흘러 내려오는 물과 합수되서 지금의 동대문 운동장 근처에 있던 오간수문^{五間水門}으로 빠져 나갔다.

그리고 동대문에서 종로 쪽을 향해 첫 번째로 놓인 다리라고 해서 '초교'라고 했는데 그 첫다리에서 종로 4가 근처에 있는 창경궁 동쪽 담 밑에서 흘러온 물과 합수되는 곳이 있는데 그곳에 놓인 다리를 두다리^{二橋}라고 불렀다.

그 두다리에서 창경궁 선인문^{宣仁門} 쪽을 향해 걸어 올라가다 보면 큰 동네가 연화방^{蓮花坊}이고 한참 더 가서 지금의 서울대학교 부속병원 남쪽 골짝에 있던 마을이 호동^{壺洞}이었다. 마을이 병목처럼 좁고 오목하게 산 밑에 숨어 있기 때문에 생긴 이름이다.

그 호동에 살던 사람으로 숙종 때의 도승지 홍수주洪受疇[20]의 호가 '호은壺隱'이고 '호곡壺谷'이었다.

숙종 27년 봄. 그 호동 뒷동산에 심어진 복숭아 꽃이 한창 무르녹을 때 도승지의 환갑잔치가 열렸다. 그래서 아침부터 꾸역꾸역 그 마을로 손님들이 모여들고, 왕궁에서는 특별히 장악원 기생과 악공까지 보내 홍수주의 잔치마당을 더 흥겹게 하는데 손님들이 이르러 보니 홍수주의 집 살림살이는 그렇게 풍족한 눈치가 아니었다.

악공들이 깽깽이를 타느라 두 줄 사이에 활을 넣어 줄을 긋고, 기생들은 좋은 옷을 입고 '여민락'을 벌이는데 서로 엉덩이가 부딪칠 지경이다.

"마당이 너무 좁네."

"글쎄말야. 멍석 두 장을 까니까 기생들이 궁둥이를 돌리고 춤 출 자리가 있어야지."

처마 밑에 친 삼베 차일은 하나. 마루가 좁아 음식을 차리고 상을 늘어 놓을 데가 없어 이웃집 마당을 임시로 울타리를 트고 내왕하게 했지만 명색에 비해서는 술과 안주도 내용이 너무 초라한 잔치였다. 음식도 빈약했고 그 음식을 담아 내오는 화채 그릇과 교자상도 이가 떨어지고 칠이 벗겨진 것이 많았다.

---

(20) **홍수주** 洪受疇 1642(인조 20)~1704(숙종 30).
조선 중기의 선비화가. 본관은 남양, 호는 호은(壺隱)·호곡(壺谷).
1695년 동지사행(冬至使行)의 부사로 중국에 다녀왔다. 매화·대나무·포도를 잘 그렸는데, 특히 포도가 뛰어났으며 글씨는 전서(篆書)를 잘 썼다. 문집으로 《호은집》이 있다.

소문에 들기로는 이 집이 대대로 청백리라더니 정말 이렇게 청빈한가?

집은 겨우 대여섯 칸에다 기둥이 낡고 기와도 깨진 곳이 많다. 그렇지만 한 나라 도승지의 환갑잔치라서 참례한 일가나 하객들의 인품은 모두 빼어나고 헌칠했다. 그 중에도 눈에 띄게 아름다운 여자는 도승지 영감의 막내딸인데 비단치마를 입고 나와 두팔 소매로 이마를 가리고 나비 같이 앉으면서 아버지한테 절을 올릴 때 일가들은 모두 그 우아한 아름다움에 입을 벌렸다.

이렇게 해서 그날의 초라하고도 성대했던 환갑잔치를 마치고 식구들끼리만 남자, 홍수주가 말했다.

"부인 고맙소."

"어째서요?"

"우리 집이 대대로 가난한데 부인이 이처럼 흡족한 잔치자리를 마련하여 주어서 정말 고맙소."

"별 말씀을 다 하십니다. 영감."

"아니오, 아니오. 음식과 안주가 넉넉했고 비록 산채와 풋나물 접시지만 손님마다 다 달게 자셨소. 여기다가 딸 아이가 오늘은 비단치마를 입고…. 하하하. 부인이 오늘 잔치를 위해 그 아이한테 비단치마를 해주느라고 얼마나 애썼소?"

"딸 아이에게 비단치마를 입혀주니 영감 눈으로 보기에도 예뻐요?"

"그럼, 그럼."

부인은 영감이 비단치마 입은 막내딸의 모습을 처음 보고 저렇게 좋아하는 걸 보니 눈물이 핑 돌았다.

홍수주는 한 나라의 도승지에다 충청도와 경기도 관찰사를 지냈던 인물이지만 집에서는 막내딸에게 비단치마 한 감을 못 끊어 주었다.
 한 고을의 별성(別星) 노릇만 해도 여러 기생첩을 두어 살림을 풍족하게 꾸려나가는데 경기도가 어디고 충청도가 어떤 벌판이라고 관찰사가 이 모양인가?
 부인은 벼르고 벼르다가 도승지의 환갑잔치 마당에서만은 막내딸에게 비단치마를 한 번 입혀 주고 싶었다. 만좌중의 일가들이 보는 앞에서 막내딸에게 무명치마를 입혀 내놓을 수는 없지 않은가? 그것이 어머니 마음이기 때문이었다. 그러나 그것도 뜻과 같지 않아 생각다 못해 이웃집에서 그 집 규수가 입는 비단치마 한 벌을 잠깐 빌어다가 입혔던 것인데 속도 모르는 영감은 저렇게 좋아한다.
 그랬는데 호사다마였다. 그날 환갑잔치에 빌려 입었던 비단치마를 막내딸의 실수로 못쓰게 버린 것이다. 음식상을 다루다가 잘못하여 비단치마에 간장 방울을 튕겨 심하게 얼룩이 지고 말았다.
 "아이구, 큰일났구나. 이를 어쩌느냐?"
 "흑흑…, 어머니…."
 "빨아도 간장 자국은 지워지지 않고 누르스름하니 치마를 사 보낼 수밖에 없는데."
 "어머니."
 무슨 수로 비단치마 한 감을 떠다가 갚는가? 이래서 도승지집 모녀는 근심에 쌓이고 애를 끓였다.
 며칠이 지난 뒤에야 도승지 홍수주 영감도 그 눈치를 채고 한숨을 쉬었다. 빌려온 치마를 빨리 돌려주어야 할 텐데 가난한 살림으로는 방도가 없었기 때문이다.

"빚을 얻어올까요?"

"빚을 얻어오면 나중에 그 빚은 어떻게 갚게?"

"그래도 제가 친정에 한 번 다녀 오겠습니다."

"그만 두시구려, 하늘이 무너져도 솟아날 구멍이 있다고 설마하니…."

도승지 홍수주 영감은 함께 걱정을 하다가 벌떡 일어나서 사랑으로 들어가 버렸다. 영감도 눈물이 쏟아질 것 같았기 때문이다.

막내딸이 빌려다 입고 망친 비단치마 한 감. 물론 지금과는 달라서 그때 세상은 비단치마 한 감이 큰 돈이었다. 나라에서 법으로 규정하여 일반 상민들은 비단옷을 몸에 걸칠 수가 없었지만 서울 장안의 대가(大家)나 양반집 부녀자들은 거의 다 비단옷을 입고 살았다. 그 비단들은 색깔이 누르튀튀하고 올이 굵은 우리나라 명주베가 아니라 중국에서 가져오는 고급품들이니 치마 한 감에도 쌀이 몇 섬씩 가게 비싸긴 했지만 아무려면 한 나라의 도승지가 자기 막내딸에게 비단치마 한 벌을 못 입힌단 말인가.

사랑에 돌아온 홍수주 영감은 먹을 갈아 종이에 글씨를 썼다.

딸과 부인의 상심하는 걱정거리를 덜기 위해서도 무슨 방도가 챙겨져야 할 텐데 당장 어떤 친구에게 그런 돈을 구처해 달라고 편지를 보낼 주변머리도 없었다.

"내가 언제부터 이렇게 용렬해지게 되었는가?"

도승지 홍수주는 황해도 관찰사를 지냈던 홍처윤의 아들이고, 홍처윤은 경기도 관찰사를 지내셨던 홍명원의 아들이다.

할아버지 때부터 손자대까지 내리 3대가 승지벼슬에다 관찰사를 역임했는데 이제 이재(理財)하는 재주가 없어 집안 살림살이가 이 꼴 아닌가?

서인 집안의 남양 홍씨인 이 집 울안은 대대로 문벌이 뛰어났고 사헌부에 들어가서 지평, 장령 같은 청직만을 맡았었다.

그런 가운데서도 숙종조의 왕궁사가 폐비 민씨와 장희빈 등의 비극으로 점철되면서 많은 선비들이 귀양살이를 떠났던 것처럼 홍처윤과 홍수주 부자父子도 그런 시대를 살아야 했다.

부자가 모두 폐비사건의 언로를 바로 열려다가 몇 년씩 귀양살이를 하고 내쫓기는 동안 그들은 그들 나름대로의 처세훈을 배웠다.

아들 홍수주는 병마개처럼 입과 몸을 봉하고 숨어서 산다는 뜻의 '호은壺隱'이 되었고, 아버지 홍처윤은 영달을 엿보지 않는다는 의미에서 '안분제安分齊'라는 호를 썼다.

여기다가 할아버지 홍명원은 전라도 광주목사를 지낼 때 어찌나 백성들에게 선정을 베풀었던지 나라에서 표리表裏를 하사 받았다.

이렇게 3대를 관찰사로 이어온 집안이지만 그 3대 관찰사들이 모두 청빈하게 가풍을 세우니 재산이 축적될 리 없었다. 그래서 도승지 홍수주가 환갑잔치를 받으면서 막내딸이 남의 비단치마를 빌어 입고 절을 하다가 이런 난경을 당하게 되지 않았는가.

그렇지만 한바탕 큰 숨을 쉬며 붓에다 먹물을 듬뿍 찍어 글씨를 쓰는 사이에 조용하게 마음이 가라 앉았다.

도승지 홍수주의 글씨는 지금도 서울 서초동에 있는 태종 헌릉 신도비神道碑에서 볼 수 있는 것처럼 당대에 알아주던 명필이었다. 또 글씨만이 아니라 매화와 포도 그림도 뛰어났다.

그래서 지금도 홍수주의 포도 그림이 남아 있다. 홍수주는 오랜 귀양살이를 하는 동안 하루도 글씨나 그림을 안그려본 날이 없었다고 한다.

홍수주는 마흔한 살 때인 숙종 8년에 증광문과 병과로 과거에 오른 후

태종 헌릉 신도비
비문의 글씨는 이덕성, 홍수주가 썼다.
서울특별시 서초구 내곡동 산13번지 소재.

정언^{正言}과 헌납을 역임했고 곧 예조좌랑으로 뛰어 올랐다.

그리고 숙종 10년에는 사헌부 장령이 되어서 언로^{言路}를 맡았다가 이해 파직을 당해 함경도 경흥 땅으로 귀양을 떠났다.

홍수주가 귀양을 갔던 숙종 10년(1684)에 서인들은 노론과 소론으로 분파가 된다. 남인^{南人}을 억누르는 서인들이 강경책을 쓰려는 쪽(노론)과 그것을 비난하는 윤증^{尹拯}의 소론으로 갈라져 치열한 당쟁에 휩쓸려 귀양을 간 그는 그후 덕원, 철원 등지로 10년 동안 이배^{移配}를 당하면서 고생을 하였다.

그러다가 숙종 20년, 남인이 쫓겨나고 서인들이 다시 정권을 잡는 갑술옥사[21]가 벌어지면서 홍수주의 귀양도 풀려 교리, 밀양부사, 경원부사 등

---

(21) **갑술옥사**
1694년(숙종 20) 폐비 민씨(인현왕후) 복위운동을 반대하던 남인(南人)이 화를 입어 대신 소론이 실권을 잡게 되었으며, 그후부터는 노·소론 간에 쟁론이 빈번하게 일어났다.

을 역임했지만, 10년 귀양살이를 겪는 동안 그는 많은 것을 깨닫고 배우게 되었다. 그 멀고도 긴 귀양을 살면서 붓과 먹이 아니었다면 무엇으로 소회를 풀었을까? 글은 함부로 짓지도 쓰지도 못했다.

그래서 허구한 날 홍수주는 인가가 드문 산 속에 묻혀 글씨를 쓰다가 울적하면 포도와 매화 같은 문인화를 그렸던 것인데 그 솜씨가 늘어 이제는 당대 제일의 포도 그림을 그린다고 소문이 나게 된 것이다.

그래서 가끔 붓을 들고 포도와 매화 그림을 그리면서 늙을 때까지 가난한 살림으로 고생하는 부인과 함께 파적(破寂)거리를 삼고 있었다.

오늘도 영감의 심기가 우울한 눈치를 챈 부인은 붓을 들고 매화를 치기 시작하는 영감 옆에 앉아 이야기를 걸었다.

"영감, 딸 아이 치마 문제를 가지고 너무 상심하시지 마십시오. 내가 어떻게든 돈을 구처해 보겠어요."

이렇게 서두를 꺼내자 영감은 금방 전의 난처했던 일은 말끔히 잊은 듯이 허허 웃었다.

"부인, 내가 우스갯소리 한 번 해볼까?"

"해보쇼."

"내가 경흥에서 귀양살이를 할 땐데…."

"왜 예쁜 기생이라도 하나 사귀었소?"

"아니야, 귀양터에 무슨 기생놀음이 있겠소? 이웃집에 농부 내외간이 살았는데 그 사람들이 내 귀양살이 심부름을 하던 종이었소."

"그런데요?"

"한 번은 눈이 와서 몹시 추운 날인데 그 늙은 종이 한나절이 되도록 얼굴도 안 비쳐. 그래서 아무개야 너 아직 안 일어났느냐? 하고 그 종을 불렀지. 그랬더니 방 안에서 네, 네 하고 큰 소리로 대답은 하는데 냉큼 뛰어 나오지를 않아요."

"그래서요?"

"나중에 큰 소리로 부르며 야단을 치니까 그 종이 방문을 열고 기어 나오는 데 옷을 몽땅 벗었어. 그리고 서서 엄동설한에 부들부들 떠는데…."

"저런!"

"양반 앞에서 이게 무슨 망측한 꼴이냐고 꾸짖으면서 어서 옷을 입고 나오라고 해도 그냥 서 있었지. 나중에 보니까 옷이 한 벌 뿐이라서 입고 있던 옷을 빨아 계집이 부뚜막에다 말리는 동안 사내는 알몸으로 이불 속에 들어가 앉아 있었던 것이지."

"……."

"그걸 보고 나는 부끄러웠소. 백성들 중에는 옷이 없어 빨래를 하는 동안 알몸으로 이불 속에서 옷 마르기를 기다리며 사는 사람도 많다는 것을 알았소."

"……."

"그러니 막내딸 아이에게 비단치마 한 감을 못 끊어 주었다고 해서 부인은 너무 상심하지 마시오. 내가 10년 동안이나 귀양살이 했던 때의 일을 생각해 보시오. 세상은 매사를 조심하고 삼가면서 깨끗하게 살아야 하오."

"……."

"한데, 빌려온 남의 치마를 안 갚을 수는 없고 그렇다고 새로 떠줄 형편은 안 되니…."

홍수주는 혼자 매화그림을 그리느라 열심이었다.

"옳지, 좋은 수가 있다."

포도도

홍수주의 포도 그림은 대개 나뭇가지가 위에서 아래로 둥그스름하게 휘어져내린 도수식 구도(倒垂式構圖)로 농담묵을 써 잎과 열매를 그리는 화법으로 그렸는데 입체감과 변화감이 풍부한 것이 특징이다.

"네?"

"부인, 그 간장 국물이 떨어져서 얼룩이 져버렸다는 치마를 가지고 와 보우."

"뭘 하시게요?"

"글쎄, 생각이 있소."

그는 부인이 가져온 비단치마를 방바닥에 펴 놓고 간장이 떨어진 얼룩방울을 응시하더니 먹을 더 진하게 간 뒤 아교를 풀었다. 그런 후 그 아교 먹물을 듬뿍 찍어 일필휘지로 큼지막한 포도 넝쿨 하나를 그려버렸다. 얼룩방울 위에는 포도송이를 주렁주렁 그리고 넓적하게 간장이 엎질러진 자국에다가는 손바닥만한 잎사귀를 그렸다.

이렇게 포도를 그려넣은 치마를 그 해 여름 중국으로 들어가는 사신 행차에 보냈다. 마침 홍수주가 알고 지내는 역관 서 아무개가 사신을 따라 간다는 소식을 들었기 때문이다.

"여보게."

"네."

"수고스럽지만 자네가 이 치마를 가지고 중국에 들어가서 팔아다 주게."

"치마를요?"

"중국에는 눈이 높은 부인네도 많고 또 부잣집 딸들이 이런 치마입기를 좋아한다네."

홍수주는 숙종 22년 중국사신을 맞는 원접사 주 아무개를 맞아 압록강 통군정까지 나가서 영접하고 글씨와 시(詩)로서 그와 문답을 하여 일을 아주 잘 처리한 적이 있었다. 그래서 임금도 원접사로서 일을 잘 처리하였다고 하여 홍수주를 크게 칭찬을 한 일이 있었는데, 그때 겪어본 경험으로 중국의 호족들이 그림을 아주 귀하게 여기는 풍습을 알았다.

치마에다 그린 초충도(草蟲圖) 따위는 더욱 부녀자들에게 인기가 있었다. 그래서 사신행차에 그 일을 부탁한 것인데 과연 홍수주가 그린 포도 그림 비단치마는 중국에 가서 아주 비싼 값에 팔 수가 있었다.

가을에 돌아온 역관은 홍수주를 찾아왔다.

"도승지 어른이 그린 포도 그림 치마 한 폭으로 5백금을 받았습니다."

"정말인가?"

"그러믄요. 그것도 아주 큰 부잣집에서 사갔습니다."

"고맙네."

홍수주도 의외였다. 그렇게 큰 돈에 팔릴 줄은 생각지 못했던 까닭이다.

막내딸의 상심을 생각해서 노인이 전 정력을 쏟았던 탓인지 그림은 아주 걸작품이 되었던 모양이다.

5백금을 받아 다시 새 비단치마 열 벌을 사가지고 귀국하자 홍수주는 심부름을 한 역관들에게 두 벌을 주고 나머지 8벌 중에서 새것으로 한 벌을 갚고도 7벌이 남았다.

부인과 막내딸이 크게 기뻐했을 것은 물어볼 것도 없는 일이다. 그런데 청백리 기품이 높은 그 집의 가풍이 엿보이는 것은 다음 대목이다.

도승지의 그림 솜씨 하나로 난처한 일을 무사히 해결하고도 막내딸에게는 비단치마가 여러 벌 생겼다. 그러자 너무 좋고 기쁜 나머지 막내딸은 홍수주의 무릎 밑에 매달리면서 아양을 떨었다.

"아버지."

"왜 그러느냐?"

"치마에다 그림을 또 그려 주세요."

"왜?"

"그 치마를 또 중국에 가져다 팔아 더 많은 비단치마를 사오면 안 좋아요? 몇 번만 그렇게 하면…."

쉰 살이 다된 뒤에야 본 딸이기 때문에 어려서부터 응석꾸러기였다.

"예? 그렇게 해요, 아버지. 그렇게 하면 우리 집도 금방 부자로 살 수 있을 것 아녜요?"

"부자?"

"그럼요. 비단치마 한 벌도 마음대로 못 입는 가난뱅이보다는 얼마나 좋아요. 그렇게 해요, 아버지."

막내딸이 비단치마들을 방바닥에 펴놓고 그렇게 졸랐다.

그러나 홍수주는 막내딸을 타이르기만 했다.

"그런 일은 한 번 했으면 그것으로 되었지 자주 할 수 있는 일이 아니다."

지금 사람 같으면 어떻게 했을까?

아니 호당 몇 만 원씩 그림값을 받아 이제는 우리나라에도 안락하게 사는 화가들이 많이 있게 되었는데 그들은 어떤 태도로 그림을 그리는가?

물론 지금은 세상을 사는 방법도 '쉽고 경제적인 것'을 높이 산다. 구태여 세상을 어렵게 살 필요가 없기 때문이다. 그래서 누가 더 우수한 기능으로 더 많은 수입을 올려 60평, 80평짜리 고급 아파트에서 사느냐를 경쟁하는 판이 되었다. 가치관 자체가 물질과 안락을 추구하기 때문이다.

그러나 옛날 선비는 결코 그런 식으로만 세상을 살려고 하지 않았다. 그래서 청백리 홍수주 같은 사람은 '3대 관찰사'를 지내는 집안이면서도 막내딸한테 비단치마 한 벌을 못 끊어 주었고, 포도 그림으로 더 많은 비단치마를 사 줄 수 있었지만 그것을 피했다.

넉넉한 풍족을 가르쳐서 집안 여자들에게 사치하는 가풍을 만들까 두려워서였다.

파란만장한 당쟁시대를 살면서 몸과 집안을 망치지 않고 꾸려나가는 방법은 항상 욕심을 자제하고 삼가는 청백정신이 아니고는 불가능했다. 그렇지만 덮어 놓고 가난하게만 사는 것이 청백정신이 아니라 자기가 해야 할 일에 대한 소명감을 높이 의식하는 선비정신에서만 그런 일이 가능했다.

이해
조선의 선비
李瀣

공신전
반환하고
백성에게
돌려주다

조선조 14대 왕 선조에게는 아들, 딸 13명이 있었다. 그 중에서 둘째아들 광해군이 왕위를 이어 15대 임금이 됐지만 여기에는 처음부터 곡절이 많았다.

선조에게는 애초 의인왕후 박씨가 왕비로 책봉되어 가례를 올렸지만 소생을 두지 못하고 눈을 감자 선조 35년(1602) 계비 인목왕후 김씨가 영창대군을 낳았다.

그런데 인목왕후(뒷날의 인목대비)도 영창대군을 낳은 다음해에 왕비로 책봉을 받아 후궁의 몸에서 비妃로 오른 것이지만 법통상으로 보면 일단 그 몸에서 낳은 영창대군이 선조의 적통嫡統을 이은 유일한 왕자가 되는 셈이다. 그렇지만 선조에게는 이미 공빈 김씨의 몸에서 임해군과 광해군을 두어 그 두 형제가 장성하여 있었다.

그런데 큰아들 임해군은 성질이 난폭하여 세자책봉을 못 받고 둘째 광해군이 세자로 책봉되었다.

이 광해군은 법통상의 어머니(선조의 계비)인 인목대비보다 열한 살이 아래고 그 인목대비가 낳은 영창대군보다는 스물일곱 살이 위였다.

그런데도 부왕 선조⁽²²⁾는 뒷날 세자 광해를 폐하고 인목왕후 몸에서 낳은 일곱 살짜리 영창대군으로 세자를 바꾸려고 생각했다.

후궁소생보다는 법통상으로 보아 계비 인목왕후 몸에서 낳은 늦아들에게 잔뜩 사랑이 쏠렸던 탓이다. 그래서 선조는 그 일을 영의정 유영경 등 소북파를 불러 은밀히 계획하게 되었고 이를 눈치를 챈 대북파의 정인홍, 이이첨 등은 반대 상소를 하게 되었다.

"세자를 바꾸어서는 나라 정치에 혼란이 옵니다."

그때 선조 임금은 쉰일곱 살, 나이로 보아서는 아직도 영창대군을 충분히 성장시켜 보위를 넘겨 주어도 늦지 않은 춘추였다.

그래서 영창대군으로 세자를 바꾸려고 몇몇 중신들과 은밀히 상의하는데 눈치 빠른 대북파가 선수를 치고 상소전을 전개하였던 것이다.

"무슨 소리냐? 너희들의 상소에 과인은 비위가 썩 거슬리는도다."

"상감마마! 이미 세자가 장성하여 코 밑에 수염이 검실검실한데, 이제 와서 유충한 영창대군으로 세자 자리를 바꾼다면 장차 큰 혼란이 일어납니다. 통촉하여 주시옵소서!"

---

(22) **선조** 宣祖 조선 제14대 왕(1552~ 1608, 재위 1567년~1608년).
중종의 손자이고 덕흥대원군과 하동부대부인 정씨의 아들. 즉위 후 훈구 대신인 남곤, 윤원형의 관작을 추탈하고 삭훈했으며 이황, 이이 등 사림을 중용하였다. 이를 통해 시작된 사림정치는 전자의 학문을 기반으로 김효원을 지지하는 사람들이 모인 동인, 후자의 학문을 기반으로 심의겸을 지지하는 사람들이 모인 서인으로 분리되어 라이벌을 이루니 곧 붕당정치가 시작되었다.
1592년 임진왜란은 의주까지 피간할 정도로 불리했으나 해전에서 이순신이 연전연승하고 육전에서 곽재우, 사명당 등의 의병의 궐기와 명나라의 참전이 합세하여 1598년 드디어 승리로 막을 내렸다.

이렇게 떠들고 있는 정인홍, 이이첨 등에게 임금은 명하였다.

"누가 세자를 바꾼다고 하였느냐? 그 소리가 나온 곳을 과인은 알 수 없도다. 당장 대라."

"……."

"왜 대지 못하느냐? 너희가 무근無根한 소리를 지어내 백성을 불안하게 한다. 이놈들을 잡아 멀리 귀양 보내도록 하여라."

이렇게 정인홍 등을 내쳤지만 그때 선조 임금은 병세가 심상치 않다는 소문이 있었다.

그래서 정인홍과 이이첨 등은 차일피일 귀양길을 머뭇거리며 서울을 떠나지 않고 꾸물거리는데 갑자기 선조 임금이 승하해버린 것이다. 그러자 광해군은 그날로 왕위에 올라 조선조 15대 임금의 용상을 차지했다.

하마터면 세자 자리에서 쫓겨나 코흘리개 배 다른 동생 영창대군한테 용상을 빼앗길 뻔했으니 그 분함이 없을 수 없었다.

이런 형국을 둘러싸고 서인, 북인, 남인들의 당쟁 싸움이 얽혀들어 광해군은 자기의 친형 임해군을 죽이고, 선왕의 유일한 적통인 영창대군과 영창대군의 외할아버지 연흥부원군 김제남을 역모로 몰아 죽였다. 그리고 인목대비는 지금의 덕수궁 자리에 있던 서궁에다 유폐시켜 가두어 버렸다.

"마마."

"왜 그러냐?"

"인목대비만은…."

"어쩌냐?"

"선왕의 계비이니 상감마마의 어머님이십니다. 비록 나이는 열한 살 차이지만 어머니는 어머니오니…."

"하지만 역적의 딸을 황궁 안에 모셔둘 수는 없다."

그래서 광해군은 끝내 살제폐모殺弟廢母를 하게 되고 폐세자 음모를 선왕과 함께 꾸몄다는 죄목으로 영의정 유영경 등 소북파 일당을 내쫓았다.

그때 이조참판으로 있던 이효원도 광해군이 즉위하자 정적 정인홍 등의 대북파에 밀려 거제도로 귀양을 떠나고 말았다.

그때부터 광해군이 인조반정으로 내쫓길 때까지 꼭 13년 동안을 이 집안은 몹시 곤궁한 세월을 살게 되었다.

이조참판 이효원(23)은 선조 17년(1584)에 별시문과로 과거에 올라 병조정랑, 승지, 한성부좌윤, 대사간 등을 거쳤던 소북파의 핵심 인물이었다.

그래서 거제도에 귀양가 있는 동안에도 집권층인 대북파의 압제와 감시는 한시도 쉬지 않았다. 그래서 나중에는 끼니조차 어렵게 되었지만 이효원의 아들 형제는 과거에도 오를 수가 없었다.

여기다가 큰아들인 이정李涏까지 화를 입어 둘째 아들인 이해李瀣 혼자서 귀양살이를 하는 아버지와 형님의 뒷바라지를 하면서 살림살이를 해가자니 나중에는 집 한 칸도 유지하기가 어렵게 되었다.

"나리."

"무슨 말이든 어서 해보아라."

---

(23) **이효원** 李效元 1549(명종 4)~1629(인조 7).
조선 중기의 문신. 본관은 함평(咸平). 호는 장포(長浦). 1584년(선조 17) 별시문과에 병과로 급제하여, 병조정랑·세자시강원사서·승지·한성부좌윤·대사간 등을 역임하고, 이조참판에 올랐다. 그는 영상 유영경의 소북파에 가담 광해군을 폐위시키고 영창대군을 옹립하려 하였다.
그러나 선조가 죽고 광해군이 즉위하자 거제도에 유배되었다. 1623년 인조반정이 있었던 그해 겨울, 공조참판에 임명되었으나 곧 사직하고 촌로들과 산수를 즐기며 일생을 마쳤다.

"아무리 어려워도 부조父祖 때부터 지내오던 집까지 팔 수야 없지 않습니까?"

"누가 그것을 모르느냐? 하지만 산 입에 거미줄을 칠 수도 없지 않느냐…."

원래 장포長浦 이효원은 한성부좌윤이나 이조참판 같은 요직에 앉아 있었지만 공사가 아닌 일에는 거의 치산을 힘써 오지 않았던 가난한 관리였다.

이조참판이라면 그때 세상의 벼슬자리로는 노른자위 중의 노른자위였다. 중앙정부의 크고 작은 벼슬자리는 물론 지방의 수령방백들에 대한 임면 추천권을 행사하여 육조의 권한 중에서도 이조가 첫째였고, 그 이조의 실권자니까 권력으로 보면 막강했지만 청탁을 받지 않고 밝게 살다보니 집안 살림살이는 그때도 넉넉한 형편이 못되었다. 그런데 이 집안의 기둥인 이효원 부자가 귀양살이를 10년이 넘게 계속하고 있으니 살림살이는 더욱 허전하고 쓸쓸하였다.

부조 때부터 내려오던 여간 땅마지기도 거의 다 남의 손에 들어갔고, 집에서 부리던 종들도 하나 둘씩 줄어 이제는 늙은 종 두 사람이 행랑을 지키고 있을 뿐이었다.

그런데 주인 대감네가 이제는 집까지 팔려고 내놓았다는 이야기를 듣자 늙은 종 둘은 땅이 꺼지게 한숨을 쉰 것이다.

"주인 마님."

"집만은 어떻게든지 보전하셔야겠습니다. 먹는 식량과 땔나무는 저희들 둘이 품을 팔아서라도 걱정이 없게 대드리겠습니다. 너무 상심 마시고 서방님은 그저 글 공부만 부지런히 하십시오."

"고맙네. 집안이 이리 되니 너희들에게도 신세를 크게 지는구나."

그래서 늙은 종 두 사람은 한강 쪽에 나가서 쌀도 팔아 짊어져 오고 이것 저것 요령대로 남의 쌀 객주 여립꾼으로 홍정도 붙여주면서 구전(口錢)을 벌어다가 주인 서방님에게 바쳤다.

그러나 이효원의 아들 이해(24)는 벼슬살이의 등용문인 과거도 포기해야 했다. 정국이 바뀌지 않는 한 아무리 과장(科場)에 나가서 과거시험에 응시한다고 해도 소용이 없는 일이었다. 귀양살이로 내몰아 버린 이효원의 아들을 대북파들이 용납할 까닭이 없었기 때문이다.

이러는 동안 광해군(25)은 점점 더 난폭해지고 나중에는 어머니 인목대비까지 폐서인(廢庶人)으로 만들어 서궁에다 유폐시켜 버리자 그때부터는 세상 공론이 노골적으로 분분해지기 시작했다.

노신 이항복의 문하에서 글을 배웠던 서인들이 만만치 않게 광해군의 대북파에 항거하고 나섰던 것이다.

광해군 10년(1618)에 있었던 인목대비 유폐사건은 그때까지 대북파에 눌려지내던 서인들에게 반동투쟁의 명분과 구실을 충분히 준 셈이었다.

여기서 이귀, 김자점, 김유, 이괄 등은 마침내 능양군(인조)을 옹립하고 무

---

(24) **이해** 李澥 ?~1670(현종 11)
조선 후기의 공신. 본관은 함평, 호는 농옹(聾翁). 효원의 아들이다. 광해군 때 아버지가 거제도에 유배되고 형인 정이 울분을 참지 못하여 죽자, 그는 벼슬을 단념하였다. 1623년 인조반정에 가담하여 정사공신 2등에 책록되고 함릉군에 봉해졌다.

(25) **광해군** 光海君 조선 제15대 왕(1575~1641, 재위 1608~1623).
광해군은 1608년 선혜청을 설치하고 경기도에 대동법을 실시하여 조세 부담을 줄여주고 양전을 실시하여 국가 재원을 확보하는 등 전후 극복에 힘썼다. 또 창덕궁을 중건하고, 경덕궁(또는 경희궁), 인경궁을 준공하였다. 이무렵 여진족이 후금을 건국하자 명나라와 후금 사이에 능란한 양면외교 솜씨를 보였다. 또한 일본과 임진왜란 후 중단되었던 외교를 재개하였다.

력 정변을 일으키게 되었다.

  이들은 광해군 15년(1623) 3월 12일을 거사일로 정하고 계획을 진행시키던 중, 이이반(李而攽)에 의해서 누설되었으나 거사는 예정대로 진행되었다.

  장단에서는 이서(李曙)가 날랜 군사를 거느리고 왔고 이천에서는 이중노(李重老)가 군사를 데리고 왔다.

  이들은 그날 밤 홍제원(弘濟院)에서 김유의 군대와 합류하여 뒷날의 인조가 될 능양군과 함께 창의문을 넘었다.

  이때 왕궁은 포섭해 두었던 훈련대장 이흥립(李興立)의 내응을 얻어 쉽게 문이 열려 무난히 점령 되었다.

  하루 저녁 사이에 세상이 바꿔진 것이다. 아니 폭군 광해의 용상이 허물어져 버린 것이다. 광해군은 잠을 자다가 왕궁이 포위되었다는 전갈을 받자 안절부절 못하였다.

  "장차, 과인은 어디로 가야 살겠느냐?"

  "도망갈 곳이 없습니다."

  "그럼 임금인 내가 숨을 곳이 없단 말이냐?"

  "나가서 싸우십시오."

  "싸우다니? 이미 군사가 다 저쪽으로 붙어 버렸다."

  "그럼, 도망 가십시오."

  광해군은 옆문으로 왕궁을 도망나와 의관(醫官) 안국신(安國臣)의 집으로 숨었으나 곧 군사들이 달려와서 오랏줄을 내밀었다.

  "상감마마를 체포하러 왔소."

  "이놈, 너는 누구냐?"

  "훈련대장 휘하 군사요."

"이놈들, 무엄하다. 썩 물렀거라."

이렇게 입으로 생거품을 물면서 광해는 허세를 한 번 부렸지만 아무 소용이 없었다.

물 밖에 나면 용(龍)도 개미의 침노를 받는다. 용상에서 쫓겨난 광해군은 아무런 위엄도 없는 한낱 소인이며 무서워서 벌벌 떠는 겁장이었다.

그때부터 15대 임금 광해군은 폐서인이 되어 제주도에서 자그만치 19년 동안이나 귀양살이를 하다가 죽었지만 세상은 하루아침에 급변하고 말았다.

이이첨, 정인홍, 이위경 등은 참형을 내려 목이 잘렸고, 그 대북파에 끼어 날뛰거나 아첨했던 2백여 명은 한꺼번에 잡아다가 귀양 보냈다.

인조반정이 성공하자 이를 주도했던 이귀, 김유 등 33명은 정사공신(靖社功臣)이 되었다.

이렇게 소북파가 다시 정권을 잡고, 다른 한편으로는 남인의 이원익을 불러 정치를 돕게 하여 남인들은 제2의 세력을 누리기 시작했다.

바로 이런 인조반정에 처음부터 참여했던 이해는 2등 공신이 되었고 13년 동안이나 거제도에서 귀양살이 하던 아버지 이효원도 그날로 귀양이 풀려 공조참의가 되었다.

그리고 2등 공신 이해는 이듬해 개성부 유수로 나가게 되었다. 개성부 유수라면 수원, 강화와 함께 도성을 에워싼 가장 주요한 군사 요충지의 책임자였다.

하루아침에 그런 개성부 유수 자리를 차지한 이해에게는 공신의 칭호가 내리고 또 공신전(功臣田)이 하사되었다.

1등 공신이 되면 전지 2백 결(結)을 내렸고, 2등 공신에게는 1백50 결을 하

광해군의 묘
어머니 공빈 김씨의 발치에 묻어달라 했던 광해군의 마지막 소원대로 부인 유씨와 나란히 묻혀 있다. 상석과 향로석 그리고 비석만이 쓸쓸하게 서 있는 작고 초라한 무덤이다. 경기 남양주시 진건읍 송릉리 소재.

사했다.

"영감 나리."

"왜 그러느냐?"

"쇤네들도 기쁘옵니다. 나리가 2등 공신이 되셨으니 쇤네들도 이젠 쌀장수 구전 몇 푼씩을 받아 눈물을 흘리던 세상은 다 산 것 같습니다."

"알았다. 너희들 그 동안 고생했다."

"하온데?"

"무어냐?"

"이번 공신전 1백50 결은…."

이것을 6등전六等田으로 계산하면 1결이 1만 1천5평이니, 1백50 결이면 1백65만 9천7백50평이므로 8천 2백99 마지기가 되었다.

하루아침에 6등전 8천3백 석지기 땅을 얻게 된 개성부 유수 이해의 늙은

종 두 사람이 기쁨에 넘쳐 눈물을 감추지 못하는 것도 당연한 일이었다.

여기다 역적으로 몰린 대북파 거물들이 지녀왔던 집과 노비도 이제는 공신들이 차지하게 되어 종들도 수십 명이나 하사되었다.

그러나 개성부 유수 이해는 그 공신전을 전부 사양했다.

"공신전을 사양하시다니요?"

"공신전이 아니라도 이제는 나라에서 주는 녹봉만으로도 살 만하다. 구태여 원망을 살 공신전을 더 욕심 낼 것이 무엇이냐?"

"공신전으로 원망을 사다니요? 공신전은 나라에서 하사하시는 상급입니다."

"그러나 공신전에는 적몰재산이 많다."

말하자면 정인홍, 이이첨, 이위경 등이 인조반정과 함께 죄를 얻어 참형을 당해 그들이 가졌던 재산과 노비가 국가에 적몰된 것들을 새로 반정공신 33명에게 등급에 따라 분배해 준 것이다.

그러나 내용으로는 그런 부정축재 환수 속에는 억울한 백성들의 땅이 많이 끼어 있었다. 이제까지 권세를 휘두르던 역신들이 강제로 백성의 전지를 빼앗아 자기 땅으로 만든 부분이었다.

그런데 그 토지들까지 일괄적으로 부정축재물이 되어 다음 공신들에게 넘어가 버려 한 번 땅을 뺏긴 백성들은 계속 억울한 빼앗김이 남게 된다.

이렇게 되면 공신전 속에는 아무리 역사가 바뀌어도 억울한 마음이 옮겨 다녀 그런 민원은 사라질 날이 없을 것이다.

그래서 개성부 유수 이해는 두 늙은 종이 감격하여 눈물을 흘리는 기쁨도 잠시 덮어버렸다.

"얘야."

"예."

"이것을 가져다 내일 대문 밖에다 붙여라."

"무엇이옵니까?"

"공신전 속에 든 백성의 땅은 하나도 빠짐없이 다 되돌려 줄 테니 잃은 백성은 서슴지 말고 찾아가라는 방문이다."

"네?"

"내가 시키는 대로 해라. 그리고 너희는 종로와 한강 등 서울 장안의 사람들이 많이 다니는 곳에 남은 방문을 똑똑히 붙이고, 억울한 백성이 찾아오거든 땅문서를 모두 주인에게 찾아 내주어라."

이렇게 공신전을 반환해 버리고 나서 늙은 종 두 사람에게도 종문서를 내줬다.

"……?"

"망설일 것 없다. 너희가 아니었다면 우리 집안이 어떻게 되었겠느냐? 아마 굶주려 길바닥을 헤매며 유리걸식을 했을 것이고, 이 집은 벌써 남의 손에 넘어가 버렸을 것이다."

"……."

"그것을 너희 두 사람이 험한 일을 해서 우리를 먹여 살렸다. 그 공을 어찌 잊을 수 있느냐?"

"영감마님…."

"여기 노비문서가 있다. 각각 가지고 나가 양인이 되어 살고 싶은대로 살아라."

이러면서 노비 두 사람에게도 각각 땅 몇 마지기씩을 떼주어 자유롭게 살도록 풀어주었다. 그때부터 개성부 유수 이해의 청백은 세상의 칭송거리가 되었다.

참으로 그 세상의 풍속이나 관습상으로는 하기 어려운 용단을 내린 덕이었다.

그런데 이런 일은 아버지 이효원이 13년 동안 거제도 귀양살이를 하면서 체득했던 새로운 인생관을 아들 이해가 제대로 삭여서 시행한 것이었다.

身名出處兩無憾 忠孝文章德業全
　　　　　몸, 이름, 출신, 은퇴가 허물이 없는데 충효와 문장과 덕업도 온전하다.

보통 세상 사람들은 이런 조건들을 충족시키면서 한세상을 살면 더 바랄 것이 없게 여겼다. 그런데 다른 것은 다 갖춘 뒤에도 덕업까지 온전히 갖추고 살다가 죽기는 어려운 일이었다.

큰 벼슬을 한 대신이나 고매한 학문의 업적을 남긴 유학의 거장들도 젊어서는 재기와 야망에 불타 덕업을 실행하기가 어렵고, 늙어서는 노욕이 끈질기게 붙어다녀 그렇게 하기가 어렵다. 그런데 어느 쪽이 되었건 욕심을 버리지 않고서는 남에게 덕업을 온전히 끼치기가 어렵다.

그래서 벼슬길이 막혀 과거도 못하고 귀양살이 하는 부형의 산고와 기울어지는 가산을 지탱할 수 없어 늙은 종의 싸전 구전으로 생계를 지탱해 오던 지난 일을 생각해 아버지를 귀양길에서 13년만에 다시 모시고 돌아온 아들 이해는 물었다.

"아버님."

"왜?"

"이번 일이 안 되었다면 우리 집안은 장차 어떻게 되었을까요?"

"명맥이 끊겼을 것이다."

어느새 흰 머리칼이 상투꼭지를 하얗게 덮어버린 아버지 이효원의 수척한 모습을 보고 눈물이 나왔다.

이렇게 어쩔 수 없이 늙는 인생의 풍상을 두고 사람들은 왜 저렇게 독이 올라서 싸울까?

그때 뼛속 깊이 '욕심의 허무'를 깨닫고 아버지 무릎 밑에서 울어본 이해는 두 늙은 종을 풀어 주고 공신전도 반환해 더욱 맑고 깨끗하게 살기를 결심했다.

그뿐만이 아니었다. 그는 뒷날 자기가 모시고 섬기던 인조가 승하하자 형조판서의 자리에서 수능관守陵官이 되어 옛 임금의 무덤을 지켜 못다한 정을 왕릉 앞에서 풀었으며, 그렇게 욕심없이 살다가 현종 10년(1669)에는 봉조하奉朝賀(26)가 되어 70여 세의 장수를 누리고서 세상을 떠날 수 있었다.

---

(26) **봉조하** 奉朝賀
조선 시대 종3품의 벼슬아치가 사임한 뒤에 특별히 준 벼슬. 실제로는 사무를 보지 않으나 의식을 거행할 때만 관청에 나가 참여하며 종신토록 녹봉을 받았다.

김수팽
조선의 선비
金壽彭

죽을 각오로
바둑판을
쓸어버리다

　　김수팽$_{金壽彭}$은 조선 영조 때 호조에서 일을 하던 아전$_{衙前}$이었다. 오늘날 다른 청백리 대관들처럼 그의 행장$_{行狀}$이 자세하게 남은 것은 없다. 한낱 아전에 불과했기 때문에 그의 출생 연월일이 언제고 또 그의 가계$_{家系}$가 어떻게 이어왔는지 그 내력도 전혀 알 수가 없다.

　　그런데도 겨우 몇 줄 전해 오는 그의 행장을 들어 청백리로 올려 얘기하려고 하는 것은 그가 비록 말단 관리에 속하는 아전에 불과했지만 대신들도 따르지 못할 높은 기절$_{氣節}$과 나라의 살림살이를 제 집 살림살이보다 더 아끼고 규모있게 다룬 훌륭한 마음씨에서 후인$_{後人}$들에게 많은 감명을 주고 있기 때문이다.

　　대체로 보아 왕조시대의 관직상으로 따지면 아전이라고 하는 직책은 행정의 실무를 맡은 서리로 모든 행정사무의 문서를 관장하고 집행하는 손발이었다.

　　중앙관서의 장$_{長}$이나 지방의 수령들은 행정의 요체나 그 방향만을 결정

조선의 선비

할 뿐 그 행정내용을 구체적으로 집행하고 시행하는 일은 전적으로 아전들의 손에 맡겨져 있었다.

이러니 백성들로 보아서는 백성들의 밥그릇에 직접 주걱대를 대고 밥을 퍼 넣어 주는 아전들의 주걱대 놀리는 솜씨에 따라서 밥이 더 담기기도 하고 덜 담기기도 하여서 "내 동네 아전이 건너동네 대감보다 더 무섭다."는 말을 했다.

아전은 그만큼 백성들의 일상생활과 모든 면에서 더 직접적으로 관련이 깊기 때문이다.

이런데 왕조시대의 제도상으로 보아서 아전들의 사회에는 뿌리 뽑을 수 없는 고질적인 부정이 제도화되어 있었다고 해도 과언이 아니었다.

아무리 수령이 깨끗하고 바른 마음으로 백성을 돌보는 정치를 하려고 해도 그 정령政令은 집행되는 과정에서 아전들의 장난질로 항상 유야무야되고 말았다. 그래서 나라에서는 백성들을 잘 다스리기 위해 곧고 바른 수령을 뽑아 보내도 늘 '강유부전석江流不轉石'이었다.

아무리 '수령'이라는 깨끗한 강물을 골라서 고을에 보내도 강바닥에 깔려 있는 아전들이란 '돌'은 한 치도 움직이지 않아서, 그 아전들이 여전히 백성들을 괴롭히고 나라의 행정문서를 농락해서 속여먹는 버릇은 고쳐지지 않았으니 다 소용없는 일이었다.

원래 아전들은 양반출신이 아닌 중인中人 계급의 하급관리들이었다. 그래서 이런 아전들에게는 원칙적으로 벼슬의 품계라는 것이 주어지지 않고 자기들의 재직 기간이 다 끝나면 겨우 종6품이 내려졌을 뿐이다.

조선시대의 아전 제도는 서울에서 일하는 경아전京衙前과 각 지방관청에서 일하는 향리鄕吏 등으로 크게 구분되었는데, 서울의 경아전들은 녹사錄事,

서리^{書吏}, 나장^{羅將} 등으로 소속관청의 서류를 보관하고 창고를 맡으며 서류를 들고 다니면서 상관의 결재를 맡아오는 실무 등을 집행하였다.

그런데 아전은 녹봉이 후하지 못하여 오랫동안 남의 밑에서 문서를 잡고 사무를 본 요령이 환해서, 장관이나 수령을 속여 사복을 채우는 일은 손바닥을 뒤집기보다도 더 간단하고 쉬웠다. 조선시대의 양반관리들이란, 입으로 의리는 잘 찾고 인륜도덕은 잘 판결하지만 서류를 뒤적이며 행정의 실무를 직접 맡아서 처리하는 재능에 있어서는 항상 보잘 것이 없었다.

그래서 수령방백들의 그런 전통적인 행정력의 무능과 공백을 이용해 아전의 서리들이 장난을 치는 것은 그들 사회에서는 지울 수 없는 속성처럼 되어 있었다.

선조 때의 학자이자 의병장이던 조헌^{趙憲}이 올린 상소에도 이렇게 통탄한 대목이 나온다.

> 우리나라에서는 안으로 서리, 비예, 사령에 이르기까지 날마다 관을 떠나지 못하게 하니, 그 고생이 막심한 데도 일전의 소득도 없는데다가 농사지을 겨를도 없고 공업이나 상업도 못하여 그들은 의식거리가 나올 곳이 전혀 없습니다.

이렇게 제도상으로 월급 한 푼 주지 않으며 매어놓고 함부로 부려만 먹는 제도상의 모순이 있다. 이처럼 나라에서는 월급 한 푼 안 주는데 그들에게도 처자가 있고 먹고 입혀야 할 부양가족이 있으니, 아전들은 별 수 없이 관청을 속이고 재주를 부리며 창고에 들어가서 양곡을 훔쳐 내는 등 문부^{文簿}를 속여서 재물을 빼내는 일쯤은 보통으로 자행하게 되었다.

참으로 이런 아전들의 시폐^{時弊}는 나라의 정치와 행정을 좀먹는 고질 중의 고질이 되어버렸다. 그래서 중앙관서의 장이나 수령들은 빈껍데기 문서만 쥐고서 도장을 찍을 뿐 알맹이는 어느새 이런 아전들이 말짱 빨아먹어 버린 텅 빈 쭉정이 속이었다.

이제는 수령들도 천한 아전들과 결탁하지 않고서는 굶어 죽을 지경에 이르렀다고 우암 송시열도 이렇게 그 피해를 통렬히 말한 대목이 있다.

부리^{府吏}·서도^{胥徒}는 실로 국가를 좀먹는 큰 좀벌레이오니 줄이지 않을 수가 없습니다. 지금 병조판서 남구만이 1백 명 가까운 서리들을 도태하여 무망^{誣罔}과 비방이 크게 일어나고 있사오나 그 이익은 이미 계산할 수 없게 큰 것입니다. 전하께서는, 바라옵건대 빨리 여러 관청에 명하여 서리들을 일례로서 도태하여 줄이도록 하옵소서. 이 무리들이 금중의 액례들과 통하여 화복의 권한을 마음껏 쥐고 농락하여, 오늘날 조관^{朝官}들은 녹이 박하여서 이런 무리들과 더불어 사귀지 아니하면 생활을 유지할 수가 없기 때문에 능히 퇴폐한 서리들의 풍속에서 손을 털고 벗어날 수 있는 자가 그렇게 흔하지 못하옵니다.

서리들은 나라의 행정문서를 쥐고 온갖 속임수를 써서 재물을 훔쳐먹는 일이 보통으로 되어 버렸다. 사람들도 서리나 아전들이란 그런 따위 방법으로 먹고 사는 쥐새끼 떼로나 알게 되었다.

그런데 호조의 서리이던 김수팽은 그 기절이 뛰어날 뿐 아니라 청렴결백하기로도 조관^{朝官}들 사이에 소문이 난 인물이었다.

그래서 김수팽의 소문은 때때로 영조 임금의 귀에까지 들어가 직접 임금의 입에서도 김수팽의 일이 칭찬을 받았던 일도 있었다고 했다.

한 번은 김수팽이 자기의 아우되는 석팽石彭의 집을 찾아간 일이 있었다. 그 아우도 역시 아전으로서 선혜청⁽²⁷⁾에서 창고를 지키는 일을 맡고 있었다.

그런데 형 김수팽이 아우의 집 사립문을 밀치고 막 들어서니, 첫눈에 띄는 것이 마당가에 십여 개나 늘어서 있는 항아리들이었다.

김장철도 아닌데 마당가에 부처님 웃토막처럼 주욱 늘어서 있는 항아리들을 보고 김수팽은 물었다.

"여보게 아우, 마당가에 늘어선 이 항아리들은 무엇인가?"

"예, 이건 내자內者가…."

"무엇 하려고 이렇게 많은 항아리들을 사왔나? 왜 술을 빚으려나?"

"아닙니다."

"그럼?"

"항아리에다 물감을 담았습니다."

"물감 장사를 하려고?"

"예, 쌀되 값이라도 좀 얻어 쓸까 하고 올 봄부터 내자가 물감 장사를 시작했습니다."

아우는 형님 김수팽의 물음에 뒤통수를 슬슬 긁으면서 예사로 대답을 했다.

---

(27) **선혜청** 宣惠廳
조선 후기 대동미(大同米)·대동포(大同布)·대동전(大同錢)의 수납을 위하여 설치한 관청. 1608년(광해군 1년) 대동법이 처음 경기도에 시험적으로 실시될 때 선혜지법(宣惠之法)이라 이름한 데서 그 관장 기구를 선혜청이라 명명했고, 여기에 상평청을 합속시켰다.

나라에서 그달 그달 내주는 녹봉이라야 좁쌀 몇 말에다 콩 몇 말이지만 말이 그렇지 그것으로 여러 식구가 생활을 하기란 여간 빠듯한 일이 아니었다. 명색이 남자는 벼슬아치인지 서리인지를 다닌다고 출사^{出仕}를 한다지만 집안으로 들여놓는 돈이란 불과 몇 푼이 못되었다.

그래서 김수팽의 아우 집에서는 생각다 못해 아내가 물감을 만들어서 장에 내다 파는 장사를 시작했던 것이다.

항아리를 여러 개 마당가에 늘어 세워놓고 시장으로 나오는 잇꽃^{紅花}이나 지치^{紫草}를 사서 그 항아리 속에다 넣고 푹 썩혀 물감을 뽑아내는 가내공업이었다. 잇꽃에서는 빨간 물감을 뽑고 지치에서는 푸른 물감을 뽑았다.

아직 화학염료가 없던 옛날에는 모두 이렇게 잇꽃이나 지치 또는 쪽에서 남색물을 뽑아 그것으로 옷이나 종이에다 물을 들여서 입었기 때문에 이런 물감^{染料} 장사는 부인네들이 집안에서 많이 하던 부업의 하나였다.

그래서 물감 항아리를 주욱 늘어놓고 있는데 형님 김수팽은 벌컥 노해서 아우한테 야단을 쳤다.

"이놈아! 우리 형제가 함께 나라에서 녹을 받아 먹는 아전을 다니고 있다. 곤궁하면 곤궁한 대로 나라에서 주는 녹을 가지고 살림을 꾸려가면 될 것이거늘 명색이 관리인 네 집에서 이따위 장사질을 하면 우리 체면은 무엇이 되느냐?"

"……."

"살림이 어렵다고? 누구는 지금 세상에 살림이 넉넉하냐? 너는 아전도 못 다녀서 굶고 사는 백성들을 보지도 못하느냐? 나라에서 주는 녹이 적다지만 우리는 그래도 아전노릇이라도 다니며 입을 얻어 먹고 산다. 그런데 우리가 이런 장사까지 해먹으면 우리보다 못한 더 가난한 백성들은 무얼 해

먹고 살라고 네놈이 이런 장사까지 다 해먹느냐?"

아우를 꾸짖다가 김수팽은 마당가에 늘어서 있는 항아리들을 모두 거꾸로 기울여 버렸다. 항아리 속에 가득 담겼던 빨갛고 파란 물감들은 마당에 흥건히 쏟아져 길바닥 수채로 흘러 나갔다.

그때 제도로 볼때 관리는 꼭 장사를 하지 말라는 법은 없었다. 그런데도 염치를 차리는 수령이나 관리들은 자기의 임기 중에는 논밭을 사지 않았고 자기가 임지(任地)에 있는 동안에는 마누라에게 은가락지 한 개라도 해주지 않았다. 남에게 의심을 사는 일이 없도록 조심한 탓이었다.

그런데 청백리 김수팽은 아우가 하는 물감 장사를 '나라의 창고 안에서 몰래 물감을 훔쳐다가 장사를 한다.'는 의심을 받을까 싶어 꾸짖을 뿐만 아니라 '관리인 네가 이런 장사까지 다 해먹으면 너보다 가난하고 곤궁한 백성들은 무엇을 해먹고 살란 말이냐?'고 하는 데까지 생각을 넓힌 것이다.

호조의 서리인 김수팽은 매사의 사무처리가 깨끗할 뿐만 아니라 그 사무를 처리하는 데 있어서는 위아래가 없이 항상 곧았다.

그는 요즘 말로 '적당주의'를 쓰는 일이 없이 소신있고 과단성 있는 관리였다.

조선시대에는 호조판서와 서리의 입장은 하늘과 땅처럼 상하가 무서웠다. 아전들은 감히 고개를 쳐들고 판서나 수령 앞에서 말대답을 할 수 없었고 모든 것은 그냥 처분 내리기만 기다릴 뿐이었다.

그런데 한 번은 김수팽이 호조의 문서를 들고 어떤 재상의 집을 찾아 갔다. 지금은 장관이나 재상이 자기의 소속 관서에서 아침부터 저녁 때까지 꼬박 자리를 지키면서 들어오는 결재를 내고 있지만 옛날에는 그렇지 않았다.

조 선 의 선 비

조례나 공사(公事)가 있을 때만 소속 관서에 잠깐 나가서 일을 체결해 줄 뿐 재상들은 늘 자기집 사랑방에서 공무를 보았다. 그래서 결재를 받을 일이 있으면 서리들이 문서 꾸러미를 들고 재상의 집으로 찾아가 결재를 맡아 내곤 했던 것이다.

그런데 김수팽이 급한 서류뭉치를 들고 어떤 재상을 찾아 갔는데 마침 그 재상은 손님과 바둑을 한참 신나게 두고 있는 중이었다.

"쉰네 아뢰오. 호조에서 급한 서류를 가지고 결재를 맡으러 왔나이다."

"……."

서리 김수팽은 사랑방 마루에는 올라가지도 못하고 재상네 집 사랑 마당 한가운데 꿇고 엎드려 큰 소리로 두 번이나 아뢰었지만 대감은 뜰 가운데 엎드려 있는 서리를 돌아보는 일도 없이 바둑 두기에만 계속 열중하였다.

그렇지만 서리로서는 한 나라의 재상 앞에서 감히 재가(裁可)해 주기를 또 재촉할 수가 없었다. 그래서 뜰에 엎드려 한 시간, 두 시간을 기다려도 그 바둑은 끝날 낌새가 없었다.

큰일났다. 긴급을 요하는 나라의 급한 서류가 이렇게 재상의 한가한 바둑 놀음 때문에 시각을 지체해서야 장차 큰 일이 아닐 수 없었다.

"쉰네 아뢰오. 재상께서는 잠시 바둑을 멈추시고 이 서류에 재가부터 처분하여 주시기를 재차 말씀 올리오."

"……."

"쉰네는…."

그런데도 바둑에 미친 재상은 들은 체도 하지 않자 김수팽은 벌떡 일어나서 재상이 바둑을 두고 있는 사랑방으로 뛰어들어가 바둑판을 한손으로 싹 쓸어 돌을 흐트러 버리고 벼락같이 뜰로 다시 내려와 부복하여 고개를 뽑고는 아뢰었다.

"이제 쇤네는 대감 앞에 죽을 죄를 스스로 지었으니 대감은 이놈의 목을 베어 죽여 주십시오. 하오나 국사는 잠시도 늦출 수 없사오니, 속히 다른 사람을 시켜서 문서에다 재가를 내려 주시기 바랍니다."

재상이 두는 바둑판을 쓸어 버렸으니 서리 김수팽은 이제 살기 바랄 수는 없었다. 그러나 김수팽은 그렇게라도 하지 않고서는 국사를 더 늦추게 할 수가 없었던 것이다.

엄청난 짓을 저지르고 난 김수팽은 두 눈에서 눈물을 줄줄 쏟으면서 어서 죽여 주기를 아뢰었다.

재상은 빈껍데기만 남은 바둑판을 사랑방 구석 한쪽으로 밀어부치면서 김수팽이 마루 위에다 올려놓은 서류에 결재를 하였다.

"자네도 바둑을 두어보게. 두던 바둑을 멈추고 잠시 한눈을 팔기는 쉽지 않은 법일세! 얘들아! 저 버릇없는 아전 놈에게 술이나 한 잔 내려라!"

이렇게 처분을 내렸다는 얘기가 있다.

일을 완급에 따라서 재치있게 처리할 뿐만 아니라 서리 김수팽은 나라의 재물을 지키기를 자기의 목숨보다 무겁게 하였다.

한 번은 밤에 임금 영조가 무슨 볼 일이 급했던지 내탕고에서 돈 2만 냥을 급히 들여보내라는 전갈이 왔다.

그런데 마침 내탕고의 열쇠를 보관하고 있던 김수팽은 궁중에서 번을 드느라고 왕궁 안에서 숙직을 하고 있었다.

그런데도 내시가 "급히 창고문을 따고 엽전 2만 냥을 내라!"는 왕명을 전달했지만 숙직을 하던 김수팽은 말을 듣지 않았다.

"아무리 일이 급해도 바늘 허리에다 실을 매어 바느질을 할 수는 없습니다. 나랏일에는 절차가 있사오니 잠시만 기다려 주시기 바라오!"
　왕궁에서 왜 한밤중에 돈 2만 냥을 들이라는 명령을 내렸을까?
　잠자다가 불난 일이 아니고는 왕명으로서는 분명히 온당하고 떳떳한 일이 아닐 것이다. 밝은 날에 얼마든지 정당한 절차를 밟아서 행할 일인데 왜 임금이 한밤중에 그런 조처를 내린 것인가?
　김수팽은 일부러 느릿느릿 움직여 여기저기 소속 관장의 집을 밤중에 찾아다니며 재가를 얻어 가지고 돌아오니 어느새 날은 훤하게 밝아 버렸다.
　그러자 전갈이 왔다.
　"내탕고 2만 냥을 듭시라는 분부는 왕명으로 도로 거두어 들였소."
　어떤 궁녀에게 빠져 후히 '밤중의 상금'을 내리려던 것이 날이 밝자 임금도 생각을 고쳐 그 명을 거두어 버렸던 것이다. 영조는 김수팽이 일부러 늑장을 부린 그 꾀를 전해 듣고 '잘했다.'고 크게 칭찬했다고 한다.

조선의 선비
이지함
李之菡

걸인청으로
빈민을
구제한다

지금은 그런 풍속도 거의 다 사라져 버리고 없지만 십여 년 전만 해도 매년 해가 바뀌어 새해 정초가 되면 사람들마다 '올해 신수는 어떤고?' 하면서 토정비결土亭秘訣을 보는 것이 유행이었다.

사람마다 자기 나이와 생일을 어떻게 보태고 빼고 하면서 숫자를 내고 그 숫자에 맞추어 토정비결 책에 나온 운수풀이 수효數爻를 읽는 것인데 이 비결이 잘 맞는다고들 했다.

그렇게 잘 맞는다고 믿어 왔기 때문에 수백 년 동안 이 땅에서는 가장 많이 읽힌 책이었는데, 이 토정비결을 쓴 이지함은 선조 때 충청도 아산현감을 지냈던 청백리이기도 했다.

이지함은 중종 12년(1517)에 낳아 선조 11년(1578)에 죽었던 예언가로 천문, 지리로부터 음양, 술서術書에 이르기까지 모두 도통한 한학자이자 기인이었다.

그뿐만 아니라 한의학의 태두이다시피 소문난 명의이기도 했으며 점을

이지함 李之菡

치는 데도 귀신이었고 수학에도 남이 따를 수 없는 비상한 재주를 가진 사람이었다.

한산^{韓山} 이씨이던 이지함^{李之菡(28)}은 판관의 아들로 영의정 이산해의 작은 아버지가 되기도 한다.

그런데 이지함의 형, 즉 영의정 이산해의 아버지 이지번^{李之蕃}은 이지함보다 3년을 앞서 세상을 떠났는데 그 역시 당대에 드문 천문지리학자이자 기인이었다.

이지번도 잠깐 벼슬길에 나아갔다가 물러나 시골에 묻혀 은거하며 항상

---

(28) **이지함** 李之菡 1517(중종 12)~1578(선조 11).
본관은 한산, 호는 토정(土亭). 고려 때의 삼은 이색의 후손으로서 현령 이치의 아들로서 어렸을 때 아버지를 잃고 형 이지번에게 글을 배웠고 그 후는 화담 서경덕에게 배웠다. 그는 주역, 의학, 복술, 천문, 지리, 음양 술서 등에 도통한 학자로서의 청빈함으로 양반적인 굴레에서 벗어나 민본사상에 뿌리한 기인이었다.

소를 타고 강독 위를 노닐면서 세상의 운수를 점쳤던 것인데 그 형에게서 공부를 배운 이지함 역시 당대에 보기 드문 괴짜였다.

원래 이지함은 개성의 기인이던 화담 서경덕의 문하에서 글을 읽어 경사자전經史子傳에 통달한 뒤, 쇠로 만든 갓을 안고 다니다가 배가 고프면 아무데서나 그 갓을 벗어서 밥을 끓여먹고 밥을 다 먹은 후에는 솥을 씻어서 머리에 쓰고 전국 산천을 주유하던 인물이었다.

천성이 너무 활달하고 기발하여 세상 풍속에 매이려고 하지 않았던 이지함은 흙으로 단을 쌓아 올리고 그 위를 방바닥처럼 평평하게 고른 뒤 네 기둥을 세우고 이엉을 덮어 살았기 때문에 '토정 선생'이라고 불렀는데 그는 항상 이율곡과 만나 담소하는 것을 즐겼다.

이지함은 이렇게 틀에 매이는 생활을 거부했고 또 글을 읽어 그 글 읽은 것을 밑천 삼아 과거길에 오르려고는 꿈에도 생각하는 일이 없었다.

그래서 그는 평생을 나그네처럼 얻어먹고 구름처럼 떠돌아 다니면서 어려운 사람을 돕고 가난한 사람들을 그의 기지와 해박한 지식으로 먹고 살도록 하는 기행만을 벌이면서 돌아다녔던 것이다.

그러다가 다 늙은 56세가 되어서야 탁행卓行으로 6품 벼슬을 제수받아 강원도 포천현감에 임명되었지만 1년 만에 사직하고 돌아왔는데 그가 죽던 해인 61세에 충청도 아산현감으로 두 번째 벼슬길에 올라 내려갔다.

구름 먹고 바람 숨 쉬는 천하의 기인이자 예언자인 이지함이 왜 환갑을 전후한 나이까지 전혀 벼슬길에 오르지 않았다가 다 늦어서야 높은 지위도 아닌 겨우 6품 벼슬을 얻어 한 고을을 맡아 나갔는지는 알 수가 없다.

벼슬길에 대해 늙은 노욕老慾이 일어나 그때야 연연한 마음이 생겼던지 아니면 조카되는 영의정 이산해의 강력한 천거의 말대접으로 할 수 없이

이지함의 묘
이지함 일가의 묘. 이 묘터는 토정이 직접 잡았다는 명당으로 맨 위쪽 중앙에 부친의 묘가 있고 맨 아래쪽에는 좌참판을 지낸 한평군의 묘가 자리잡고 있다. 보령시 주포면 고정리 소재.

고을 수령으로 내려가게 되었는지는 모르지만, 아산현감으로 내려간 이지함은 부임 후 두 가지의 치적을 올려 수령이 백성을 다스리는 근본 이치를 행동으로 보였던 것이다.

이지함은 온양 고을에 부임해 내려가 보니 백성들이 얼굴에 기름기가 없어 늙은 호박 같은 몰골로 살고 있었다.

나라 안에는 한창 제제다사濟濟多士 학자, 권력가들이 여기저기 잘난 깃발을 꽂아놓고 뾰죽한 말씀과 넓적한 손길로 입만 벌어지면 '나라에 충성하고 백성에게 밥 먹고 살 길을 열어준다.'고 구두선口頭禪을 외는데 정작 나라의 근본인 백성들은 왜 이 모양일까?

이지함은 뒤늦게나마 자기가 한 고을을 맡아 내려온 벼슬살이의 길이 얼마나 감당하기 어려운 자리라는 것을 뼈저리게 느꼈다.

한 집안의 가장이 되었으면 그 집안의 가계와 안위를 꾸려나갈 책임을 항상 생각하는 것처럼 한 고을의 수령이 되었으면 그 고을 백성들이 고생하고 어려워하는 대목을 풀어 주어야 하기 때문이다.

이지함은 육방 관속을 모두 따돌리고 옛날 자기가 주유천하하면서 떠돌던 가락대로 폐포파립敝袍破笠에다 헌 삼베로 가랑이를 똘똘말아 올린 채 미투리 신고, 쇠갓 쓰고, 곰방대 들고 온양 고을 시장바닥으로 숨어들어가 보았다.

그랬더니 그 시장바닥 한쪽에 웬 흙투성이가 된 늙은이 서넛이 바구니에 든 물고기를 사려고 흥정하는데, 팔려고 하는 사람은 붕어 몇 마리를 두고 보리 몇 되를 내라고 하니, 사려고 하는 늙은이들은 붕어 몇 마리에 보리 몇 되는 너무 비싸니 값을 좀 감하자는 입씨름을 끈질기게 계속하고 있는 것이 보였다.

그래서 원님인 이지함은 슬그머니 얼굴을 내밀며 물었다.

"아니, 보아하니 노인장들께서는 시골에서 농사를 짓는 분들 같은데 어찌 이런 장에서 붕어를 사가시오? 붕어야 논도랑 방죽에 많이 있지 않소? 그런데 어찌 시골 영감님이 읍내 장에 와서 붕어를 사가려고 하시요?"

그러자 그 농사꾼들은 흥정하던 가락을 한쪽으로 접어놓고 한숨부터 푹 쉬어 버린다.

"다 고을 원님 잘 만난 덕이올시다."

"그게 무슨 소리요? 고을 원님이 무얼 어쨌길래 장바닥으로 붕어를 사러 오셨단 말이요?"

"아직 쇠갓 쓴 당신은 이 고을 원님 내력을 잘 모르시는구만. 다름이 아니라 요새는 새 원님이 왔다지만 바로 지난 여름까지 이 고을 백성들이 물고기 때문에 얼마나 큰 혼이 났는지 아시요? 온양에서는 물고기가 곡식금보다도 비싸고 금값이 되었소! 그래서 지금도 손바닥만한 붕어 몇 마리를 가지고 보리를 말로 달라고 이렇게 버티는 사람도 생겼소."

이렇게 사정 얘기를 늘어 놓는데 내력을 들어보니 그럴만한 이유가 있었다.

전임 현감 아무개는 온양으로 고을살이를 올 때 자그마치 식구를 열일곱 명이나 데리고 내려왔다.

허리 굽은 증조할머니로부터 처조카 사위에다 손자며느리까지 본 식구만 열일곱을 데리고 고을살이를 내려왔는데, 이런 원님의 식구들은 말할 것도 없이 고을 백성들이 거두고 먹여 살려야 하는 것은 당연한 이치였다.

그런데 원님네는 식구가 원체 많아서 그런지 입맛도 가지가지였다. 원님은 비위가 약해 여름철만 되면 진지를 못 잡수니 보비위를 하느라고 항상 손바닥만한 붕어를 잡아다가 다려 잡숫고 큰마님, 손자 며느리마님은 다달이 애를 배어 젖이 모자란다고 가물치를 삶아 먹으니, 이런 물고기는 백성들이 번을 갈라 양어장을 파서 고기를 길러다가 잡아 바치는데, 고기도 띄엄띄엄 잡으면서 새끼 날 겨를을 주어야지 이 달에 방죽 물을 말리고 새달에 또 방죽물을 말리면서 새우 새끼까지 모두 잡아내니 나중에는 양어장의 고기 씨가 말라버릴 지경이었다.

이래도 속도 모르는 원님네는 투정을 부리며 호령을 치는 것이었다.

"어찌 붕어를 잡아 올리지 않느냐?"

"네 이놈들, 어찌 가물치며 메기탕이 올라오지 않는고?"

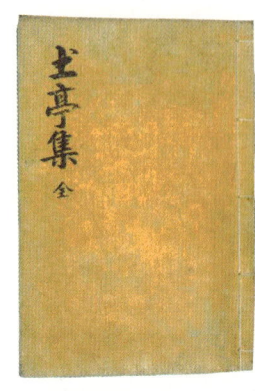
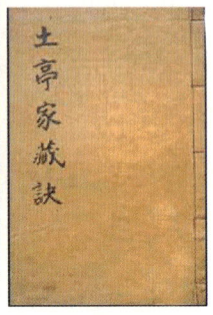

(왼쪽) 토정집 土亭集 (오른쪽) 토정가장결 土亭家藏訣
《토정집》은 토정이 남긴 글을 뒷날 경주부윤 이정익이 정리해 2권의 책으로 엮은 것이다. 《토정가장결》은 토정이 후손들에게 전해주기 위해 주로 국가의 운을 비록(秘錄) 예언한 책으로 어느 때 누구에 의하여 편술되었는지 알 수 없다.

날아가는 꿩이나 네 발로 뛰는 노루 새끼라면 백성들이 몽둥이를 들고 나가 잡아다 바치련만 물고기라는 것은 천상 방죽이 아니면 잡을 수가 없으니 고을 안의 방죽물을 모두 품어 내어 붕어와 가물치를 다달이 잡아내었으니 이제는 더 이상 잡을 것이 없었다.

이래서 온양 고을에는 타지방 물고기가 들어와 팔리기 시작한 것이다. 물고기를 잡을 수 없는 백성들은 그 비싼 물고기를 사다가 바쳐야 했던 것이다.

이러니 백성들의 고통이 오죽 심하겠는가?

온양 고을의 붕어와 가물치가 씨가 마르도록 잡아 바쳤는데도 아직도 원님의 비위는 뒤집어진 채 덜 가라앉았는지 붕어만 잡아오라고 호통을 친다는 것이다.

이 소리를 들은 이지함은 그 길로 관사에 들어가 육방 관속들과 고을 안의 모든 풍헌風憲들에게 이렇게 엄한 명령을 내렸다.

"고을 안에서 양어를 하는 모든 방죽은 메우어 없애버리라."

양어장을 그대로 두면 다음 번에 오는 어느 현감이 또 붕어를 잡아 올리라고 백성들을 닦달할지 모르니 아예 그 화구를 틀어막아 버린 것이었다.

이렇게 부임 초부터 선정을 베푼 이지함은 거의 쌀밥을 먹지 않고 가을에도 보리밥을 먹으면서 관곡을 아끼는 모범을 보였다.

이지함이야 또 밥을 굶어 열흘이 넘어도 배고픈 줄을 모르는 기인이라서 늦가을에 보리밥쯤 먹는 것은 아무것도 아니었지만, 그 당시 한 고을의 원님이 보리밥을 먹고 방귀를 뀌지 않는다는 것은 여간 어려운 일이 아니었다.

그런데 양반 체면에 보리 방귀나 뀌어 가지고서야 백성들이 우습게 볼 터이니 양반의 위엄을 세우기 위해서도 원님은 쌀밥에 고기반찬을 한 끼라도 걸러서는 안 되는 것이 관가의 풍습이었다.

그런데 그해 봄에 다른 고을에는 몹시 흉년이 들었던지 '모두먹기 패'가 메뚜기 떼처럼 수십, 수백 명씩 떼를 지어 온양 고을로 들어오기 시작했던 것이다.

이 '모두먹기 패'라는 것은 한 고을에 흉년이 들면 양식이 떨어져 굶는 백성들이 그 마을에서 아직 밥을 먹고 있는 집에 몰려가 함께 퍼먹어 버리고, 함께 먹다가 양식이 떨어진 그 집 식구까지 같이 거지가 되어 '모두먹기 패'가 되어 이웃 고을로 몰려가는 것이었다.

이렇게 하면서 아직 양식이 남은 이웃 고을의 양식을 다 털어 먹고 나면 그 고을 백성들이 또 함께 거지패가 되어 이웃 고을에서 이웃 고을로 해서

화암서원 華巖書院
광해군 2년(1610년) 창건해 숙종 12년(1686년) 사액이 내려진 서원이다. 작은 규모지만 물과 정원의 아기자기한 배치가 눈길을 끈다. 보령지방 출신인 이지함, 이산보, 이몽규, 이정암, 구계암의 위패를 모시고 있다. 최근 청라저수지가 시공되면서 현 위치에 이전되었다. 보령시 청라면 옥계리 소재.

임금이 사는 서울 대궐 앞까지 이 '모두먹기 패' 수백 수천 명이 몰려들어 나라는 온통 유랑민 투성이라서 거지 무법천지가 되고 사방에 도둑이 들끓어 저절로 흉흉한 난리가 나는 것이다.

그래서 나라의 위정자들은 어디서 '모두먹기 패가 나왔다'하면 요새로 치면 콜레라 유행병이 난 것처럼 무섭게 여기고 빨리 조치를 취하지 않으면 안 되었던 것이다.

그 조치란 쇠와 구리를 많이 가져다가 엽전을 만들어 풀거나 풍년 든 고장의 곡식을 가져다가 흉년이 든 고장에 풀어 먹이든지 해야 했던 것이다.

이런 '모두먹기 패'가 온양 고을로 몰려들자 원님인 이지함은 소위 걸인청乞人廳이라는 집을 급히 짓도록 하였다.

"허허, 그 모두먹기 패가 메뚜기 떼처럼 수백 명 떼를 지어 서울지방으로 올라가서는 큰 일이요. 이 고을에 내가 있으면서 이 걸인패들을 구제하지 못한 데서야 말이 아닐세!"

걸인청이란 거지패들을 모아놓고 작업을 시킬 수 있는 작업장인 셈인데 온양 고을로 들어온 '모두먹기 패'를 모두 잡아다가 걸인청에 수용해 버렸다.

"너희들은 흉년이 들었다는 핑계를 대고 게을러서 동냥아치가 된 놈들이다. 손발 쭉 뻗고 앉아서 남의 것을 동냥만 해다가 먹는 것은 게으른 습성 때문이다. 이 못된 습성만 고친다면 너희도 먹고 입는 문제는 해결될 것이다. 그러니 오늘부터 내가 시키는 대로만 하면 너희들도 의식을 해결할 수 있는 양민이 될 것이니 그리들 알라!"

이러면서 걸인청 울타리 밖에 관노 사령들을 풀어 육모방망이를 차고 엄하게 지키게 한 후, 날마다 수십 수백 짐씩의 지푸라기를 가져다가 걸인들에게 짚신을 삼도록 일렀다.

그러나 원체 게으른 습성이 몸에 베이고 일이라고는 하지 않고 남의 음식을 얻어 먹고만 해오던 습성이 태에 박혀 버려, 온종일 가야 미투리 한 짝이나 삼는 둥 마는 둥 하며 주는 밥만 배불리 먹고 낮잠을 자려고만 벼르는 것이었다.

그러자 이지함은 게으름을 피우며 낮잠을 자는 걸인들을 방망이로 쳐가며 독려하여 하루에 짚신 열 켤레씩을 삼아내도록 호되게 다루니 그 혹독한 독촉에 못 이겨 도망치는 자도 있었지만 남아있는 걸인 수백 명은 매일 짚신 열 켤레씩을 삼아 팔아 쌀 한 말씩을 거뜬히 벌어 모두 의식이 풍족하게 되었다. 걸인청에서 애를 삭이고 잘 견딘 걸인들은 그 후 움막이라도 제 집을 마련하여 고향으로 돌아가 농사짓고 잘 살았다.

이처럼 그때 그때 남이 생각하지 못할 여러 가지 기행과 기지를 발휘하여 국민들을 구해낸 이지함이었지만 정작 이지함 자신은 항상 가난에 찌들면서 양식이 있으면 있는 대로 없으면 없는 대로 먹고 살았을 뿐이다.

그러니 이것도 하늘이 시킨 자기의 명수를 지켜 억지 청백리가 아닌 저절로 청백리가 되는 길이 아니겠는가?

조선의 선비
김덕함

金德諴

단벌 옷
빨아
알몸에
관복만 입고
외출하다

    보통 우리가 청백리라고 하면 황희와 맹사성을 얼른 예로 내세우기 일쑤다. 물론 두 사람 다 훌륭한 귀감들이다.

    그러나 세상에 많이 알려지지 않아서 그렇지 조선 인조 때의 대사헌 김덕함金德誠(29)도 위의 두 사람에 못지 않는 청백리였다.

    《국조인물고》나 《인조실록》 속에 나오는 김덕함은 우선 남이 따를 수 없는 정성의 도학자였다. 성誠이 없이는 훌륭한 목민관牧民官도 또 참다운 충

---

(29) **김덕함** 金德誠 1562(명종 17)~1636(인조 14).
조선 중기 문신. 본관은 상주, 호는 성옹(醒翁), 시호는 충정(忠貞). 선조 3년(1589) 문과에 급제하고, 여러 관직을 거치는 동안 이항복의 후원을 받았다. 1622년 인조반정으로 풀려나 육조의 참의와 승지를 두루 지내고 부제학·대사성·대사간·여주목사·춘천부사를 거쳐 1636년(인조 14) 대사헌이 되었다. 그리고 청백리로 뽑혀 이조판서에 추증되었다.

성으로 나라를 받들 수도 없을 뿐만 아니라 학문은 물론 그 인간도 완성을 시킬 수가 없을 것이다.

우선 대사헌 김덕함은 어머니께 효도하는 마음이 참으로 지극했다.

공은 어머니를 아흔세 살이 되도록 모시고 살았다. 지금도 노인의 나이가 아흔이면 많고 많은 천수(天壽)이다. 그런데 의약이나 생활이기(生活利器)가 없던 그 당시 어린애는 열이면 다섯이 홍역을 하다가 죽고 어른도 나이 마흔 살만 되면 시름시름 앓다가 죽던 세상이니 환갑이 넘으면 '남의 나이를 도둑질 해다가 산다.'고 할만도 한 세상이었다. 그런 세상에 아흔세 살까지 살자면 누구나 망령이 나지 않을 수 없었다.

김덕함의 어머니도 예외는 아니었다.

공은 천성이 지극하여 그의 어머니가 아흔세 살 때 세상을 뜰 때까지 70객이 다 된 공이 매일 밤 어머니를 옆에 모시고 자면서 몸소 대·소변을 받아내는 시중을 들었다. 그래서 어떤 때는 하룻밤에 70번이나 깨어 일어나는 일도 있었다.

실로 얼마나 탄복할 만한 효도인가. 70객 늙은이가 된 아들이 90객 어머니를 모시고 자면서 병수발을 하는데 하룻저녁에 70번이나 자다가 일어나는 일도 있었다는 기록이 아닌가.

이렇게 효성스러운 사람이면 나라에 하는 충성도, 백성을 보살피는 관리의 길도 허투루 할 까닭이 없다. 백성의 재물을 뺏고 관물을 훔쳐 주색에 빠질 이치가 없을 것이다.

실제로 김덕함은 너무 가난하고 깨끗한 관리였다. 한 번은 이런 일이 있었다. 평소 가깝게 지내던 이유간李惟侃이 생일상을 차려 놓고 김덕함을 청했다.

"저희 집 나리가 대사성 영감님을 모셔 오라고 하옵니다."

"무슨 일인고?"

"예, 오늘이 저희 동지同知 영감님 생일이라서 많은 손님들이 모였사옵니다. 그런데 그 많은 손님을 두고도 저희 집 영감님은 아침부터 대사성 영감님이 아직 안 오셨느냐, 대사성 영감님이 웬일이냐고 기다리시다가…."

"아, 내가 깜박 잊었구나. 오늘이 며칠이냐?"

"구월 초이틀이옵니다."

"오라, 오늘이 너희 영감 생일이지. 내가 가마 해놓고 깜박 잊었구나!"

"그럼 저희가 가마를 대령해 왔사오니 당장 오르시죠."

"오냐, 오냐."

이래놓고 옷을 갈아입으려고 안방으로 들어갔던 김덕함은 아연실색을 했다. 이제보니 입고 나갈 옷이 없지 않은가?

"영감님 이 일을 어쩌면 좋소? 마침 할아버님 제사가 내일 모레라서 옷을 빨아 지금 삶는 중이옵니다."

요샛말로 '단벌신사'라는 말이 있지만 일국의 대사성 영감이 단벌 옷으로 살았던 모양이다. 그런데 그 단벌 옷을 빨아버렸으니 갈아입고 나갈 옷이 없었다.

그러나 가까운 친구가 가마까지 보낸 생일 집에 안 갈 수도 없지 않은가?

안 가서는 안 될 친구지간이었다.

그래서 김덕함은 잠방이와 중의도 못 입은 알몸에다 관복인 단령團領과 사모紗帽만 쓰고 그냥 찾아 갔다가 여러 잔치 손님들에게 웃음거리가 됐지만 나중에 그 까닭을 안 좌중은 김덕함의 청빈한 고절에 모두 머리를 숙였다고 한다.

어떻게 생각하면 혹시 벼슬이 높았어도 '좋은 자리'에 앉지 못해 먼지만 날린 것이 아니냐고도 할 수 있다. 사실 긁어도 긁힐 것이 없는 자리는 '억지 청빈'을 안 만드는 것도 아닐 것이다.

그러나 김덕함은 여주목사, 춘천부사 같은 외직外職도 맡아 보았었다.

조선시대에도 외직으로 나가 수령을 맡으면 '부모를 잘 봉양하는' 물질적 혜택을 충분히 입을 수 있었다.

꼭 백성의 세금을 훔치고 나랏것을 떼어먹지 않더라도 그 정도의 민생문제는 저절로 해결되었다.

옛날에도 '원님 존문存問 한 장에 외양간 소 나간다.'는 속담이 있다. 무슨 뜻이냐 하면 원님은 자기 고을에 부임하면 우선 그 고을의 향교와 양반 선비 등 세력 쓰는 집을 찾아가 문안을 하는 법이다.

그래서 조선 말엽 민씨閔氏들이 세도를 쓸 때 여주목사로 나가면 '짚신 세 켤레가 다 닳아야 원님이 정청政廳에 들어가 앉는다.'고 했다. 서울 등 중앙무대에서 벼슬하는 양반 민씨들이 하도 많아 그 집들을 일일이 방문하고 나면 짚신이 세 켤레가 헐어빠진다는 이야기였다.

그러나 이런 절차를 끝내면 원님은 그 다음에 하는 일이 있다. 자기 고을 안에 사는 부자, 한 동네에서 소나 기르고 종놈낳이나 거느린 '논두둑 부자'들에게 '평안 하시오?' 하고 편지를 보냈다.

이 편지가 소위 존문이었다.

시골 백성들이 이런 황공스런 원님의 문안 편지를 받고서야 어떻게 그냥 있을 수 있는가?

원님이 앉아서 편지를 보냈다면 백성은 서서 받아야 한다. 그것도 맨주먹으로야 어떻게 원님을 찾아 뵙는가?

그래서 '존문 한 장에 외양간 소 나간다.'고 했었다.

그런데 김덕함은 존문장存問狀을 보낼 줄도 몰랐던 모양이다.

공은 일곱 고을의 수령을 살고 들어 왔으나 돌아와서는 매양 양식이 떨어질 때가 많았다. 안에서 혹시 양식이 떨어져 밥을 지어 올리지 못함을 아뢰면 공은 매양 웃으면서 말하기를 만약 굶어 죽을 지경에 이르면 반드시 살 도리가 있게 마련이라고 태연자약하였다.

또 김덕함은 평생 자기 집 한 칸이 없이 남의 집을 세로 빌려 살았다.

그래서 이항복 같은 사람도 장만張晩과 이시발李時發 그리고 김덕함의 세 사람에게는 "장차 국사國事를 맡길 만하다."고 감탄했다.

또 임진왜란 때는 직접 이정암을 따라 연안으로 들어가서 군량미를 대는 직책을 맡아서 많은 공을 세웠다. 그 후 갑오년(1594)에 나라에서는 군공청軍功廳이라는 것을 세우고 임진왜란 때 세운 전공戰功을 심사하여 공훈을 내리게 되었다.

이러자 사방에서 충신들이 자칭타칭의 공신들이 구름처럼 출현하여 군공청 마당 안은 장바닥이 되었다.

"나도 난리에 공을 세웠소."

"나도 이런 공을 세웠소."

이때야말로 정말 가짜 공신이 없을까 우려되는 것이었다.

잘못하면 국가 공훈증서가 가짜로 남발될 위험도 없지 않은 것이다.

이항복 李恒福

　어느 날 병조판서 이항복[30]은 우의정 김응남金應南에게 김덕함을 군공청 도청都廳으로 추천하였다.

"김덕함에게 군공청 책임을 맡기잔 말인가?"

"그렇습니다."

"괜찮을까?"

"지금 세상에 그 일을 깨끗하게 해낼 사람은 김덕함밖에는 없을 것 같습니다."

---

(30) **이항복** 李恒福 1556(명종 11)~1618(광해군10).
조선 중기의 문신. 본관은 경주. 호는 필운(弼雲) 또는 백사(白沙). 오성대감으로 널리 알려졌으며, 특히 소년 시절 친구인 한음 이덕형과 기발하고 재치있는 장난을 즐겨 많은 일화를 남겼다.
1589년에 정여립의 모반사건이 일어나자 예조 정랑으로서 이를 지혜롭게 수습하였다. 임진왜란 때 공으로 영의정에 올랐으며, 후에 오성부원군에 봉해졌다. 그 후 우의정이 되었으나 1617년에 당파 간의 세력 다툼이 일어났을 때 광해군의 계모인 인목대비를 내쫓자는 의견에 반대하다가 북청으로 귀양가서 다섯 달 만에 세상을 떠났다. 그 후 다시 벼슬이 내려지고, 청백리에 올랐다.

"병조판서가 그렇게 본다면 나도 할 수 없지."

이렇게 해서 김덕함이 군공청 책임자로 들어앉게 되었다.

그러나 우의정 김응남은 마음이 놓이지 않았다. 군공^{軍功}의 심사를 맡는 중대한 일을 김덕함 혼자서 쥐고 있으니 만에 하나라도….

그래서 김응남은 김덕함을 군공청 도청으로 앉힌 뒤에도 탄복하고 있었다.

내가 매일 장안 사대문으로 사람을 몰래 내보내 김덕함의 잘못을 헐뜯는 백성이 있는가를 살펴보았으나 아무도 감히 김덕함의 일을 헐뜯어 말하는 이가 없었다. 이로써 사사로운 뇌물과 청촉질이 김덕함은 범하지 않았음을 알았다.

'자리'로 치면 얼마나 '좋은 자리'를 맡았던 김덕함인가? 그런데도 김덕함은 사흘거리로 밥 굶는 걱정을 하지 않을 수가 없었다. 옆에서 보기에도 딱한 노릇이 아닐 수 없었던 것이다.

한 번은 친구 하나가 대사성 김덕함의 집에 이르러 보니 또 양식이 떨어진 눈치였다. 술상은커녕 때가 지나도 밥상조차 내오지를 못하자 친구가 얼른 눈치를 채고 일렀다.

"이 사람아!"

"왜?"

"자네 집에 또 양식이 떨어졌지?"

"무슨 소린가? 조금만 더 기다려 보세."

"다 아네. 세상 소문을 들어서 짐작은 했네만 자네가 참말로 이렇게 사는

김덕함의 묘역

김덕함 묘역은 2번의 이장을 거쳐 현종 1년(1660)에 현 위치에 조성되었는데 부인 경주 이씨와 합장묘이다. 신도비는 묘역 하단에 위치하고 있으며, 비문은 송시열이 짓고, 증손 김유가 글씨를 쓰고, 김수항이 전액(篆額)을 써서 숙종 12년(1686)에 건립한 것이다. 경기도 파주시 적성면 무건리 산 1번지 소재.

줄은 몰랐네. 우리 소꿉친구끼리 못할 말이 뭐 있나. 양도(糧道)조차 이러면 가난 구제는 친구도 못하는 법이네. 쌀 몇 말 보내봐야 항상 언발에 뭐 누기지."

"……."

"그러니 이렇게 하세."

"……."

"내가 종녀석 하나를 보내 줄테니…."

그 종녀석을 지금 한참 벌어지고 있는 궁궐 역사(役事) 터에 내보내 일을 시키고, 받아오는 품삯으로 그날 그날 양식을 팔아먹으면 되지 않겠느냐고 권한 것이다.

그러나 김덕함은 그것도 거절했다.

"친구 종을 빌려다 나라에 바치고 그 품삯을 받아 내 양식을 팔아먹는 짓을 내가 차마 못하겠네…."

이렇듯 대사성 김덕함은 청렴 결백한 관리였다.

이약동
조선의 선비
李約東

돈
보기를
흙처럼
하다

노촌(老村) 이약동(李約東)(31)은 태종 16년에 나서 성종 24년까지 산 인물로 그는 일흔여덟 살로 세상을 떠났다.

지금도 충청남도 금산 경렴서원에는 그의 위패가 있어 매년 제향을 드리고 있다.

벽진 이씨인 이약동은 호조참판, 경상좌도 수군절도사 등 문·무 관직을 맡았던 명관이자 청백리였다.

그런데 이약동이 얼마나 청렴결백했던가 하는 것은 그가 자기 아들들을

---

(31) **이약동** 李約東 1416(태종 16)~1493(성종 24).
조선 초기의 문신. 호는 노촌(老村). 시호는 평정(平靖). 1441년(세종 23) 진사시에 합격하고, 1451년(문종 1) 증광문과(增廣文科)에 급제한 뒤 사섬시직장(司贍寺直長)을 거쳐 1454년(단종 2) 감찰·황간현감 등을 역임하였다. 1458년(세조 4) 지평, 1464년 선전관으로 복직하였다. 종부시정(宗簿寺正), 구성부사 등을 역임하다가 1468년에 병으로 사직하였다.

불러 놓고 견금여토^{見金如土}란 네 글자를 주면서 이것이 너희들이 평생 지켜야 할 가훈이라고 훈계했다.

구태여 요즘 세대와 견주어 황금만능주의니 금전주의니 하고 빗대지 않더라도 벼슬 감투 하나만 쓰면 세상이 모두 자기발 아래 깔려 벌벌 떨던 때에도 역시 돈은 돈이었다. 그래서 속말로 '돈이면 임금님 턱도 만져볼 수 있다.'고 했다.

오죽했으면 그렇게까지 표현할 수 있었을까?

지금과는 달라 아무리 정승, 판서라도 임금님과는 악수는커녕 눈을 맞대고 쳐다볼 수도 없던 때였다.

항상 엎드려 부복한 자세인 채로 말을 사뢰고 명령을 받았을 뿐이다. 또 그때 법령으로는 아무리 일인지하 만인지상의 영의정이라 할지라도 임금님과 단둘이 독대하는 것도 허락되지 않았고, 귓속말을 할 수도 없었다.

그런 지엄한 임금님을 쳐다보고 귓속말 하는 게 아니라 돈만 있으면 턱도 쓸어볼 수 있다고 했으니 그 돈이 오죽한가!

그런데 그 돈인 황금을 이약동은 견금여토로 흙에 비추어 "너희들은 돈 보기를 흙처럼 하라."고 하였으니 얼마나 엄한 가훈인가?

견리망의^{見利忘義}요, 견물생심^{見物生心}이다. 하다 못해 겉보리 한 되만 보아도 보리 개떡 해먹을 욕심이 나는 것이 사람이다. 하물며 돈을 흙처럼 보기가 얼마나 어려울 것인가?

그런데 '견금여토'를 가훈으로 남겨준 이약동은 정말 돈을 흙처럼 본 청백리였다.

그는 문종 1년(1451), 문과를 해서 1470년에 제주목사가 되어 나간 일이 있었다.

산천단 山川壇
한라산 신제를 올리는 제단. 원래 백록담에서 올리던 산신제를 1470년(성종1) 제주 목사로 온 이약동이 제단을 이곳으로 옮기게 되면서 산천단이라 불리웠다.
이약동 목사가 건립한 한라산신고선비(漢拏山神古禪碑)가 남아 있고 이약동 목사의 사적비가 세워져 있다.

    요새야 제주도가 관광지로 달러가 제법 많이 떨어지고 대학나무라는 귤이 있고, 해녀들이 있어 뭍사람에 못지 않는 소득을 올리면서 살고 있지만, 그때만 해도 제주도는 바다 가운데 떠 있는 외딴 섬이라서 백성들의 살림살이는 말이 아니었다.

    땔나무조차 없어 말똥을 말려 했고 먹을 물조차 오리, 십리 밖까지 항아리를 대바구니 안에 넣어 짊어져다가 먹었으니 그 민생이며 민도가 오죽했겠는가?

    그래서 제주도는 삼수갑산과 함께 귀양살이를 하는 버려진 땅이기도 했다. 그런데 제주목사 이약동이 바다를 건너가 살펴보니 온통 관아의 이속(吏屬)들이 백성을 속여 도둑질을 해먹고 또 엄청난 공물을 과외로 받아들여 저희들의 배꼽에 기름칠을 하고 있는 것이었다.

    그래서 목사 이약동은 부임 즉시 모든 공물 문서며 관아에서 세금을 받아들인 문서들을 낱낱이 검사해보니 상당량을 육방관속들이 중간에서 집어먹은 것이 드러났다.

이때 웬만한 목사라면 한눈을 지그시 감고 왼손을 내밀어 그 이방관속들과 결탁하여 그들이 천 냥을 주워 먹었으면 목사는 2천 냥을 받아먹고 모른 체 하고 있다가 임기만 마치고 떠나는 게 예사였다.

그런데 이약동은 발끈 화를 냈다.

"여봐라! 너희들이 받아들인 공물은 무엇 무엇인데 나라에 실려 보낸 것은 이만저만밖에 되지 않는다. 그렇다면 중간에서 없어진 것은 누가 먹었느냐?"

이러자 여러 이속들은 쥐 핑계를 대는 것이었다.

"쥐가 먹었사옵니다."

"예, 틀림없이 쥐들이 먹었습니다."

으레 이런 부족량을 서축(鼠縮)이라고 해서 백성들로부터 거두어 쌓아둔 곡식이 축이 나는 핑계를 쥐 먹은 탓으로 돌려 육방관속들이 훔쳐 먹었던 것이다.

"그러면 여기서 구워 바치는 소금이 몇 섬인데 나라에 바친 소금은 얼마밖에 되지 않는다. 이것도 쥐가 먹었느냐?"

"예, 그것도 쥐가 먹은 줄로 아뢰오."

이약동은 불같이 노했다.

"쥐가 먹었다고? 쥐가 얼마나 많은지는 몰라도 이렇게 수십 섬의 소금을 몇 달 만에 먹었단 말이냐? 그 쥐는 필시 내 앞에 엎드린 네 놈들이 분명하다!"

이러면서 소금 창고를 맡았던 창고지기며 문서를 쥔 아전배들을 모두 뜰 앞에 꿇어 놓고 각기 소금 한 바가지씩을 안겨 주고는 소금을 먹도록 엄하게 꾸짖었다.

"너희들은 큰 쥐니 필시 이만한 소금쯤은 먹을 수 있을 것이다. 자, 어서 소금을 먹어봐라. 만약 명령대로 이 소금을 다 먹으면 쥐가 먹어 축을 낸 것으로 알겠지만 못 먹으면 너희가 먹은 것으로 알겠다!"

사람이 무슨 재주로 한 바가지 소금을 다 먹을 수 있겠는가?

'쥐 소금 먹듯 한다.'는 이야기가 있다.

쥐는 소금을 먹되 먹으나 마나 하게 혀만 대고 마는 법인데 쥐들이 그 수십 섬의 소금을 먹었다고 우기자 그렇게 형벌을 내린 것이다.

이 사건 이후로 제주도에서는 소금은 물론 다른 공물이나 세금들이 중간에서 없어지는 일이 없어져 자연히 민폐가 줄었고, 민폐가 줄자 그만큼 백성들의 등이 다습고 배가 불렀던 것이다.

이약동이 그처럼 백성들을 친자식처럼 아껴 다스리니 백성들이 어찌 그의 은혜를 잊을 수 있을 것인가?

백성들은 제주목사 이약동의 선정이 너무 고마워서 송덕비를 세우려고 했지만 그것도 목사가 엄히 막아버렸다. 백성들이 고마워서 무엇을 가져다 바쳐도 이약동은 도무지 받는 법이 없었다. 생각다 못한 제주도 백성들은 아무 값도 나가지 않는 것이지만 말채찍 하나를 정성껏 만들어 바친 적이 있었다.

백성들이 눈물을 흘리며 징표로 가져온 그 말채찍 하나까지 물리친다면 너무 야속한 일이 아닌가!

그래서 목사 이약동은 제주도 백성들이 만들어 바친 말채찍 하나를 선사받아 사냥을 나갈 때면 언제나 그것을 들고 말에 올라 백성들의 살림을 구석구석 보살폈다고 한다.

그런데 임기가 끝나 제주목사를 그만 두고 육지로 돌아갈 때는 그 선사

받은 말채찍을 그대로 벽에 걸어두고 떠났다.

"이 말채찍 하나라도 백성들이 제주목사에게 준 것이다. 그러니 내가 제주목사를 그만 두고 떠나는 마당에는 이것을 도로 내놔 다음에 오는 목사가 쓰도록 함이 옳도다!"

이렇게 하여 이약동이 떠난 뒤에도 그 말채찍은 목사가 정사를 다스리는 마루방에 걸어두고 물려가면서 쓰는 전통을 만든 것이다. 그리고 세월이 오래되어 그 채찍이 닳고 닳아 더 이상 쓸 수 없게 되자 섬 사람들은 화공을 불러 그 채찍을 그림으로 그리게 하여 벽에 걸어두고 옛 목사의 결백함을 두고두고 칭송했다고 한다.

그런데 그 후 제주도에서 해남 쪽으로 오는 뱃길에는 투갑연投甲淵이란 목이 생겨 그 앞을 지날 때면 옛 목사의 일을 생각했다고 한다.

이곳은 '갑옷을 던진 물목'이라는 뜻이다. 제주목사 이약동이 임기가 끝나 배를 타고 떠나오는데 얼마만큼 오니까 물살이 빙빙 돌면서 배가 도무지 나아가지를 않았다.

배가 무거워서 그런 것이었는지 무슨 귀신이 훼방을 놓아서였는지 모를 일이었다. 사공들은 당장 얼굴이 노랗게 되어 어쩔 줄을 몰랐다. 그러나 조금도 당황하지 않은 목사 이약동은 비장을 불러 엄하게 분부했다.

"이 배가 무슨 연고로 앞으로 나아가지 못하고 이렇게 물살을 따라 빙빙 도느냐? 필시 무슨 까닭이 있을 것이니 그대는 사실대로 말하라."

비장은 쭈뼛 살피다가 입을 열었다.

"예, 아무 일은 없사옵고 제주도 백성들이 목사님의 맑은 덕을 잊지 못해 금 갑옷 한 벌을 맡기며 훗날 목사님이 갑옷 입으실 일이 있을 때 내드리라 하였습니다."

그러자 목사 이약동은 노하며 명령했다.

"그러면 그렇지! 내가 본시 견금여토로 가훈을 삼고 지내는데 어찌 금붙이로 장식한 갑옷을 입는단 말이냐. 그 갑옷을 꺼내 당장 바다에 던져라!"

이약동은 금으로 장식한 갑옷을 바다에 던져 배가 무사히 운항하게 했으며, 그때 그 갑옷을 던진 곳을 투갑연이라고 했다는 기록을 지금도 찾아볼 수 있다.

조선의 선비
이황
李滉

벼슬에
연연하지
않는다

인간은 어떻게 보면 생각의 노예일 수도 있다. 무슨 일이나 행위에 대한 가치관을 자기 스스로 정하고 난 뒤에는 자기 스스로 그 생각이나 믿음의 테두리에 말려 꽁꽁 묶이는 노예가 된다는 말이다.

물론 이것은 사유력을 가진 인간만의 자유이자 특권일 수도 있다.

가령 누가 A라고 하는 어떤 종교적인 신앙에 빠졌다고 치자. 처음에는 A라는 신앙의 진리에 자기의 생각이 공명하는 것이지만 나중에는 스스로 A라는 신앙의 노예가 되어 버린다. 말하자면 맹신이다. 그런데 이런 경우는 신앙에만 있는 것이 아니라 생각에도 있다.

이런 것은 동물들과 달리 우리 인간이 사유력을 가진 탓으로 생겨나는 현상이고 그 사유력은 무엇이건 자기가 하는 생각이나 행위에 어떤 가치를 부여하려고 하는 습성을 지니게 된다.

이런 것이 우리 인간사회에서는 때때로 의의라든지 소명감으로 풀이가 된다.

"나는 월급은 적지만 꼭 국가 공무원이 되어서 나라에 봉사를 하겠다."

"나는 2세 교육에 몰두해서 후대를 밝게 하는 일에 하나의 등불이 되겠다."

이런 소신을 가지고 남이 안 보고 박수쳐 주지도 않는 시시한 직무지만 대단한 열성을 가지고 맡겨진 바 임무를 성실히 수행하는 사람을 보게 되기도 한다.

섬에 묻힌 초등학교 선생님이나 시골 기차역에서 20년, 30년씩 근무하면서 틈만 나면 선로 위에 난 잡초까지 뽑으며 헌신적으로 봉사하는 역장도 있을 것이다.

이럴 때 그들이 다른 잡념 없이 직무에 충실할 수 있는 생각의 알맹이는 앞에서 말한 바처럼 어떤 일에 대한 자기 나름의 가치부여에서 비롯된 것이다.

남들은 장사를 하고 인물이 크게 잘나서 큰 권력, 큰 돈을 쥐고 떵떵거리고 살지라도 나는 내가 하는 일에 잡념 없이 충실할 수 있다는 생각의 굴레를 스스로 쓸 수 없는 공무원은 자기 갈등과 가치관의 회의 때문에 오는 괴로움은 견디기 힘들지도 모른다.

세상 잡념에 생각이 흔들리고 적은 월급, 시시한 직위에 불만을 갖게 되면 훌륭한 청백리가 되기는 매우 어려울 것이다.

비록 굶고 박봉에 시달려 아이들 교육비를 제대로 못 내더라도 내가 하는 일은 천직이라고 믿을 때 마음이 편안하고 자기 직무에 보람을 느낄 수 있지 않을까?

그런데 과연 사람은 그런 소명감이나 나라를 위한다는 생각만으로 벼슬을 하는 것일까?

우리 같은 범인凡人들의 생각으로는 꼭 그런 순수한 생각의 노예가 되어 그렇게 순수한 벼슬살이를 하기는 힘이 들 것이다. 왜냐하면 쉽사리 자기 가치관의 노예가 되어 맹신자가 되어 버릴 수 없기 때문이다. 그래서 우리 같은 범인들은 '나라에서 녹을 받기 때문에 응분의 소임을 다한다.'라고 생각하게 될 것이다.

그러면 나라에서 녹을 받지 않는다면 나라에 충성을 하지 않는다는 논리에 빠질 것인가? 지금 세상에도 이런 문제는 모든 사람들이 한 번쯤 생각해 볼 가치관일 것이다.

그런데 이런 문제에 대해서 우리들의 대선생이자 스승인 왕조시대의 성현들은 어떻게 생각했을까? 적어도 유교적인 가치관에서 그들은 벼슬살이 자체를 어떻게 평가했을까?

벼슬살이 자체에 대한 가치관이 나오지 않으면 청백리에 대한 규범도 정확하게 찾아낼 수가 없을 것이다.

그러면 잠시 우리가 잘 알고 있는 동방 성리학의 대선생인 율곡栗谷 이이李珥의 행적과 사상에서 벼슬관을 한 번 찾아보자.

이이는 신사임당의 아들로 명종 13년인 1548년에 열세 살로 진사 초시에 합격했지만 어머니를 잃고 서모 밑에서 살게 되자 열아홉 살 때 금강산으로 들어가 중이 되었다.

그러다가 다시 머리를 기르고 세상에 나와 퇴계退溪 이황李滉을 스물세 살 때 찾아 왔었고, 명종 19년인 1564년에는 생원시와 식년문과 등에 모두 장원을 하여 세상에 놀라운 경륜과 재주를 드러냈다.

그래서 이이는 아홉 번 장원을 한 후 나이 마흔아홉 살로 세상을 떠날 때까지 이조정랑, 직제학 승지, 황해감사, 대제학, 대사간 대사헌에다 호조판

이이 李珥 1536(성종 31)~1584(선조 17).

조선 중기의 문신. 호는 율곡(栗谷)·석담(石潭)·우재(愚齋), 시호는 문성(文成). 아버지는 사헌부감찰 원수이며, 어머니는 신사임당. 조선시대에 가장 강력한 세력을 형성했던 기호학파를 일으켰다.

대사헌·형조판서·이조판서 등을 두루 역임했으며 『명종실록』편찬에 참여하기도 했다. 그는 『만언봉사』, 『성학집요』, 『시무육조』 등을 지어 왕에게 바쳤다. 이 책들은 훗날 대동법 실시와 사회제도개혁의 사상적 토대가 된다. 또한 그 유명한 '10만 양병설'도 담겨 있다.

자운서원 紫雲書院
자운서원은 1615년(광해군 7)에 조선 중기의 대학자 율곡 이이의 학문과 덕행을 추모하기 위해 창건되었다. 1650년(효종 원년)에 '자운(紫雲)'이라 사액을 받았다. 경기도 파주시 법원읍 소재. 경기도 기념물 제45호.

서, 이조판서, 병조판서를 역임한 후 벼슬이 우찬성의 품계에까지 이르렀다. 나이 마흔아홉 살 때까지 그 정도로 나라의 요직을 골고루 거치며 벼슬살이를 지낸 대학자는 아마 드물 것이다.

그런데 이이가 처음 과거를 보아 벼슬길에 나오려고 할 때 한쪽에서는 말이 많았다.

"한때 머리 깎은 중노릇을 한 사람이니까 벼슬길에 나오는 것이 불가하다."

"중노릇 한 사람에게 나라의 요직을 맡기고 임금에게 경연을 시킬 수는 없소!"

나라 법도의 기강이 철저한 배불주의였기 때문에 사방에서 반대론이 들끓고 일어났다. 그뿐만이 아니었다. 성균관에 들어가서 선비가 된 인사를

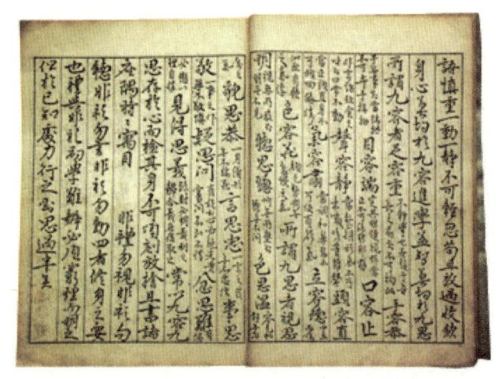

격몽요결 擊夢要訣
율곡 선생이 42세 때 해주(海州) 석담(石潭)에 있으면서 초학자들의 학문하는 방향을 일러주기 위해 저술한 책. 격몽(擊蒙)은 '몽매하여 따르지 않는 자를 깨우치거나 징벌한다'는 뜻이다.

하려고 할 때도 큰 말썽이 붙었다.

공이 생원으로 성균관에 나아가 문묘에 들어가 공자의 위패를 뵈려고 하자 장의掌議 민복閔福 등은 공이 사문沙門이라 하여 알성을 불허함으로…

이렇게 생원이 되었을 때부터 말썽이 붙더니 이이가 홍문관 교리로 임명되었을 때도 시끄러운 일이 없지 않았다.
그래서 이이가 스스로 사직하는 글을 임금에게 바친 대목에서 다음과 같은 구절이 나타난다.

신이 어린 나이에 도를 구하다가 학문의 방향을 알지 못하여 널리 백가에게 두루 구하였으나 … 다행히 하늘의 도움으로 일조에 깨닫게 되니 그(불교)의 속이고 거짓된 파탄이 밝게 드러났사옵고, 이에 신은 창자를 뽑아내고 간을 씻어 내어도 더럽힌 바를 족히 돌이킬 도리가 없어 세상의 버림받은 것을 스스로 단정하였으나….

율곡이 불교에 입문했다가 불교를 버리고 유학으로 돌아오게 된 경로를 스스로 밝히면서,

家貧親老 無以爲養 包羞掩遂作擧 人豈意好官倘來云云…
집은 가난하고 어버이는 늙었으나 봉양할 길이 없어 부끄러움을 무릅쓰며 때(垢)를 가리고서 드디어 과거를 보았습니다. 따라서 그런 소신에게 어찌 좋은 벼슬이 돌아오리라고 생각하겠습니까?

이 문맥에서 분명히 밝혀지고 있는 것은, 왜 과거를 보았느냐 하면 벼슬아치가 되려는 것이 목적이었다는 것과 왜 벼슬길에 나갔느냐 하면 집은 가난하고 어버이는 늙었기 때문에 노친을 봉양하기 위해서라고 밝히고 있다.

이러면 결론적으로 무슨 말이 되느냐 하면 벼슬살이는 가난한 선비들의 생활하는 방법, 즉 생계의 방도가 된다는 뜻이 된다.

농사꾼은 농사를 지으며 살고 장사꾼은 장사를 하여 산다. 훈장은 남의 아이를 가르쳐 주고 그 보수를 받아 살며 벼슬아치는 나라살림을 보아 주고 그 보수를 받아 산다. 글을 읽는 선비는 농사일이나 장사를 못하니 벼슬길에 나가서 글로 녹을 받는 것뿐이다.

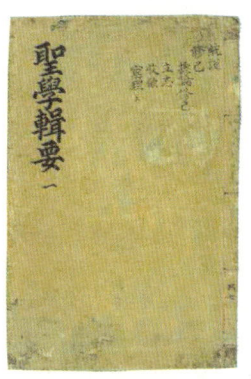

성학집요 聖學輯要

율곡 이이가 40세 때(1575년) 홍문관 부제학 벼슬을 하던 당시 완성하여 선조 임금에게 올린 책이다. 선조가 성군이 되기를 바라는, 그래서 조선이 성인이 다스리는 나라가 되기를 바라는 율곡 이이의 마음을 엿볼 수 있다. 구체적인 내용은 유교 경서 및 중국의 옛 성현들이 남긴 글 가운데 중요하다고 생각한 것들을 주제별로 모아 정리하고, 그에 대한 간략한 설명을 첨부하였다.

그러니 벼슬아치만이 혼자 나라를 다 사랑하고 뜨거운 충성을 공짜로 또 절대적으로 다 바친다고 생각하는 것은 큰 착각이다.

옛날 사람들은 진실로 학문의 길에 매진하여 인격을 닦는 학자들은 적어도 '벼슬길'이라는 것을 그렇게 생각했다.

그래서 먹고 살 방편이 따로 있으면 구태여 영욕이 무쌍한 관해官海에 빠져 허우적거리려고 하지를 않았다.

그렇다면 결국 벼슬아치는 녹을 바라보고 세상에 나오는 사람들이 아닌가?

다만, 장사꾼이 장사를 하되 남을 속여서 제 이익만을 챙긴다면 비리가 되듯이 나라 살림을 맡은 벼슬아치도 공평하고 정당하게 나라 사무를 집행하고, 나의 사私보다 자신이 처해 있는 공도公道의 입장에서 공公을 먼저 생각해야 하는 이도吏道가 있을 뿐이다.

그 이도는 공을 먼저 생각해야 한다. 녹을 받아 생애를 경영하기 위한 생계의 수단으로 벼슬길에 나오긴 나왔지만, 공욕公慾이 아닌 사욕을 차려서는 안 된다는 사명감이 뒤따를 뿐이다.

　이런 사상은 퇴계 이황과 율곡 이이의 벼슬관 문답에서도 자세히 엿볼 수가 있다.

　퇴계 이황은 참으로 인격이 훌륭한 대학자였다.

　그런데 퇴계 이황도 젊어서는 과거로 입신하여 벼슬길에 나아가 단양군수, 풍기군수, 충청도 암행어사 같은 벼슬도 해보았고 나중에는 좌찬성판중추 같은 혁혁한 벼슬도 지내 보았다. 또 죽은 뒤에는 나라에서 영의정까지 추증받은 정승이었다.

　그러나 퇴계 이황이 벼슬길에 처음 나갔을 때는 을사사화 등을 겪은 뒤라서 선비사회가 차분하게 가라앉아 있지 않아 여러 번 벼슬을 버리고 산림 속에 숨으려고 했던 모양이다.

　이황은 청간淸簡하고 맑은 학자였다. 그래서 여러 중신들이 기회가 있을 때마다 벼슬을 버리고 시골로 숨어 들어간 퇴계를 다시 부르도록 임금에게 간청했던 바, 임금도 이런 편지로 이황을 부른 일이 있었다.

　　　　그대는 탁월하여 청간하고 세상에 드문 문장으로 공명을 탐하지 않고 시골로 들어가 한가로이 살고 있으니 그 염퇴恬退한 뜻은 가상하나 짐은 항상 네가 서울로 돌아오기를 기다렸다. 그 동안 짐의 어진 사람 구하는 정성이 부족하여 어진 이들이 조정에 나와 벼슬을 하지 않고 숨으니 내 마음이 결연하여 잊지 못하노라….

　이렇게 간곡히 부르면 마지 못해 올라 왔다가도 틈만 있으면 또 몸에 병이 깊다는 핑계로 관직을 버리고 시골로 숨어 들어갔다.

조선의 선비

이황 李滉 1501(연산군 7)~1570(선조 3).

조선 중기의 중신. 본관은 진보(眞寶), 호는 퇴계(退溪)·퇴도(退陶)·도수(陶搜). 34세에 과거에 급제하고, 예조판서, 우찬성, 대제학 등을 지내고 사후에 영의정으로 추증되었다. 70여 회나 벼슬을 사양하고 학문탐구와 인재양성에 힘써 한국 사상의 큰 줄기를 이룬 대학자이다. 1548년 풍기군수 재임 중 전임군수 주세붕이 창설한 백운동서원에 편액(扁額)·서적(書籍)·학전(學田)을 내려줄 것을 청하여 실현했는데, 이것이 조선시대 사액서원의 시초가 된 소수서원이다.

1560년 도산서당을 짓고 아호를 도옹(陶翁)이라 정하고, 이로부터 7년간 독서·수양·저술에 전념하는 한편, 많은 제자를 길렀다. 이황은 주리론적 사상을 형성하여 주자성리학을 심화·발전시켰으며 조선 후기 영남학파의 이론적 토대를 마련했다. 주요 저서로는 《계몽전의》, 《성학십도》, 《도산십이곡》, 《주자서절요》, 《심경후론》 등이 있다.

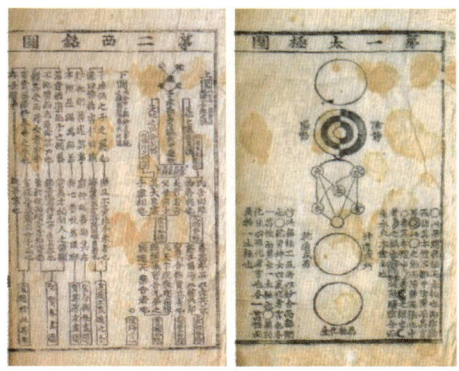

성학십도 聖學十圖
1568년(선조 1)에 이황이 성학(聖學)의 개요를 그림으로 설명한 책. 목판본.
선조가 성군이 되기를 바라는 뜻에서 군왕의 도(道)에 관한 학문의 요체를 도식으로 설명하였다.

그러다가 명종 22년에는 나라에서 간곡히 불러 중국 사신을 그대가 접대하라는 접반사(接伴使)의 일을 맡겨 할 수 없이 올라왔는데 접반사에 임명되기도 전에 퇴계를 부른 명종이 승하하였다.

그래서 퇴계 이황은 조정에 머물러 명종의 행장을 짓고 나니 예조판서를 맡도록 했다. 그러나 퇴계 이황은 예조판서 벼슬은 고사하고 기어이 시골로 내려가기를 고집하였다.

그래서 그 고집을 꺾으려고 율곡 이이가 퇴계 이황을 찾아가 이렇게 문답한 대목이 있다.

"선생님, 지금 나라에는 어린 임금이 처음 즉위하여 어려운 일이 많고 신하는 이런 때를 당해 마땅히 새 임금(선조)에 대한 분의(分義)를 헤아려야 할 것이오니 선생께서는 이런 때에 시골로 물러가실 수가 없습니다."

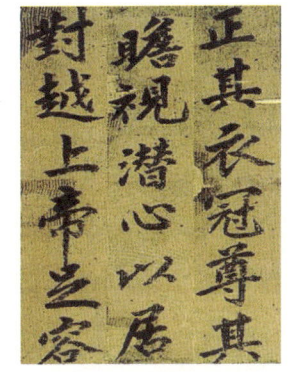

이황의 필적
잘 알려지지 않았지만 퇴계는 담백한 예서부터 활달한 초서까지 막힘없이 구사하는 상당한 명필이었다.
멋을 부리거나 의도적으로 잘 쓰려고 한 글씨가 아니라는 점은 문외한에게도 단번에 느껴진다.

항상 관계 생활에도 학문 생활 못지 않게 적극성을 띠고 있던 율곡은 그렇게 만류했지만 퇴계는 고집을 꺾지 않았다.

"도리로 보면 지금 물러날 수 없으나 내 일신상으로 보면 병이 많고 또 예조판서의 중책을 맡을 재주도 미치지 못하니 물러나지 않을 수가 없소."

그때는 명종이 승하하고 겨우 열여섯 살 된 선조를 밖에서 맞아 오던 판이라서 시골에 숨은 덕망있는 도학자 우계 성혼도 나라에서 여러 번 간곡하게 부르는데도 벼슬을 사양하고 올라오지 않던 판이라서 옆에서 이이의 말을 듣고 있던 손님들이 걱정했다.

"퇴계 선생께서는 이렇게 돌아가시겠다고 고집을 끊지 않고, 간곡하게 부른 우계는 아직도 나오지 않으니 큰일입니다."

그러자 이이가 말했다.

"성혼은 병이 많아 나와도 직무를 견디어 내기 어려울 것입니다. 그러니 병을 무릅쓰고 나오지 않겠다는 우계를 억지로 불러다가 벼슬을 시킨다면 오히려 그 사람을 괴롭히는 일이 될 뿐입니다."

이렇게 좌중을 돌아보고 말하자 퇴계 이황이 반문했다.

"여봐 숙헌, 그대가 성혼에게는 그처럼 후하게 대하면서 어찌 내게는 이렇게 박하게 구하는가?"

"그렇지 않습니다. 성혼이 벼슬하는 길이 만일 선생과 같은 처지라면 일신의 사계(私計)는 족히 돌아볼 것이 못됩니다마는 우계 성혼으로 하여금 말직(末職)에 매어 쫓아다니게 한들 나라에 무슨 도움을 주겠습니까?"

율곡 이이의 생각은 벼슬을 하되 자리를 고려하지 않을 수 없다는 점, 그 직위를 고려하는 이유는 '국가에 공이 되게 하기 위해' 적소에 놓여져야 한다는 생각이었다. 그러니 성혼과 같은 밝은 성리학자를 번잡스러운 말직에 불러 올려 억지 벼슬살이를 시켜 보았던들 국가에 무슨 도움이 되겠느냐는 말을 하고 있다.

"그러나 선생께서는 만약 경연에 나가 임금에게 도리를 강론하신다면 그 도움이 심히 클 것입니다."

이렇게 이이는 퇴계 이황의 고집을 만류하였다.

仕者爲人 豈爲己

　　　　벼슬 한다는 것은 남을 위하는 것이지 어찌 자기 일신을 위한 것입니까.

이 한 마디는 참으로 주목할 대목이 아닐 수 없다. 율곡 이이는 과거를

도산서원 陶山書院
퇴계 이황이 1561년(명종 16년)에 도산서당을 짓고 유생들을 교육하며 학문을 쌓던 곳이다. 이황이 죽은 후 1574년(선조 7년)에 선생의 높은 덕을 추모하기 위해 건립한 서원이다. 1575년(선조 8년) 한석봉의 친필인 '陶山書院(도산서원)'이라는 편액을 하사받아 사액서원이 되었다.
경북 안동시 도산면 토계동 소재.

보는 이유를 '생계'를 위해서였다는 점을 분명히 고백했지만 그 벼슬살이하는 이도 ^{吏道}, 즉 '仕(사)'에는 '爲人(위인)' 하는 것이지 '어찌 자기를 위하는 것이냐$_{(豈爲己)}$'하고 말하는 점이다.

그러자 퇴계는 율곡의 말을 받아 이렇게 주장했다.

仕者固是爲人 若不及人而患切 則不可爲也
　　　　　벼슬이라는 것은 실로 남을 위하는 것이지마는 만약 남에게 이익을 미치지 못하고 자기 자신에게 우환이 절박해 있다면 물러날 수밖에 없는 것이다.

그래서 퇴계 이황은 처음 고집대로 예조판서를 버리고 시골로 물러났다. 절도와 예절을 알고, '위인'하는 길이 당신에게 주어지지 않는다고 생각할 때는 언제든 벼슬에 연연하지 않고 고향으로 돌아갔다.

이황이 을사년 3월에 우찬성으로 있다가 병으로 인하여 사직하고 고향으로 돌아가게 되니 임금이 편전으로 불러 인견하고 … 대궐을 하직하자 조사(朝士)와 유생들이 나와 전송하였는데 성내 사람들이 다 나온 듯하였다. 사람들이 퇴계를 붙들고 만류하여 사흘 동안 강 위에서 묵고야 남으로 돌아갈 수 있었다.

결국 청백리는 뭐냐 하면 퇴계 이황의 '물러나는 용기'에서도 배울 바가 적지 않았다. 즉 벼슬자리 자체에 대해서 욕심을 연연히 얽어 놓고 있지 않는 것도 청백리의 길이기 때문이다.

조선의 선비 백인걸
白仁傑

대의를 위해
핏줄도
잘라내다

휴암休菴 백인걸白仁傑은 선조 때 직제학, 대사간, 대사헌 등을 역임한 청백리였다.

 백인걸은 그런 청직淸職 이외에도 이조참판, 공조참판, 동지의금부사, 우참찬 등을 거쳐 여든한 살로 세상을 떴지만 그는 혁혁한 관운을 타고 출세를 했던 인물은 아니었다.

 물론 권신이나 훈신 또는 척신들이 아닌 다음에야 순수한 학자 출신 관료로서는 누구나 그렇게 승승장구 하듯이 벼슬길에서 현달하는 예는 극히 드문 일이었다.

 권신이나 문벌이 좋은 집 자손들은 나이 서른 살도 되기 전에 정2품 판서 벼슬에 오른 예가 드물지 않았고, 세월을 잘 타 밝은 임금을 만나면 조광조나 율곡 같은 학자처럼 섭섭지 않은 벼슬로 출세해서 이름을 날린 관료도 적지 않았다.

 그러나 대사헌 백인걸은 기묘사화, 말죽거리 벽서사건 등으로 파면과 은

백인걸 白仁傑 1497(연산군 3)~1579(선조12).

조선 중기의 학자. 본관은 수원, 호는 휴암(休菴). 조광조의 문인이다. 송인수, 유희춘·이이·성혼 등 당대의 사림계 인물들과 널리 교유하였다. 예조좌랑을 거쳐 남평현감과 1545년(인종 1) 호조정랑이 되었으며, 1567년 양주목사, 1568년(선조 1) 기대승의 건의로 특별히 뽑혀 대사간에 임명되었다. 같은 해 공조참의·대사헌을 역임하고 뒤에 병조참판이 되었다. 이밖에 공조참판 등을 지냈다.

1579년 지중추부사로 있으면서 이이와 함께 동서분당의 폐단을 논하고 진정시킬 것을 주장하였으나 서인을 편든다는 공격을 받았다. 동지춘추관사(同知春秋館事)로《명종실록》의 편찬에 참여하였다. 저서로는《휴암집》이 있다.

둔, 귀향살이를 전전하는 동안 환갑, 진갑이 다 넘도록 한 번도 변변한 벼슬 자리에 올라가 보지 못했다.

남평현감이나 호조좌랑 같은 요즘으로 치면 중앙청 과장 정도에서 맴돌다가 나이 일흔한 살 때인 명종 22년에 비로소 교리 벼슬을 맡아 세상의 화제가 되었다.

교리라는 자리를 선비들은 판서 자리보다도 명예롭게 아는 풍습이기는 했다. 그래서 요즘도 자기집 조상 잘난 자랑을 한다.

"우리 집 몇 대조 할아버지는 아무아무 판서를 했다."

"우리 집 아무 할아버지는 함경감사를 세 번 지냈다."

이런 식으로 끗발을 세우지만 진짜로 양반 집안의 뼈대를 인정해 주는 사람은 "우리 할아버지는 홍문관 교리 벼슬을 지냈다."하면 문벌 좋은 학자 집안인 줄을 알 만하다고 얼른 딸을 시집 보냈던 것이다.

그만큼 교리라는 자리가 권세나 품계로는 대단한 것이 아니고 깨끗한 문벌, 학자의 벼슬로서는 최고라고 해도 '나이 일흔한 살의 교리'라면 너무 늦지 않은가?

그런데도 휴암 백인걸은 일흔한 살에야 교리 직책을 맡았지만 철저하게 몸을 임금에게 맡긴 신하로 자처하여 의를 버리지 않고 의연하게 살았다.

백인걸은 원래 개성 백씨였다가 나중에 본관을 수원으로 옮겨 수원 백씨가 된 집안인데 살기는 경기도 용인 땅에서 많이 살았다.

아버지는 왕자 사부^{師傅}였던 백익견, 그러니까 휴암 백인걸은 부사 백인호의 아우이자 이조참 백유양의 작은 아버지가 된다. 그리고 백인걸의 아들 백유함은 이조정랑 자리만 두 번이나 역임하다가 직제학이 되었던 청백리였다.

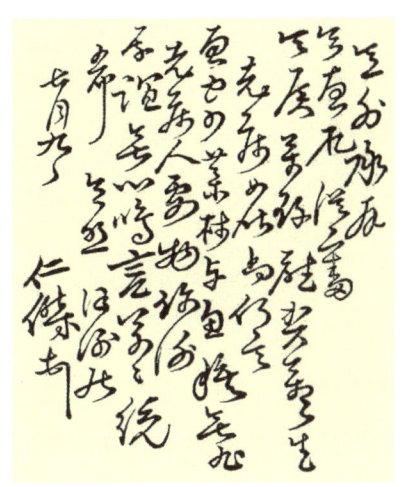
백인걸의 필적

휴암 백인걸이 세상에 태어나서 돌도 지내기 전에 아버지 백인견이 세상을 떠났다. 그때부터 이 집안은 몰락과 가난의 수렁에 떨어져 심한 생활고에 시달려야 했다. 왕자 사부라면 장차 임금이 될 왕자에게 글과 행동규범을 가르치는 학자였으니 인격적으로 남달리 깨끗하고 훌륭한 훈도였던 것은 당연하다. 또 장차는 '임금의 스승'으로서 높은 대접을 받고 영화를 누리게 되리라는 것도 떼어 놓은 당상이다. 그런 모범적인 학자였다고는 하지만 적어도 왕궁을 출입하는 벼슬아치가 무얼 못 먹어 보리죽을 먹다가 나중에는 처자의 배를 굶리는가?

그래서 겨우 집 한 칸을 의지해 보리죽으로 살다가 영감이 죽자 백인걸의 어머니 되는 모부인은 그야말로 바느질 품을 팔아가면서 어린 자식을 거두었던 것이다.

공은 돌도 지나기 전에 아버지를 잃었다. 그러나 어려서부터 영특하고 효성과 우애가 뛰어났다. 공의 어머니는 방 하나를 빌려 살면서 매일 바느질 품을 팔아 생활을 하느라고 밤을 뜬눈으로 새우는 때가 많았다. 그럴 때 공은 아직 어린 몸으로 바느질 하는 어머니 옆에 앉아 모시면서, 어머니가 잠자리에 든 뒤에야 잠을 잤다. 이에 어머니는 늘 불을 켜놓고 잠을 자는 체 하면서 공을 먼저 잠재워 놓고 몰래 일어나서 바느질을 계속하였다.

훌륭한 학자의 부인이요, 눈물나는 양반집 마님의 생애였다. 백인걸의 어머니는 남편이 죽은 불행에 겹쳐 살던 중 집 한 칸마저 헐리고 말았다. 황음荒淫과 황난荒亂에 빠진 연산군이 공연히 궁궐을 확장하고 사냥터를 늘리기 위해 백성들의 집을 철거하였던 탓이다. 그 통에 집이 헐리자 백인걸의 어머니도 셋방을 얻어 양반들의 관복짓는 바느질 품을 팔아 자식을 가르쳤던 것이다.

그렇게 어머니가 바느질 품을 판 학자學資를 들고 백인걸은 당대의 유명한 학자들을 모두 찾아다니며 글을 읽었다. 정암 조광조 밑에서 글을 읽기도 했고 모재 김안국에게서 글을 배우기도 했다.

그런데 그가 한창 뻗어날 나이던 스물두 살 때 기묘사화[32]가 일어나 스승인 조광조 등을 잃게 되었다. 그래서 백인걸은 세상에 뜻을 잃고 혼자 금

---

(32) **기묘사화**
1519년(중종 14) 남곤·홍경주 등의 훈구파에 의해 조광조 등의 신진 사류가 축출된 사건을 말한다. 중종반정으로 등극한 중종은 명망 있는 신진 사림파를 등용하였는데 훈구파와의 갈등은 '주초위왕(走肖爲王, 조(趙)씨가 왕이 된다) 사건을 일으켰고 신진 사류의 급진적·배타적인 태도에 염증을 느낀 중종은 결국 신진사류를 몰아내었다.

강산으로 숨어 들어가 살다가 마흔 살이 다 된 뒤에야 다시 세상에 나와 과거를 보았고 조정에 나가 벼슬을 했지만, 원체 성미가 개결해서 친구들이 보내 주는 음식으로 배를 채우는 일이 허다했다. 참으로 무능하고 따분한 학자관리였던 것이다.

그런데 백인걸은 소시 때부터 허자許磁와 이웃에 살면서 서로 정의가 두텁게 지냈다.

허자는 백인걸 보다 한 살이 손위인데 소년 시절에 모재 김안국의 문하에서 함께 글을 읽었던 동창인 셈이었다. 그러나 허자는 중종 11년 나이 스무 살로 생원에 오르더니 곧 알성문과에 합격하여 박사, 수찬을 거쳐 이조정랑을 지내고 있었다.

그러다가 예조판서, 형조판서, 대사헌, 한성판윤 등을 거쳐 인종 1년에는 공조판서가 되었다. 그리고 인종이 죽고 그 해에 명종이 즉위하자 호조판서가 되었다.

말하자면 백인걸과 같이 한 스승 밑에서 글을 읽었지만 허자는 요령이 좋아 세상 바람을 잘 타는 사람이었다.

허자는 그때 그때 시세를 거스리지 않고 연처럼 바람을 타 항상 당로자들과 한패가 되어 살아왔다.

그래서 언제나 귀양길과 가난의 불운에 허덕이며 사는 백인걸과는 대조적으로 허자는 늘 살림도 넉넉하고 권세를 쥐는 쪽에 서서 지냈다.

그러다가 윤원형 등 소윤의 한패가 되어 대윤인 윤임을 내쫓았고 을사사화를 일으키는 장본인이 되어 3등 위사공신이 되기도 했다.

이러니 세상을 '살아 가는 길'로 보아서는 허자와 백인걸은 서로 물과 기름같은 처지가 될 수밖에 없었다.

용주서원 龍州書院
파주 월롱산 기슭에 위치한 용주서원은 백인걸 선생의 학문과 덕행을 기리고자 건립된 서원이다. 1598년(선조 31) 백인걸 선생이 관직에서 물러난 후 학문과 후진 양성에 전념했던 옛 집터에 지방 유림들이 서원을 세우고 사당을 지어 위패를 모셨다. 파주시 월롱면 덕은리 소재.

    허자가 을사사화를 일으켜 공신이 되고 출세를 했을 때 백인걸은 세상을 버리고 금강산에 숨어 들어간 것도 그 때문이었다.
    그런데도 인간적으로는 백인걸과 허자는 서로가 떨어질 수 없는 가까운 친구였다. 허물이 없이 아끼며 집도 앞뒤에 나란히 짓고 아침 저녁으로 서로 내왕하며 우정을 나누는 사이였다.
    그래서 허자는 항상 가난과 굶주림에 시달리는 백인걸에게 조금만 별난 음식을 해도 꼭꼭 보내 주었고 부엌에 양식이나 나무가 떨어지면 허자는 자기집 행랑방 종들을 시켜 말없이 백인걸의 집 부엌에 나무나 양식을 넣어 주곤 했다.
    그래도 세상에 그렇게 결백하기로 유명한 백인걸이요, 쇠털을 뽑아 제 구멍에 도로 박도록 소심하고 판판한 백인걸인데도 "허허, 동애東涯가 또 음식을 보냈구나…"하고 웃고 받았던 것이다. 그만큼 허물을 두지 않는 사이였다.

그런 동애 허자의 입장에서 보면 백인걸의 불운이 항상 마음에 걸렸다. 조금만 꼿꼿한 기운을 죽이고 아유구용$^{阿諛苟容(33)}$ 하면서 세태에 영합을 하고 자기처럼만 적당하게 처세를 한다면, 무엇 때문에 하루 밥 세 끼를 걱정하면서 살겠는가?

公與許磁 爲隣交契甚厚 許得異味 必以分 知公貧也…

속이 막혀 융통성 한점 없이 사는 꼬장꼬장한 선비 백인걸의 가난이 보기에도 딱했다.

그래서 을사사화 때도 처음 왕궁에서 윤원형에게 밀지를 내려 큰 일을 벌일 때, 먼저 대사헌 민제인과 대사간 김광준이 윤원형의 뜻을 거스르지 않고 순응해 따랐고 허자도 그 일당이 되어 장차 윤임 등의 대윤을 역적으로 몰아낼 모의를 하고 있었다.

이때 허자는 술상을 걸게 차려 밤중에 친구 백인걸을 초청했다.

"여봐, 자네가 이번에는 내 말을 좀 듣게!"

"무언데?"

"내일이면 대간^{台諫}에서 왕궁의 비밀 지령에 대해 왈가왈부하고 크게 논

---

(33) **아유구용** 阿諛苟容
다른 사람에게 아첨하여 구차스레 구는 모양.

란이 벌어질 것일세…."

"……."

백인걸에게 문정왕후가 내린 밀지를 반대했다가는 신상에 이롭지 못할 것을 미리 귀띔해 주었다. 문정왕후의 뜻을 거스르는 입을 놀렸다가는 왕후의 노여움을 사 벼슬자리에서 쫓겨나 죽임을 당할 것이라는 정세를 자세히 설명하고 "그대는 집에 늙은 어머니가 계시니 불행한 일을 겪지 않길 바라네!"하고 당부를 한 것이다.

나라의 법에 몰려 죽임을 당하더라도 늙은 부모가 없는 사람은 바른 말을 바르게 하다가 죽어도 걸릴 것이 없다. 그러나 집에 늙은 부모가 있고 보면 입장이 약해지는 것이다. 부모가 당할 놀라움과 괴로움을 생각해 자식이 곧은 지조를 꺾고 세태에 영합하는 수가 있었다. 그래서 죽음을 건 상소를 할 때 늙은 부모를 모시고 있는 신하는 열 번 스무 번 더 생각하고 조심을 하는 것이다.

더구나 백인걸처럼 돌도 못 된 자식을 바느질 품을 팔아 공부시킨 어머니를 모신 입장은 이런 때 더욱 괴롭지 않을 수가 없다.

그래서 허자는 백인걸의 그 약점을 들어 또 충심에서 우러나는 우정에서 백인걸을 자기쪽으로 끌어 넣으려고 간곡히 설득을 시도했던 것이다.

그러나 백인걸은 묵묵히 앉아 술잔을 다 받아 마시더니 한 마디로 이렇게 대답하는 것이었다.

"이미 내 몸은 임금께 바쳤는데 어찌 사사로이 늙은 어미를 생각할 수 있는가?"

이 한 마디가 청백리 백인걸의 사생관이기도 했고 이도관 吏道觀 이기도 했다.

남자가 세상에 태어나 한 번 '벼슬길'에 나왔을 때는 '몸'을 이미 임금, 즉 '나라'에다 바친 것이라는 것이다. 아무리 효성이 출천한 자식의 입장이라도 '몸을 바친 나라'에 먼저 최선을 다한다는 뜻이었다.

요즘 말하는 '先公後私(선공후사)'나 '滅私奉公(멸사봉공)'한다는 뜻에 통하는 생각이었다. 그러자 허자도 더 이상 백인걸을 유혹하거나 위협할 수가 없었다.

그래서 허자도 묵묵히 앉아 있다가 술잔을 건네면서 말했다.

"그럼 내일이면, 자네가 죽을 것일세."

백인걸은 그 쓴 술잔도 아무 말 없이 받아 마시고 자리에서 일어섰다. 그러자 허자는 대문 밖까지 따라 나오면서 백인걸의 손목을 쥐고 눈물을 흘리며 말했다.

"할 수 없다. 내일이면 자네는 군자가 되고 나는 소인이 되는구나…."

그만큼 소인도 소인되는 줄을 알면서 세상을 살았으니 허자의 인생살이, 벼슬살이도 힘든 일이 아닐 수 있겠는가?

그런데 우리는 여기서 한 가지 생각해 볼 문제가 있다. 이도吏道, 즉 공도公道라는 것이 얼마나 어렵고 험난한 길인가를 불우하게 평생을 산 백인걸의 생애에서 더욱 처절히 느끼게 된다는 점이다. 청백리 백인걸은 생활은 가난하고 언관言官의 입장으로서는 항상 비극과 죽음이 엇갈린 베개를 베고 자는 대의를 잊지 않아야 했다.

백인걸은 스승인 모재 김안국이 여주에서 외롭게 지내자 한림 벼슬에서 스스로 여주목사를 자원해서 나갔다. 그리고 그 고을에서 고생하는 옛 스승을 몸소 보살폈으며 양주목사로 나가서도 청백리로서 어찌나 어진 정사를 베풀었던지 백성들이 다음 민요까지 지어불렀다고 기록되어 있다.

백인걸 묘역

백인걸의 묘역은 봉분 앞에 상석과 향로석이 놓여 있다. 그 앞에는 장태석으로 단을 쌓았으며 단 아래에는 묘소임을 알리는 표지인 망주석, 무덤을 수호하기 위해서 세우는 문인석, 죽은 사람의 명복을 빌어 주는 장명등이 있다. 묘비는 봉분의 정면 좌측에 위치하고 있다.
신도비는 묘소 아래에 있는데 송시열이 비문을 짓고, 송준길이 글씨를 쓰고, 김수항이 전액(篆額)을 썼다. 이웃 덕도리 마을에 백인걸이 양주목사 시절 선정을 베풀어 주민들에 의해 건립된 비가 있다. 경기 양주시 광적면 효촌리 산26 소재.

白雪云白 與君同白 心乎愛矣 胡不爲傑

흰 눈의 흰빛은 임과 같이 희도다. 마음속으로 사랑하노니 어찌 걸^傑이 아닐소냐.

이렇게 깨끗하고 어진 학자이자 청백리이면서 출천^{出天}한 효성과 우애를 지녔지만 백인걸은 공도^{公道}를 내세워 바로 자기의 형과 조카를 남보다 먼저 '죽이라!'고 말하지 않을 수가 없었다.

선조 22년(1589)에 소위 정여립 모반사건⁽³⁴⁾이라는 것이 터졌을 때였다. 전주 사람으로 호방한 양반이던 정여립이 잘난 재주를 제대로 써주는 임금이 없음을 한탄하고 '나도 임금 한 번 하겠다.'고 역적모의를 하다가 발각되었던 사건이다.

그때 정여립 모반사건에 백인걸의 조카이던 부제학 백유양의 아들 백수민이 정여립의 형 정여홍의 사위가 되어 먼저 사형을 당했었다.

아들이 역적모의로 죽음을 당하자 부제학 백유양도 관직에서 물러나 겨우 목숨을 부지하는데, 이번에는 바로 백유양의 작은 아버지와 사촌인 백인걸·백유함 부자의 탄핵을 받고 결국 백유양은 장살^{枕殺}을 당하고 말았다.

일이 이렇게까지 된 집안 형제끼리의 '핏줄의 내막'은 우리가 지금 짐작

---

(34) **정여립 모반사건**
1589(선조 22)년 정여립이 왕권의 세습이나 독점을 비판하며 왕위 찬탈을 목적으로 일으킨 사건이다. 그가 자결한 직후 그와 관계된 천여 명의 서인들이 죽임을 당하는 기축옥사가 일어난다. 서인 세력이 당시 정권을 잡고 있던 동인을 내몰기 위한 희생양으로 정여립을 선택했을 것이라는 설이 있다.

파산서원 坡山書院
조선시대 학자 성수침과 그의 아들 성혼, 아우 성수 및 백인걸의 위패를 봉안하고 후학을 양성하던 곳이다. 1568년(선조 1)에 이이, 백인걸 등 파주 지역 유생들의 주창으로 창건되었고 1650년(효종 1)에 사액(賜額)을 받았다. 조선 말기 흥선대원군이 실시한 서원철폐령 때에도 남은 47개 서원 가운데 하나이다. 경기도 파주시 파평면 늘노리에 있다.

해 밝힐 수가 없다. 그러나 백인걸이나 그의 아들 좌부승지 백유함은 모두 우애와 효성이 뛰어난 인물들이었다.

더구나 바느질 품팔이로 자식들을 공부시켜 벌족(閥族)을 만든 노모가 아직 살아 계신데 아무려면 그 늙은 어머니의 마음을 생각해서라도 '큰 집'을 살려내는 방도를 구해야 했다.

그러나 그렇게 할 수 없는 것이 백인걸의 공도요, 언관의 양심이었다. 그는 눈물을 머금고 연일 탄핵하여 역적모의에 가담했던 혐의로 '큰 집'을 깡그리 죽게 만든 것이다.

그래놓고는 괴롭고 괴로운 자기 의식을 반추하며 어머니에게 불효를 저

질렀지만 그렇기 때문에 꼿꼿한 선비의 공도가 어려운 것인 것을 보여 주지 않았는가?

비록 자기 핏줄을 잘라내는 고통을 맛보면서도 대의는 소절^{小節}보다 앞서기 때문에 백인걸은 배고프고 가난한 괴로움의 열 배, 스무 배나 되는 고통을 견뎌내야 했다.

그런 비극에 비하면 백성을 괴롭혀 사복^{私腹}을 살찌우지 않는 청백리의 이도는 오히려 한 단계 낮은 공도였다. 그래서 쓴 잔을 마시며 공도를 지키다가 83세로 죽은 백인걸을 보내며 송강 정철은 만사^{輓詞}를 지어 보냈는데 그 글이 이러했다.

孤忠一代 無雙士
獻納三更獨啓人
山岳降情生此老
歸天應復作星辰

외로운 충정은 당대에 둘도 없는 선비였네.
헌납으로 있을 때는 한밤중에도 혼자서 말을 올린 곧음이여
산악의 정기로 이 노인이 태어났으니
응당 하늘에 돌아가서도 빛난 별이 되리로다.

조선의 선비 **민성휘** 閔聖徽

한 밥상에
두 가지
고기 반찬을
올리지 않는다

흔히 전해오는 도씨전^{盜氏傳} 속설^{俗說}에는 '도둑학' 입문서로 이런 얘기가 있다. 도둑질을 하려거든 그 집 안에 들어가기 전에 먼저 대문 뒤에 숨어서 봉당 위에 놓인 그 집 식구들의 신발을 보아라.

만약 신발이 가지런하게 놓였거든 들어가지 말고, 신발이 아무렇게나 흐트러져 있거든 안심하고 들어가 물건을 훔쳐라. 신발이 가지런하게 놓여 있으면 그 집 식구들의 마음가짐에 흐트러짐이 없으니 도둑이 들어가도 꼭 들킨다는 뜻이다.

나라 살림도 일반이다. 난세가 되면 관리들의 기강이 해이해져서 그 관리들은 '갓 쓴 도둑'으로 변해 백성을 괴롭히는데, 가위^{可謂} 호랑이에게 날개를 달아준 것만큼이나 무섭게 군림한다. 고려 말이나 구한말 민씨세도 시절의 탐관오리 세상이 바로 그런 범주에 들었다.

그런데 조선 중기 인조 때의 인물로 평안감사를 지낸 민성휘라는 사람이 있었는데 그는 그런 난세에 여러 어려움을 겪으면서도 '평양감사 생사당^生

조선의 선비

祠堂'을 백성들이 세워줄 만큼 깨끗한 청백리였다.

　용졸당用拙堂 민성휘閔聖徽(35)는 정랑 민유부의 아들로 스물여덟 살 때 과거에 올라 사관으로서 관리 생활을 출발했다.

　그 후 8년 만에 행호군行護軍 11년 만에 사용司勇을 거쳐 인조가 즉위한 후에야 약간 햇빛을 받아 우부승지, 개성부 유수 등으로 발탁됐다.

　그러다가 안동부사, 평안감사, 함경감사 등 외직을 주로 담당했고, 평안감사는 2번이나 역임하면서 많은 치적을 남겼다.

　　　　용졸당 민성휘는 성품이 부지런하고 재주가 민첩하였다. 밖으로
　　는 큰 도道, 안에서는 일은 부서部署에서 소송하는 사람이 뜰에 가득 차고 그
　　문서가 책상 위에 높이 쌓였어도, 용졸당은 항상 눈으로는 문서를 보고 귀
　　로 송사를 들으면서 왼쪽으로 수작하고 오른쪽으로 응답하며 그 소송의
　　요점을 들어 판결하였지만, 재판은 하나도 틀리거나 잘못된 것이 없었다.

　그 당시의 관찰사라는 직책은 지금의 지방 장관인 도지사인 셈이지만 그때 관찰사는 행정구역도 넓었을 뿐만 아니라 절도사와 수군절도사를 겸하고 있어서 행정관할구역 안에 있는 군권을 장악했고 경찰권과 징세권 그리고 무엇보다도 중요한 재판권의 최고 책임자였기 때문에 그 권한이라는 것

---

(35) **민성휘** 閔聖徽 1582(선조 15)~1647(인조 25).
　　조선 중기의 문신. 본관은 여흥. 호는 졸당(拙堂)·용졸(用拙). 시호는 숙민(肅敏). 1609년(광해군 1) 증광문과에 병과로 급제하여 승문원에 보임되고, 사관·행호군·사용을 지냈으나, 조정 내의 부조리를 보고 외직을 희망하여 강원도사·영변판관과 금산·여주의 목사를 지냈다. 1623년(인조 1) 인조반정을 계기로 내직에 들어와 동부승지, 우승지, 전라도 관찰사, 형조참판을 지냈다.

은 막대했다.

 여기다 평안감사라는 자리는 감사 중의 감사였다. 엽전과 기생이 항상 이부자리 밑에 깔려 있어 속담에도 '평안감사 1년이면 평생 먹을 것이 생기고, 평안감사 3년이면 3대가 먹고 살 돈이 나온다.'고 했다.

 또 좋고도 좋은 자리가 평안감사였기 때문에 '평안감사도 저 하기 싫으면 그만이다.'고 했다.

 이런 평안감사를 두 번이나 한 민성휘였지만 그의 뛰어난 재주나 기국器局은 '묘당廟堂의 그릇'으로 쓸 만한데, 민성휘는 항상 외직으로만 쫓겨다녀 큰 포부를 펼 수 없었다고 오리梧里 이원익(36) 같은 노신도 탄식을 했다.

 그때는 청나라와의 난리가 계속된 데다가 안에서는 간신인 이이첨 등이 정권을 잡고 못된 짓을 하고 있었기 때문에 민성휘는 일부러 외직을 얻어 항상 밖에 나가 있었다. 그 외직 중에서도 군사상으로 어렵고 백성들이 많이 시달리는 평안도, 함경도로 나가서 백성들을 잘 위무하고 다스렸던 목민관이었다.

 용졸당 민성휘가 평안감사로 나가 있을 때였다. 인조 15년(1637), 그가 두 번째로 그 고을에 부임했는데 마침 평양 대동강 선교리 나루까지 순시를 나왔다.

 "비켜라, 이놈들아 비켜!"

---

(36) **이원익** 李元翼 1547(명종 2)~1634(인조 12).
조선 중기의 문신. 본관은 전주, 호는 오리. 키가 작아서 '키 작은 재상'이라 불렸다. 임진왜란 때 큰 공을 세워 영의정에 올랐고, 대동법을 실시하였다. 다섯 차례나 영의정에 올랐지만 매우 가난하여 지붕에 비가 샐 정도로 청렴결백하였다.

"누군데 비키라고 개 뒷다리로 벼룩 털듯 야단이오? 배는 차례차례 타고 강을 건넙시다!"

"안 된다. 여기는 급한 어른을 모신 행차다!"

"아무리 급해도 우리도 배 한 번을 타려고 한나절이나 이 나루에 나와 기다렸소! 차례대로 탑시다!"

이렇게 강변 나룻가에서 백성들은 서로 먼저 대동강을 건너가려고 아우성이었다. 배 한 척을 두고 수백 명 군중들이 서로 어우러져 다투고 싸우는데, 어디서 기생을 태운 웬 양반 행차 하나가 힘센 종 수십 명을 거느리고 천둥에 미친 개 뛰어들 듯이 들이닥쳤다.

"잔소리 마라. 아가리를 벌리는 놈은 주둥이를 확 쨀란다!"

"이놈들 썩 물러나라!"

딱부리 왕눈을 부릅뜬 완력으로 먼저 나와 있는 백성들을 몰아버리는 것이었다.

구종驅從 하나와 통인通引 녀석 하나, 늙은 판관 등 겨우 서너 사람만 거느리고 나루에 나왔던 평안감사 민성휘도 뭇 백성들에 끼어 있다가 그 요란스런 양반 행차에 한쪽으로 밀려나고 말았다.

그 양반의 행차는 여러 백성들을 쫓아내더니 가마에다 태우고 온 기생 첩실을 안동하고 유유히 배를 저어 대동강을 건너고 있었다.

백성들은 행패를 부리는 양반이 먼 강 가운데로 떠나가 버리자 안 듣는 데서 소곤거리기 시작했다.

"흥, 제가 양반은 무슨 놈의 양반이냐?"

"그러게 말이야. 평안병사인지 안주병사인지에 딸을 첩으로 시집 보내더니 그 사위 권력을 자세하고 온갖 행패를 안 부리나?"

191

"에라, 저렇게 행차를 자세하는 놈한테 평안관찰사 출도요! 소리나 한 번 났으면 얼마나 속시원해?"

"듣자니, 시방 평안감사 아무 대감이 호랑이 노릇으로 나쁜 양반 놈들은 혼을 내주고 우리 같은 상놈은 잘 살려준다는데 감사또 나리가 이런 때 출도했으면!"

"그렇지만 감사 행차가 오려면 시위소리에다 군악대 청도기淸道旗가 펄렁거리는 거 아닌가? 한데 이렇게 말짱한 날 평안감사가 오실라구?"

"그래도 모른다. 요새 새로 온 평안감사는 행차 때 일산日傘도 안 받고 다닌다네!"

"어찌 되었건 평안감사나 한 번 나오소서!"

이렇게 상투 끝에 검불이 붙은 한 늙은 백성이 군중들 속에서 말했다.

"평안감사 출도요!"

"평양감사또 어른 납시오!"

목 쉰 소리로 구종 따라 다니는 중늙은이가 하나가 군중 속에서 외치는 것이었다.

"엉? 평안감사 출도?"

"평양감사가 어디 와?"

백성들은 멀리 나루터 길머리 쪽을 보면서 평안감사 행차를 구경하기 위해 일제히 놀란 시선을 돌리는데 "평안감사 출도요!" 소리와 함께 웬 꾀죄죄한 말 한 마리를 타고 서 있는 늙은이 앞에 구종들이 무릎을 꿇고 엎드리는 게 아닌가?

그제야 군중들은 평안감사가 자기들과 함께 섞여 있었던 것을 알아차리고 소스라치게 놀라며 흩어지고 말았다.

"너희는 놀라지 말라. 그리고 통인은 급히 나루를 건너가 백성들에게 행패를 부리고 떠나고 있는 저 양반이라는 작자를 잡아 옥에 가두도록 조치하라!"

그 소리에 군중들은 일제히 일어나 큰 절을 하면서 평안감사 민성휘의 얼굴을 우러러 보며 목메어 울었다.

任關西 行干都邑 不乘轎 不張盖 食無重味 或曰 以道主之尊 乃草薄如是耶 公曰 我布衣時 食猶不繼 今此供奉 無己泰平

공은 평안감사로 있을 때 각 고을을 순시하면서도 교자를 타는 일이 없었으며 일산도 받지 않았다. 밥상에는 언제나 두 가지 고기를 올려 놓지 못하게 하였다.

요새나 옛날이나 '사람'이라는 것은 첫째 잘난 맛에 산다. 그 잘난 맛을 남 앞에서 으스대기 위해서 올챙이 배를 떠모시고 고급 요정을 출입하며 몇백만 원짜리 어음을 휴지조각처럼 척척 끊어서 쓰고, 열 발만 행차를 놓으려고 해도 자동차가 아니면 움직이질 않는데 한 대에 몇 천만 원짜리 승용차를 타고 다니는 사장님들도 많이 있다.

사실 돈냥이나 주무르면 없던 자들도 새 버릇이 생겨 자가용부터 타고 다니면서 어깨를 뽐내고 누가 더 비싼 골프채를 들고 좋은 차를 몰고 다니느냐로 잘난 도수를 자랑한다.

마찬가지로 첫날의 관원(官員)들도 행차를 할 때는 잘난 맛과 높은 맛을 심히 과시했었다.

"에잇, 쉬이 물렀거라!"

"이놈들, 나지 마라!"

창살을 꼬나 쥔 군사들이 앞장을 서 위엄있게 청도淸道를 한다. 그럴 때 군사들은 청도기를 내세우고 불꽃 같은 벼락을 떨치는 것이며 사또는 가마나 말을 타고 나가는데 사또 얼굴이 햇볕에 그을리는 것을 막기 위해 뒤에서는 요즘의 비치파라솔과 같은 큰 일산을 받쳐들고 종이 따라가는 법이다.

그래서 사또는 '일산 그늘에 귓불이 하얗게 드러나고 목소리에는 위엄이 붙어 느릿느릿 나온다'는 것이다.

촌백성 눈으로 보기에 오죽 구경거리가 좋았으면 '사또 떠난 뒤에 나팔 분다'고도 하고 '사또 덕분에 나팔 불어본다'고 했겠는가?

그만큼 사또 하나가 행차를 하자면 한 고을의 길바닥이 들썩들썩 산천초목이 떠는 법인데 감사 중의 감사인 평안감사가 나들이를 하자면 오죽하겠는가?

그런데 평안감사 민성휘는 행차를 할 때 보교를 타지도 않았고 일산을 받지도 않았다.

또 그처럼 겉으로 나타나는 행차를 시끄럽게 꾸미지 않았을 뿐만 아니라 그는 백성들의 수고로움을 생각해 한 끼 밥상에 두 가지 고기를 올려놓지 못하게 했다는 것이다.

지금은 어디를 가나 고기가 흔하고 흔하다. 또 어찌나 고기를 험하게 먹어대는지 암소갈비를 뜯다가 곱창구이, 불고기, 염통구이로도 먹고 그것도 모자라면 쇠고기를 외국에서 수입해서라도 고기 양을 다 채우고 산다. 누구나 돈만 있으면 하루에 소 한 마리씩이라도 잡아 먹으면서 '육식'을 즐길 수가 있다.

그러나 옛날에는 그럴 수가 없었다. 요즘이야 불고기요, 암소갈비요, 염통구이지 일제시대까지만 해도 불고기나 염통구이를 먹고 살아본 사람은 1천 명에 한 사람도 못되었다.

그래서 옛날에는 '肉食(육식)'이라는 단어 자체가 '벼슬아치가 된다'는 말로 통했다. 즉, 고기를 먹고 산다는 말은 벼슬아치가 된다는 뜻이었다.

이처럼 벼슬아치가 되지 못하고서는 밥상에서 '肉味(육미)'를 맛보며 살기가 극히 어려웠다. 일반 백성들은 제 할아비 제삿날이나 돼야 명탯국 한 그릇을 얻어 먹을 둥 말 둥 했지 그나마 쇠고기 맛을 볼 수는 없었던 것이다.

그러나 한 고을의 주인이 되면 육미를 마음대로 하고 살 수 있었다. 원님이 먹는 것은 법이 정한 '官食(관식)'으로 그 고을 백성들이 책임지고 공양을 하는 것이다.

그래서 원님이 되면 돈 한 푼 안 들이고 고을 안에 있는 관비(官婢)나 예쁜 기생들을 골라가면서 요강꼭지처럼 밤마다 잠자리 시중을 들게 했으며, 산해진미로 개다리상이 다리가 휘어지도록 걸게 차린 술상과 밥상을 받아 아랫배에 기름이 끼는 법이다.

그런데 평안감사 민성휘 영감은 한 끼니에 멸치반찬이면 멸치반찬 한 가지, 노루고기나 꿩고기면 노루고기나 꿩고기 하나로 국한시켰지 노루고기 국에다 꿩고기 탕, 조기 매운탕에다 닭다리 구이 등을 함께 차려 내놓지 못하게 했다는 것이다.

이렇게 '한 지방의 주인'인 높은 관찰사로서 한 밥상에 두 고기를 올려놓지 않고 항상 흔한 푸새나물 뿐이라 그 밑에 있는 아전이나 육방 관속들이 마음대로 고기를 먹고 살 수가 있는가?

그래서 아전들은 장작개비처럼 삐쩍 마른 말라깽이 뾰족턱을 들고 이렇게 아뢰었다.

"사또, 평안감사 자리는 여느 자리와 다릅니다."

"무엇이 다른고?"

"관서關西 지방이라서 항상 오랑캐의 침노를 대비하여 사또는 전복을 입고 고을을 도시며…."

"그렇지!"

"말을 타고 군사조련을 많이 하오니 체력을 길러야 하옵니다."

"그렇지!"

"또 사또가 사나이다운 사기를 진작시키기 위해서는 많은 기생들도 끄떡없이 어거해내는 기운을…."

"그도 그렇지!"

"그렇게 기운을 많이 내고 쓰자면 첫째 잘 자셔야 합니다."

"……."

"그런데 사또께서는 한 밥상에다 두 가지 고기반찬을 올려놓지 못하게 하시니 한 고을의 어른되신 존귀함에 혹시 누가 될까 걱정이옵니다."

이렇게 여러 아전들이 밥상을 고치도록 권해도 평안감사 민성휘는 굽히지 않았다.

"사또는 백성의 아픔을 보살피는 어버이니라."

"네!"

"그런데 지금 난리에 시달린 평안도 백성들이 어떻게 살고 있느냐? 올 봄에는 흉년이 심해 초근목피로 연명하는 백성이 많다."

"……."

"백성인 자식이 그렇게 초근목피조차도 배불리 먹고 살지 못하는데 아비인 사또가 혼자서만 잘 먹고 사는 것은 자식에 대한 아비의 도리가 아니다!"

"하오나, 지중하신 사또의 입맛에 어찌…."

"그런 소리 말라. 지금은 내가 끼니를 거르지 않고 꼬박꼬박 밥상을 받아 먹으니 잘 지내고 있도다. 내가 벼슬을 하지 못하고 아직 포의^{布衣}로 글을 읽던 서생^{書生} 시절에는 보리밥 두 끼씩도 배불리 못 먹고 살았다."

"……."

사또가 이렇게 청렴하게 사니 아전들도 백성을 괴롭힐 수가 없었다.

그래서 관찰사 민성휘의 청렴한 행적에 감격한 평안도 백성들은 '생사당^{生祠堂}'을 세웠으며 그가 여주부사로 있을 때도 청렴한 행적을 그 고을에 숨어 살던 임소암^{任疎菴=叔英}이 시를 보내어 기리기도 했다.

漸看浮世濁 疇若使君廉
　　　　점점 세상에는 탁함만 보이는데 누가 그대처럼 청렴한고.

초
한 자루로
백성의
수고로움을
안다

우리나라에도 여러 왕조를 통해서 찬연하게 드러난 큰 학자나 저서가 많다. 그 중에서도 가장 돋보이는 대저술가로는 다산 정약용을 친다.

정약용은 신유사옥 때 천주학으로 집안 여러 형제가 큰 탄압을 받고 순교당했으며 자신도 전라도 강진 땅에서 귀양살이를 하며 꼭 19년 동안이나 죄인으로 유폐된 생활을 보내야 했다. 인생 50도 살기 어려운 가운데서 철없던 어린 시절을 빼고난 60년도 못된 시한속에서 19년간을 귀양살이로 허비한 것은 애석한 일이 아닐 수 없다.

공짜 인생을 실패하여 10년만 헛되이 보내도 평생의 한이 될 텐데, 그 똑똑하고 명석한 대관이 18년 동안이나 외로운 귀양살이를 하며 적소에서 지낼 때 얼마나 우울했으랴.

그래서 그는 밤이면 산 속에서 우는 두견새 소리를 들으며 고향 생각을

조선의 선비

정약용 丁若鏞 1762(영조 38)~1836(헌종 2).

조선 후기의 학자·문신. 본관은 나주, 호는 다산·삼미·여유당, 가톨릭 세례명 요안이다. 그를 아끼던 정조가 세상을 떠나자 1801년(순조 1) 2월 천주교도들이 청나라 신부 주문모를 끌어들이고 역모를 꾀했다는 신유교난에 연루되 포항의 장기에 유배, 뒤에 황사영 백서사건에 연루되어 강진으로 이배되었다.

정약용은 그곳 다산(茶山) 기슭에 있는 윤박(尹博)의 산정을 중심으로 유배에서 풀려날 때까지 18년간 학문에 몰두하였다. 저서로는 《경세유표》, 《목민심서》, 《흠흠신서》, 《아방비억고》, 《아방강역고》, 《전례고》, 《대동수경》, 《소학주관》, 《아언각비》, 《마과회통》, 《의령》 등이 있다.

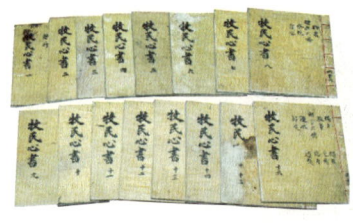 

목민심서 牧民心書
순조 때 천주교 박해로 전남 강진에서 귀양 생활을 하는 동안에 저술한 것으로, 조선과 중국의 역사서를 비롯하여 여러 책에서 자료를 뽑아 수록하여 지방 관리들의 폐해를 제거하고 지방행정을 쇄신코자 하였다.
내용은 모두 12편으로, 각 편을 6조(條)로 나누어 모두 72조로 엮었다.

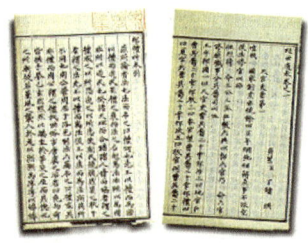 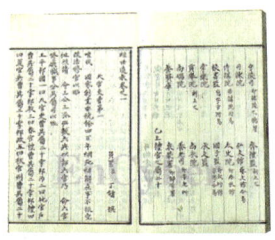

경세유표 經世遺表
정약용이 지은 책으로 필사본이며 44권 15책으로 구성되어 있다. 원래 제목은 《방례초본(邦禮草本)》이며, 1표(表) 2서(書)로 대표되는 경세론(經世論)을 펼친 저술 가운데 첫 번째 작품으로 일종의 제도개혁안이다. 규장각에 소장되어 있다.

하며 눈물 지은 일이 한두 번이 아니었고 모처럼 옛 친구가 찾아가서 술잔이라도 함께 나눌 때는 한숨을 쉬던 일이 한두 번이 아니었다.

그러나 동부승지 정약용은 귀양살이에서 보낸 가슴이 무너질 것 같은 18년을 헛되게 소비하지는 않았다.

강진 산골에 갇혀 있던 정약용은 그 18년 동안 우리나라 역사상 유례를 찾아보기 힘들 만큼 엄청난 양의 저서를 남겨 지금까지도 생명 있는 고전으로서 많이 애독되고 있는 것이다. 그 중에서도 《목민심서》나 《경세유표》 같은 것은 참으로 훌륭한 명저이다.

다산 정약용은 원래 성실하고 박식했지만 이치를 깊이 공구(攻究)하지 않은 것이 없었다. 성리(性理), 천문, 지리, 역법에서 마정(馬政), 선법(船法)에 이르기까지 거의 모든 분야의 근대적인 실학사상을 깊이 연구했고, 그런 저서의 대부분은 그가 강진으로 귀양을 오기 전까지 중앙관리로서 몸소 겪고 보았던 여러 가지 행정경험이나 견문을 바탕으로 하여 비판하고 역설했던 것이다.

그러나 다산 정약용이 이룩한 그 많은 저서는 거의 다 실학파의 선구자였던 반계 유형원이나 성호 이익에게서 영향을 받았던 전승물이었다. 다산이 조선 왕조 전반에 걸친 행정, 제도, 풍습, 경제, 박물에 이르기까지 깊이 손을 대어 완성했던 방대한 작업은 실로 학문상에 남긴 커다란 발자취였다.

그래서 다산 연구는 곧 '조선사 연구'이자 '조선 근세사상'의 연구이면서 조선 심혼(心魂)의 성쇠존망에 관한 사상사라고까지 극찬을 하고 있다.

그러나 우리는 다산에 못지않게 지봉(芝峰) 이수광(李睟光)[37]에 대한 연구도 우리나라 근대 실학사상의 연원으로서는 빼놓을 수 없는 큰 과제요, 저술이라는 입장을 다시 조명해야 할 것 같다.

---

(37) **이수광** 李睟光 1563년(명종 18)~1628년(인조 6).
조선 중기의 명신으로 본관은 전주(全州), 호는 지봉(芝峰), 시호는 문간(文簡). 지평·예조참판 등을 지내고 주청사(奏請使)로 연경(燕京)에 내왕하여 한국에 최초로 서학(西學)을 도입하였다. 《지봉유설》을 지어 서양의 사정과 천주교 지식을 소개하였다.

한강은 오늘도 넓고 도도한 물줄기를 멈추지 않고 흐르고 있다. 하류 지대로 내려올수록 그 수량은 풍부해져서 '큰 강'다운 면모를 여실히 드러낸다.

이처럼 도도하게 흐르는 한강물도 처음에는 강원도 태백산 한줄기에서 흘러내린 조그만 시냇물 줄기에 불과하다는 것을 생각할 때, 하나의 사상이나 새로운 문물도 그 사상이나 문물이 새로 도입되고 형성되어 가는 초창草創 과정에서는 빈약한 법이다.

그러나 강물도 발원점이 없이는 큰 물이 형성될 수 없듯이 문화나 사상에서도 초창이 없이는 개화가 될 수 없다.

그런 점에서 다산 연구 못지않게 우리나라 실학사상의 발원점이나 같은 지봉 이수광에 대한 연구도 중요한 것이며 더구나 정약용보다 이수광이 2백 년 앞서 출생했던 실학사상의 발원지라는 점을 감안할 때는 더욱 중요시 된다.

平生 不薰香 不燃燭

평생 의복에다 향을 뿌리지 않았고 촛불을 켜지 않았다.

이렇게 물건을 아끼면서 살았다는 행장기行狀記 대목이다. 이수광은 한미한 집안에서 글을 읽었던 선비도 아니요, 당당한 대관이며 또 그냥 불을 켜놓고 예사로 생활을 한 사람이 아니라 책을 읽는 늙은 학자였다.

글씨를 읽고 쓰고 책을 읽으면서 그런 대저술을 해가는 분이 촛불이 아까워서 기름 등잔불 밑에서 그 방대한 저술을 완성했다면 고개가 숙여질 수밖에 없는 일이다.

사람 몸뚱이가 천 냥이라면 눈이 7백 냥이라는 속담이 있다. 눈은 그렇게 중요한 것이다. 더구나 책을 읽는 사람의 눈은 더욱 중요하다.

그런데 눈은 무엇으로 보는가? 빛으로 본다. 그래서 글씨를 쓰고 책을 읽는 사람은 한참 젊어서 시력이 좋을 때는 모르지만, 나이가 들면서는 제일 먼저 피로를 느껴 지쳐버리는 곳이 눈이다.

그런데 지금같이 촉광이 밝은 전등을 써도 책을 읽고 글씨를 쓰자면 '밝기'라는 것이 아쉬운데 옛날 선비들은 어떻겠는가?

지금처럼 깨알 같은 활자는 아니었겠지만 옛날에도 책은 세필^{細筆}로 썼다. 그러니 60촉짜리 전등 밝기의 60분의 1밖에는 안 되는 촉광이다. 하물며 촛불도 못 켜는 등잔불 촉광에서는 잔 글씨를 쓰고 보기에 더 어두울 것은 뻔하다.

그런데도 지봉 이수광은 항상 어두컴컴한 등잔불 밑에 쭈그리고 앉아서 책을 읽고 글씨를 썼다. 그때는 등잔이라고 해도 요즘같이 석유가 없을 때라 들기름이나 쇠기름을 태워 불을 밝히니 등잔에서 한 발만 떨어지면 마누라 얼굴도 부옇게 안개 속에 뜬 달처럼 보였을 것이다.

그래서 이조판서 이수광이 밤에 공문서를 처리하거나 책을 읽을 때는 "대감님, 불을 더 밝게 켜야겠습니다."하고 종들이 촛불을 밝혀들고 대령을 하였다.

큰 촛불을 안상^{案上} 위에 세워 놓으면 방안이 한결 밝아지기 때문이다. 그러나 그럴 때마다 이수광은 깜짝 놀라 종을 다시 불렀다.

"촛불을 꺼라!"

"네?"

"등잔에 기름을 넣고 심지를 더 돋우어라!"

이러고서 등잔 심지만 더 돋구게 했다.

백성들이 공물로 만들어 바치는 초 한 자루라도 아끼려는 생각에서였다. 초 한 자루를 가지고 백성의 수고로움을 생각하여 그는 제사 올릴 때가 아니면 아예 촛대를 방안에 들여놓지도 못하게 했다.

지금은 초도 양초다. 파라핀이나 고래기름, 쇠기름, 어지漁脂를 가지고 양초를 값싸게 만들어 내고 있지만 조선시대의 촛불은 모두 황초를 써 그 납촉蠟燭은 순전히 벌의 집을 뭉쳐 만드는 밀초였다.

그런데 지금처럼 양봉하는 기술이 있던 것도 아니고 토종벌집을 몇 개씩 헐어내야 초 한 자루를 만들 수 있으니 가난한 백성들이 초를 만들어 바치기가 어려웠다.

그래서 웬만한 백성은 자기 할아버지 제삿날이나 초례청에서 신랑 신부가 혼례를 올릴 때만 잠깐 촛불을 켰다가 끄는 것이지 보통 때는 함부로 소비할 수가 없는 귀물이었다.

그렇다고는 하지만 한 나라의 판서대감 초 한 자루를 아껴 평생토록 촛불을 안 켜고 등잔불만 켰다면 보통 일은 아니다.

그래서 세상 사람들은 이조판서 이수광을 '등잔대감'이라고 칭송했다.

"참, 알 수 없는 일일세. 판서 영감이 촛불 하나를 가지고 안변부사 때는 아전의 볼기까지 쳤다면서!"

"그렇다네. 아전이 촛불을 켜고 밤에 기생놀음을 하다가 들켜서 고경을 치뤘다네."

"왜 그렇게 촛불 한 자루를 가지고 아전의 불기까지 쳤다는가? 더구나 기생방에서 향기로운 촛불을 안 켜고 등잔을 켜서야 무슨 화류花柳 맛이 나나?"

"하지만 자네는 춘향가도 못들어 봤는가? 변학도가 기생을 끼고 노는데, 암행어사 이몽룡이가 과객처럼 꾸미고 나와서 시를 짓되 '촉루락시 민루락(燭淚落時 民淚落)'이라 안 했나? 촛물이 떨어져 울 때는 우리 백성의 눈에서도 그렇게 눈물이 난다 이거거든. 사실 우리 백성들이 초를 공물로 바치자면 그놈의 눈물 깨나 빼네. 어디 벌집이 흔해야 말이지. 그런데 사또 원님들은 밤마다 촛불을 켜놓고 밤을 밝히니 백성들의 콧잔등에서 생땀이 안 나나?"

지봉 이수광이 안변부사로 내려갔을 때도 초 한 자루를 켜놓고 밤을 밝힌 일이 없었다. 백성들은 그때 그 일을 가지고도 그렇게 칭송했다. 아무리 초 한 자루가 귀하기로서니 한 고을의 원님만 되어도 밤에 촛불을 켜지 않는 사람이 하나도 없던 때다. 그런데도 안변부사 이수광은 꼭 등잔불 밑에서만 글씨도 쓰고 백성들이 올린 소지(訴紙)도 읽었던 것이다.

"하지만 우리 고을 사또는 다른 양반이네."

"다른 양반이라니?"

"그냥 보통있는 사또가 아니라 그 양반은 왕손이지."

"왕손? 그런 왕손 사또가 관물(官物)이라고 해서 밤에는 촛불 한 자루를 안 켠다? 거, 참 보통 양반은 아닐세."

사실 대학자 이수광은 태종의 6대손이었다.

아버지 국재(菊齋) 이희검(李希儉)은 호조, 형조, 병조 등 세 판서를 역임한 후 벼슬이 지경연사(知經筵事)까지 이르렀다. 그 국재 이희검도 평생 촛불을 켜지 않고 등잔불 밑에서 공사(公事)를 보아 유명한 얘기를 남겼는데 그의 아들인 지봉 이수광도 그런 검소한 생활을 했던 것이다.

'등잔판서' 이수광은 명종 18년(1563)에 태어나 예순여섯 살로 세상을 떠날 때까지 평생을 학문탐구에 그 정열을 다 바치다시피 했던 대학자였다.

이수광 묘역
실학 발전의 선구자가 되었던 이수광의 묘. 봉분 앞에는 묘비·상석·향로석이 있고 묘의 전방 좌우에는 동자상과 망주석이 한 쌍씩 갖추어져 있는데 묘비는 총탄 자국으로 인해 판독이 어려울 정도로 마모가 심하다. 양주시 장흥면 삼하리 소재.

    열여덟 살 때(선조 18) 문과^{文科}에 급제한 후 임진왜란 때는 용인전투에 참전했고 난이 끝난 후에는 주청사^{奏請使}로서 명나라에 다녀왔다.
    본래 총민강기^{聰敏强記}하여 기억력이 뛰어났던 학자 이수광은 그때 중국에 들어가서 주자학이 아닌 새로운 학문체계가 있는 것을 보고 크게 감명을 받았다.
    그래서 당시 명나라에 와 있던 서양 신부 마테오 리치의 《천주실의》를 처음 접하고는 깜짝 놀랐다.
    중국은 중원^{中原}사상의 주자학이 세상을 다 지배하고 있는 줄 알았더니 서양에서는 동양문화와는 전혀 질이 다른 근대 자본주의 문명이 꽃피워 있는 것이다. 항해술과 나침반을 이용하여 싣고 온 그들의 과학정신과 예수교는 동양에 뿌리를 내려 죽죽 가지를 치고 줄기를 뻗고 있는 것이다.
    여기서 주청사 이수광은 《천주실의》와 《교우론》 등을 얻어 가 국내에 들어 왔는데 그 보따리 속이 한 마디로 말하면 서학^{西學}이었다.

서학이라는 것은 좁은 의미로 표현할 때는 천주학이지만 넓은 의미로는 서양의 학문이다. 그때 서양에서는 근대 과학문명을 일으켜 서세동점^{西勢東漸}을 실현하는데 그 골자는 세 가지였다.

첫째는 상품거래, 두 번째는 식민지 확장이며, 세 번째는 기독교 전파였다.

동양에 전파된 그런 서양 근대 문명은 그때까지 금과옥조로 믿고 있던 중국의 도덕적 고전문화를 압도하고, 점점 중국문화에다 서양색을 가미하기 시작했는데 우리나라 사신도 일찍부터 중국에 드나들면서 그런 문명과 사상의 변화를 눈치 채게 되었다.

선조 말엽에는 서양지도가 수입되었으며 인조 9년(1631)에는 중국에 사신으로 들어갔던 정두원^{鄭斗源}이 천리경, 서표, 자명종, 천문서와 《서양풍속기》 같은 서적들을 사가지고 돌아왔으며, 인조 23년(1645)에는 청나라에 볼모로 잡혀가 있던 소현세자가 귀국하면서 아담 샬에게서 천문, 산학^{算學}, 역서와 천주교 서적을 얻어가지고 들어왔다.

그때 지구의^{地球儀}와 천주상^{天主像}도 함께 들어와 국내 지식층 사이에서 흥미있게 받아들여지기 시작했다.

그뿐만 아니었다. 우리 땅에는 그 무렵에 서양사람 벨테브레(박연)[38]와 하

---

(38) **벨테브레** Jan. Janse. Weltevree
네덜란드 사람 얀 얀스 벨테브레는 21세인 1627년 일본으로 가던 길에 제주도에 표착하였다. 당시 조선은 외국인이 오면 돌아가지 못하게 하고 생활비를 주어 살게 하였다. 그는 훈련도감에서 일하며 조선여자를 부인으로 맞아 1남 1녀를 두었다. 그가 통역을 하기 위해 하멜을 만났을 때는 그의 나이 58세였다.

멜이 표류해 와서 그들을 시켜 서양식 대포를 만들게 하기도 했다.

이렇게 해서 그때부터 서양 문물의 합리주의와 그 과학성은 조선사회에 큰 자극을 주는 전혀 새로운 문화라는 것을 인식해 가기 시작했던 것이다.

혹독한 임진왜란과 병자호란을 겪어 경제 사회적으로 피폐해질대로 피폐해진 국내 정세는 서학을 알게 되면서부터 그때까지 통치학의 이념이 되던 주자학의 덕치주의에 회의를 느꼈다. 밥 한술도 더 나오지 않는 삼강오륜 맹꽁이 양반들의 발호는 모든 백성들의 어깨를 피로하게 짓누를 뿐이었다. 반듯한 도로 한 줄도 없고 그럴싸한 수레 하나도 못 만들면서 군신유의만 찾으면 나라가 부강하고 백성이 배부른가? 그래서 일부 학자들은 백성과 나라를 빈곤에 몰아넣은 주자학파들의 공리공론을 배격하게 된 것이다.

이 서학은 곧 실학과 연결된 정신이었다. 그래서 주자학적 왕조의 정치 이념에 불평을 품고 정계에서 밀려났던 남인들 사이에 그것이 크게 흥미를 끌었을 것은 당연하다.

여기서 이수광은 명저《지봉유설》에서 마테오 리치의《천주실의》를 처음 소개했다.

그 이후 서학은 천주교 신자 이승훈李承勳 등을 배출하게 되어 나라에서는 정조 12년(1788), 이경명李景溟이 천주학㕝學의 피해를 상소했고 명상 채제공蔡濟恭 같은 사람도 '천주학을 허락했다가는 왕조사회의 기본적인 도덕률이 허물어질 것이다.'라고 맹렬히 공격을 하고 나와, 1791년 정조는 드디어 천주학 탄압시책을 선포했다. 그때부터 이 땅에서는 거의 1백 년 동안이나 본격적인 천주교 탄압이 자행되었다. 그러나 이런 천주학 탄압은 이수광이 죽은 지 60여 년이 지난 때부터 일어난 일로 이수광이《천주실의》를 처음 소개했을 때만해도 아직 서학의 초창기였기 때문에 그런 정치적, 사회적 탄

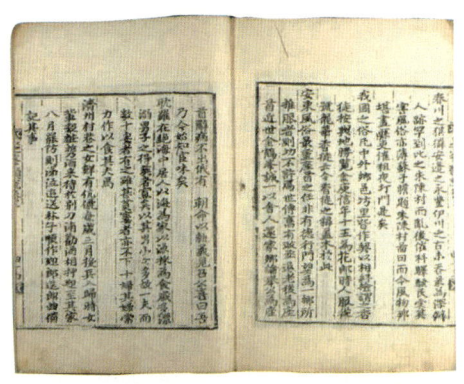

지봉유설 芝峰類說
1614년(광해군 6)에 이수광이 편찬한 한국 최초의 백과사전적인 저술을 말한다. 목판본이며 20권 10책으로 구성되어 있다. 세 차례에 걸쳐 중국 사신에서 얻은 견문을 토대로 조선의 일은 물론 중국·일본·베트남·유구오키나와·타이·자바·말라카 등 동남아 제국과 멀리 영국 같은 유럽의 일까지도 소개하였다.

압은 전혀 없었다.

 그래서 이수광은 다산 정약용처럼 불우한 귀양살이를 하거나 멸문지화 滅門之禍를 당한 일 없이 조정의 대관 大官으로 인조를 가까이 섬기면서 자신의 저서를 마음껏 쓸 수가 있었다.

 그는 폐모론 이후 광해군이 폭정을 하자 벼슬을 버리고 집안에 들어앉아 두문불출하면서《지봉유설》을 완성했다. 20권 10책으로 된 그 저서에는 천문으로부터 식물이나 꽃, 짐승에 이르기까지 25개 부분으로 분류하여 모두 3천4백35개 항목을 써 나갔다.

 그 과정에서 그는 고금의 모든 전적 典籍과 서책을 뒤지고 베끼며, 우리나라 역사상의 고실 故實을 하나하나 상고해 갔던 것이다. 말하자면 혼자서 그 당시의 '한국학 대백과사전'을 만든 것이다.

또 그가 쓴《지봉집》은 34권 10책으로 엮은 방대한 양의 역대 시문과 문적들을 망라하여 수록하였다.

이런 방대한 저술을 이룩한 것은 이미 지봉 이수광의 나이가 쉰이 넘은 뒤부터의 일이었다. 그러나 먼지 낀 전적을 뒤지느라 늙어가는 안력인들 오죽 피로했겠는가? 눈이 침침해서 글자는 종이 위에 안개가 낀 것 같고, 눈가는 짓물렀으니 저술 생활을 하는데 밝은 불빛이 얼마나 그리웠겠는가?

그런데도 지봉 이수광은 촛불 하나를 마음 놓고 켜지 않으면서 물용物用을 검약했다니 참으로 대단한 청백리였다.

한림翰林, 이조정랑을 거쳐 이조판서까지 벼슬이 올라간 뒤에도 그는 촛불 한 자루도 마음 놓고 소비하지 않았을 뿐만 아니라 입고 사는 옷가지와 부엌에서 쓰는 주전자, 수저 한 개까지도 벼슬을 하지 않고 포의布衣로 지낼 때와 하나도 변한 것이 없었다고 한다.

조선의 선비

이탁
李鐸

손 님 에 게
술 대 신
간 장 탄 냉 수
대 접 하 다

사람은 복잡한 인생을 살든 단순한 인생을 살든 그 나름대로 남에게 말 못할 사정 한두 가지씩 지니고 산다. 자기가 그날그날 한 생각이나 일을 떳떳하게 만인 앞에 펴놓고 얘기할 수 있는 사람이 몇이나 될까?

직위가 높은 사람은 높은 사람대로 돈을 많이 번 사람은 돈을 많이 번 사람대로 떳떳하게 자기 이력을 얘기할 사람이 과연 있을까?

성인이 아니라면 힘든 일이다. 왜냐하면 사람은 제 나름대로 모두가 부끄럽고 창피한 내면을 지니고 있어 신앙을 가진 사람이라도 큰 마음을 먹어야 신부 앞에 가서 고해성사를 올릴 수 있다.

사람은 자기 행적을 그렇게 떳떳하게 만인 앞에서 숨김없이 얘기하기가 극히 어렵기 때문에 사마온공 司馬溫公 (39) 같은 사람은 "내가 평생 걸어온 길을

---

(39) **사마온공** 司馬溫公
  북송(北宋)의 유학자, 정치가, 성은 사마(司馬), 이름은 광(光), 태사온국공(太師溫國公)으로 증직받아 사마온공(司馬溫公)이라 함.

남 앞에 떳떳이 얘기할 수 있으면 성인이다."라고 가르쳤다.

그런데 선조 때의 영의정 이탁(李鐸)⁽⁴⁰⁾이란 사람이 있었다.

이탁은 중종 4년(1509)에 태어나 선조 9년(1576)에 죽은 인물로 당시 명상으로 꼽히던 박순(朴淳)과 함께 크게 성망(聲望)을 얻었던 청백리였다.

약봉(藥峰) 이탁은 군수 이창형(李昌亨)의 아들로 태어나 스물네 살에 진사가 되었고 직제학, 도승지, 황해도 관찰사, 호조판서, 예조판서를 거쳐 우의정, 영의정까지 지낸 관리였다.

특히 이탁의 행적은 황해도 관찰사 시절에 인심을 잘 수렴하여 일경을 편안하게 한 공로일 것이다.

그 무렵은 이기, 윤원형 등 권신이 발호하던 중종~명종 때의 혼란을 틈타 황해도 지방에서는 대도(大盜) 임꺽정이 횡행할 때였다.

이탁은 그때 황해도 감사로 내려가 임꺽정을 잡아 세상을 편안하게 하는데 공을 세웠는데 이것은 관찰사 이탁이 그만큼 백성들의 민심을 얻어 도둑을 잡는데 힘을 합치게 한 까닭이라고 할 수 있다.

이탁은 "사마온공은 평생 지내온 일을 남 앞에서 떳떳이 이야기 못할 것이 없다고 했다. 나도 내 집안 일이라면 평생 지낸 일을 떳떳이 말 못할 일이 없도록 노력하고 있다."고 말했다.

---

(40) **이탁** 李鐸 1509(중종 4)~1576(선조 9).
조선 중기의 문신. 본관은 전의(全義), 호는 약봉(藥峰). 1531년(중종 26) 진사시에 합격, 1546년(명종 1) 이조정랑을 거쳐 사인(舍人)·집의가 되어 1548년 권신 이기를 탄핵하였다. 1550년 춘추관기주관이 되어《중종실록》의 편찬에 참여하였다.
1564년 대사헌이 되었으며 공조·호조·예조판서를 역임하고 지경연사가 되어《명종실록》편찬에 참여하였다. 1571년(선조 4) 우의정, 다음 해에 영의정에 올랐다.

적어도 천하사^{天下事}를 가지고는 모르지만 '내 집안에서의 일'만은 나도 모두를 남 앞에 숨김없이 얘기할 수 있다는 '깨끗함'의 자부였다.

특히 이탁의 그런 행적을 평해 다음과 같이 써놓고 있다.

> 덕망에 있어서는 이탁이 박순^{朴淳}만 같지 못했으나 이조판서 시절 그가 베풀었던 인사행정만은 오히려 박순보다도 나았다.

사실 예나 지금이나 관료행정의 핵심은 인사행정이라고도 할 수 있다. 행정은 나라가 지표로 하는 살림살이를 시행하는 일인데 그것을 '누가' 얼마만큼 공정하고 정확하게 시행하느냐 하는 것은 매우 중요한 일이 아닐 수 없다.

우리가 말 한 마디를 주고 받는데도 '아' 다르고 '어' 다르다고 한다. 하물며 나라의 행정을 시행하는 관리의 생활태도, 신조, 행적, 인품, 덕망, 재능 등이 백성들에게 미치는 영향이란 이루 말할 수가 없을 것이다.

전혀 자의식이 작동되지 않는 기계를 운전하는데도 운전하는 사람의 마음가짐과 역량이 보이지 않는 '알파'로 작용되어 나타나게 마련이다. 하물며 의사^{意思}나 의지^{意志}가 담긴 행정력에 있어서야 사람의 생각 하나의 차이는 크지 않을 수가 없다.

그래서 관리의 인사행정은 깨끗하고 공정해야 하고 적재적소를 가려 '그 사람에게 그 일'을 맡길 수 있어야 하고 청탁이 작용하여 승진 문제에 잡음이 생겨서 다른 동료 관리들의 불평 불만을 사지 않아야 한다.

이 일이 얼마나 어려운가? 저울대처럼 형평을 잃지 않고 사람을 공평하게 다루는 행정을 단행하기가 얼마나 힘든 일인가? 그런데 이조^{吏曹}는 그런

관리의 임명과 추천을 맡은 관서이고, 이조판서는 그 일의 총책임을 맡은 사람이니 속된 말로 '국물'이 있다면 제일 많은 자리일 것이다.

더구나 지금 세상처럼 사람의 재주가 풀려나가 발휘될 분야가 넓지 못하던 시절이다.

지금이야 재주가 좋은 사람이라면 예술가, 학계, 종교계, 산업계 하다못해 스포츠, 영화배우로까지 분산되어 각기 일가^{一家}를 이룰 수 있지만 옛날에는 사회구조가 단순했기 때문에 잘난 사람들은 너나없이 과거에 합격하여 벼슬을 하는 것만이 가문이요, 생계였다. 그래서 벼슬을 쓰기 위한 온갖 수단이 악착같이 자행되던 그런 시절이었다.

권문세가의 식객노릇을 하면서 미관말직이라도 한 자리 얻어 보려고 날뛰는 사람들이 난세일수록 더욱 발호했다.

그런데 이런 어려운 판국의 어려운 일을 명판서 이탁은 어떻게 처리 했을까?

그는 항상 주장했다.

"시재^{試才}에 의해서만 벼슬길을 주고 승진을 시킨다면 모순된 점이 많다. 오히려 재능과 인품을 아울러 살펴 명사^{名士}가 하관^{下官}에 처져 햇볕을 못 보는 일이 없도록 해야 한다."

이렇게 인사행정을 처리하였다.

그러면 누가 재능이 있고 인품이 훌륭한 명사 관리인가 하는 내용은 무엇으로 판단했을까?

그 평점은 공평무사한 세평^{世評}에 기초를 둔, 말하자면 여론을 존중한 것이다. 그런 여론에 바탕을 둔 인사행정을 펼 때 이탁은 한 번도 자기 고집을 세워 우기지 않고 오히려 하관의 고집을 접지 않고 받아서 시행한 넓고

이해수의 묘역
이탁의 아들 이해수(1536-1598)의 묘로 정부인 동래 정씨와의 합장묘이다. 약 200m 지점 아래에는 부친인 영의정 이탁의 옛 신도비가 있다. 경기도 양주시 남면 한산리 소재.

도 공평한 도량에 있었다.

이탁이 이조판서로 있을 때 이조의 낭관(郎官)으로는 송강 정철이 일을 맡고 있었다. 그 당시 낭관은 요새로 치면 인사행정의 실무를 맡은 계장이나 과장쯤 될 것이다.

정철은 중종 31년(1536)생으로 판서 이탁보다는 나이로 보아도 스물여덟 살이나 차이가 났다. 그런데도 판서 이탁이 시행하려는 인사문제에 낭관 정철이 반대를 하고 나오기 일쑤였다.

"그것은 아니되옵니다. 그 사람을 아무 벼슬에 앉히는 것은 백성들의 여망에 합당하지 않습니다."

"아니 낭관의 생각은 그럴지 몰라도 내 생각에는 그 벼슬에 그 사람을 추천하는 것은 적당하다고 보네."

"그렇지 않습니다. 이러이러한 이유로 그 사람은 그 벼슬에 합당하지 않다고 봅니다."

"그렇지 않대도, 낭관!"

"그렇습니다."

"허허, 이 사람 고집이 대단하구만! 여러 소리 말고 어서 내가 시키는 대로 문서를 꾸며 올리게!"

이렇게 지시를 해놓고, 나중에 낭관 정철[41]이 꾸며 올린 인사문서를 보면 그 사람의 이름이 빠져 있다.

"아니 왜 그 사람 이름이 빠졌다는가?"

"뺐습니다."

"왜?"

"그 사람을 그 벼슬에 추천하는 건 여망에 어그러지기 때문입니다."

"허허…. 낭관의 고집도 어지간하구만. 그러나 낭관이 그만큼 고집을 세우는 걸 보니 거기엔 그만한 소신이 있는 탓인듯 하오."

젊은 낭관 정철이 끝내 고집을 피워 판서 이탁을 꺾으려 하였지만 판서 이탁은 노하여 정철의 외람된 버릇을 꺾고 자기 고집을 내세우지는 않았다. 그만큼 소신을 세운 일이 아니라면 어떻게 하관이 세 번, 네 번씩 장관 앞에서 자기 고집을 꺾지 않고 우길 수 있겠는가?

---

(41) **정철** 鄭澈 1536(중종 31)~1593(선조 26).
조선 중기의 문인·정치가. 본관은 연일(延日), 호는 송강(松江). 1562년(명종 17) 별시문과에 장원급제 하였다. 암행어사를 지내다가 1575년(선조 8) 벼슬을 버리고 고향으로 돌아갔다. 1580년 때 강원도 관찰사가 되었으며, 이때 《관동별곡》과 《훈민가》를 지었다.
그 뒤 전라도 관찰사·도승지·예조참판·함경도 관찰사, 예조판서, 대사헌이 되었으나 동인의 탄핵을 받아 창평으로 돌아가 4년간 은거생활을 하였는데 이때 나온 것이 《사미인곡》·《속미인곡》·《성산별곡》 등이다. 54세에 우의정, 좌의정에 올랐으나 계략에 의해 혼자 광해군의 책봉을 건의하였다가 유배되었다. 57세 때 경기도·충청도·전라도의 체찰사를 하다 다시 동인의 모함으로 사직하고 강화의 송정촌에 우거하다가 58세로 죽었다.

정철도 대쪽 같은 선비이자 학자였다.

그래서 판서 이탁도 정철의 고집대로 여망에 따른 인사행정을 했다. 과연 큰 도량이요, 모든 일을 남 앞에서 숨김없이 다 이야기할 수 있는 공정을 잃지 않으려고 노력했던 청백리였다.

그런데 한 번은 이런 일이 있었다. 낭관 정철이 올린 인사 추천서류에 판서 이탁의 먼 일가 한 사람의 이름이 끼어 올라왔다. 그 일가 한 사람은 글이나 인품으로 보아서도 한 고을 원님 자리를 맡기에는 넉넉할 만한 인품이었다.

그러나 언젠가 판서 이탁에게 "고을 한 자리를 소생에게도 맡겨 주십시오!"하고 사람을 넣어 청탁을 한 일이 있었다.

그래서 판서는 일부러 일가의 청탁을 받고 그 사람에게 고을 한 자리를 주었다는 소리를 들을까 봐 "청탁을 안 했다면 모르지만 내가 그런 청탁을 들은 이상 추천할 수 없다"고 거절하였던 것이다.

낭관 정철은 그런 내용을 뻔히 알면서도 두 번씩이나 거절당한 인사안人事案을 또 올려온 것이다.

낭관이 판서 이탁의 속마음을 또 시험해 보려고 이러는 것인가?

"먼저는 '그 벼슬에 그 사람은 안 된다'고 자네 고집을 그렇게 세워 날 꺾더니 이번에는 왜 날 시험해 보려고 또 서류에 우리 일가의 이름을 올렸는가?"

"시험해 보려는 것이 아닙니다."

"그럼 뭔가?"

"이조판서의 일가이기 때문에 한 고을을 맡을 만한 인물이 자리를 못 맡고 썩는다면 그것 역시 불공평합니다."

"……."

"그렇지 않습니까? 그것은 판서 영감님의 청백을 일부러 과장하고 자랑하기 위한 행위이지, 나라 일을 온공히 처리하려는 관리의 처사는 아닌 줄로 압니다. 판서 영감님의 일가이기 때문에 인물이 아닌 사람이 그 벼슬에 오르는 것도 온당치 못하지만, 판서 영감님의 일가이기 때문에 남의 의심을 면하기 위해 그 소임을 맡기지 않는다는 것도 허명虛名에 매인 처사라고 아니할 수가 없습니다."

생각해보니 과연 옳은 말이었다. 자기의 청백함을 내세우기 위해 일을 그르친다면 그것 역시 졸렬한 처사가 아닌가?

이조판서 이탁은 그렇게 올바르고 공평한 인사행정으로 정평을 얻은 명관이지만 집안 살림은 항상 가난했다.

혹시 시골에서 선물이 들어오면 항상 이웃이나 가난한 집안 사람들에게 나누어 주어 부엌에는 사흘 먹을 반찬이 없었다. 그래서 손님이 찾아오면 때때로 차려 내올 술상이 없어 술병에는 술 대신 간장을 탄 냉수가 담겨 나오는 일도 허다했다.

술이 없으면 간장을 탄 냉수를 손님과 술 삼아 대작하면서 술에 취한 것처럼 활달할 수 있었던 사람. 아닌 게 아니라 속이 비고도 큰 인물이었으니 한 세상의 평판을 얻은 인사행정을 펼 수 있었던 것이다.

조선의 선비
장응일
張應一

나이
칠십 동안
무명이불만
고집하다

　　세상 모든 일에는 기복이 있고 성쇠가 있게 마련이다. 길도 오르막이 있으면 내리막이 있는 것처럼 사람의 운에도 따를 때가 있고 오그라질 때가 있다.

　　이런 문자를 쉬운 말로 '피일시彼一時 차일시此一時'라고 한다. 그때는 그때 형편이고 지금은 지금 시세라는 뜻이다. 그런데 우리나라 역사 속의 인물 성쇠를 볼 때 반듯하고 소탈한 인물일수록 벼슬길에서 쫓겨나 귀양살이를 하는 불우한 시절을 안 겪은 사람이 거의 없다.

　　외침이 심해 정국이 자주 뒤바뀌고 또 안으로는 외척과 붕당이 심해 세상이 널뛰기를 자주 하는 탓이다.

　　임금과 시대를 따라 세상이 걸어가는 길의 지표가 안정되어 있지 않고 뒤흔들리며 그럴 때일수록 조정에는 소인배가 쇠뿔을 잡고 앉아서 시정時政의 방향을 자기들 마음대로 흔들어 놓기 때문이다. 그런 때는 인심이 걸어가는 방향도 흔들리고 도리가 허물어져 난맥상을 빚는다.

여기서 그 난맥상의 탁류에 같이 휩쓸리면서 아유구용 살면 문제는 없다. 재주를 소인 무리들이 판치는 벼슬에 팔면서 내 몸을 세상에 맞춰 살면 집안도 편하고 자기도 편하다.

그러나 '선비'라는 사람들은 자기가 지닌 재주 하나만을 가지고 세상을 살려고 하지 않았다. 재주보다는 도리로 앞세워 옳은 세상을 구하려고 했다. 소인배에게도 재주는 있을 수 있지만 도리가 없기 때문에 그들은 정권을 쥐면 탐욕스러움으로 세상을 제 욕심대로 부리고 흐려 놓는 수가 있다.

이런 때 '바른말'을 하는 선비가 소인배의 세속에 항거하면 '바른 말이 말대답'이 되니 벼슬길에서 쫓겨나고 모함에 걸려 귀양살이를 떠나야 한다.

난세에 태어났던 우리나라 선현들치고 거의 다 그런 길을 걸으면서 인생의 고초를 안 겪은 인물이 없다. 그런 사람의 하나로 청백리 청천당(聽天堂) 장응일(張應一)⁽⁴²⁾을 들 수 있을 것이다.

청렴하고 강직했던 그 청천당이 효종 때 사헌부 장령으로 있으면서 훈신 김자점의 탐욕방자함을 크게 탄핵하다가 오히려 무고를 당하고 황간(黃澗) 땅으로 귀양살이를 가 있을 때였다.

지금도 충청도 영동 황간 땅은 깊은 산골이지만 그 당시 황간 고을은 손

---

(42) **장응일** 張應一 ― 1599(선조 32)~1676(숙종 2).
　　조선 중기의 문신. 본관은 인동(仁同). 호는 청천당(聽天堂). 시호는 문목(文穆). 1629년(인조 7) 별시문과에 병과로 급제하고, 정언·지평·필선 등을 역임하였다.
　　1673년 공조참의로 영릉(寧陵)의 변(變)의 진상을 밝히려 하다가 무고를 당하여 황간에 귀양갔다. 그 뒤 숙종이 즉위한 뒤에 풀려나 우승지·부제학·대사간을 지내고 가선대부(嘉善大夫)에 올랐다. 성격이 청렴 강직하였다. 이조판서에 추증되었다.

바다 같은 산이 앞뒤를 꽉꽉 막은 궁촌 중의 궁촌이었다. 낮에도 호랑이가 뒷산까지 내려와서 동네 누런 암캐를 물어가는데, 그런 땅에서 손바닥 같은 산뙈기 띠밭을 일구어 감자 농사나 짓고 사는 백성들을 보니 호랑이 무서운 줄 모르고 예사로 재를 넘어 가서 밭을 갈며 살았다.

무엇이 악착 같고 무엇이 무섭네 해도 사람같이 악착스러운 것이 없다. 그 중에도 먹고 살기 위해 밤낮없이 일속에 파묻혀 나부대는 농사꾼같이 악착스러운 것이 없다.

여름은 농사꾼한테는 실로 무서운 계절이다. 하루가 다르게 마디를 뻗고 밭고랑을 덮어오는 풀이 무섭고, 그 풀을 다스리지 못하면 농사를 망쳐 온 식구가 밥을 굶어야 하는 배고픔이 무서웠다.

5월이 되면 보리가 익고 산골에서는 뻐꾸기와 꾀꼬리가 지천으로 울어대 하늘 위는 즐겁지만 땅 위의 잡초들은 사흘이 무섭게 마디를 뻗으며 밭고랑을 덮는다. 밭고랑에 엎드린 채 온종일 허리를 펴지 못하고 원수 같은 팔자를 탄식하지만 힘겨워 내뱉는 한숨이 '밥'이 되는 것은 아니었다.

풀가시가 살갗을 스치면 죽죽 살이 긁히고 피가 나는 며느리밑씻개와 쇠비름, 개비름, 비라구, 엉겅퀴, 찔레넝쿨이 밭고랑을 덮어와 그것을 호미로 매고 가래로 뒤엎고 괭이로 흙을 바수며 갈퀴로 긁어 다스리자니 여름날 농사꾼이 집에 붙어있을 겨를이 있겠는가?

장령 장응일이 귀양살이 와 있는 산골마을도 겨우 세 집이 모여 사는 데 식구들은 모두 새벽부터 밭에 나갔는지 어느 집에서나 인기척이 없다.

오늘도 '잡초 인생학'을 멍청히 생각하면서 귀양 떠나온 서울 땅을 생각하고 있는데 앞집 찔레 울타리 안에서는 개가 짖어대는 소리가 나더니 무엇이 쿵 땅바닥에 떨어지는 모양이다.

"끙, 끙."

"멍, 멍."

처음에는 예사로 들었다. 그런데 두 번째도 무엇이 쿵 소리를 내다가 개가 짖는다. 그제는 빈 집에 무슨 짐승이라도 내려왔는가 싶어 인기척을 했다.

"거기 누가 왔느냐?"

장응일은 등걸이 알상투 바람으로 앞집 마당에 대고 소리를 보냈으나 여전히 개와 무엇이 함께 끙끙거리며 힘을 쓰다가 쿵 하고 떨어지는 소리를 낸다. 그때야 이상해서 집을 넘어다 보니 또래 엄마란 할미가 낭패한 시늉을 하고 봉당 끝에 주저앉아 광주리를 안고 있는게 아닌가?

농부 할미는 나이가 육십이 넘어 허리가 꼬부라진 촌아낙인데 귀양 온 선비가 울타리 안을 넘어다 보자 얼른 절을 하면서 집모퉁이로 숨는다.

"숨을 것 없소. 어째서 그러시오?"

"예. 식구들은 모두 재너머 밭으로 김을 매러 나갔는데 지금이 점심 참 아닙니까요?"

"그래서?"

"점심을 해가지고 이고 나가자니 이 광주리를 들어 머리 위에 올려 줄 사람이 없습니다."

여자는 한 번 짐을 들어올려 머리 위에다 이기만 하면 걸어갈 수 있는 것이지만 혼자 힘으로 들어올려 머리에다 일 수는 없는 것이었다. 팔힘이 미치지 못하기 때문에 누가 똬리를 받쳐서 머리 위에 이어 주어야 했다.

그렇지만 귀양 온 양반 선비에게 그것을 좀 들어올려 달라고 부탁할 수가 없어 혼자 힘으로 이어보려고 그 안간힘을 쓰다가 지쳐버린 것이다.

"아, 그럼 진작 나를 불러 시키지 그랬소?"

"선비님에게 어떻게 이런 일을…."

"원, 선비는 입으로 밥 안 먹고 산답디까?"

그러면서 밥광주리를 들어올려 할미의 머리 위에 올려 놓는데 어찌나 무거운지 실하게 쌀 5말 무게는 되는 것 같았다.

농사꾼 할미는 그런데도 꼬부라진 허리를 억지로 펴며 그 무거운 광주리를 이고 집을 나섰다. 재를 넘어 구둣골까지 가자면 적어도 5리도 더 된다. 평지도 아니고 손바닥 같은 재를 맨발로 돌부리에 발가락을 채여 가면서 사람을 만나기 전에는 아무리 짐이 무거워도 내려놓고 쉴 수도 없는 저 고개를 어떻게 넘어갈꼬?

맨몸으로 넘어도 숨이 헐떡거려 지팡이를 짚고 넘어가야 할 가파른 고개를 독사가 득실거리는 산길을 늙은이는 맨발로 어떻게 넘어갈 작정인고?

청천당은 그 늙은 농사꾼 할미 일을 생각하면서 혼자 글을 읽다가 한숨을 쉬었다. 쭈그렁 바가지처럼 생긴 얼굴이 바싹 타 반짝거리고 손마디는 갈퀴 같이 굳은 손이었다.

농사꾼이 신고하고 땀흘려 곡식을 생산한다고 하지만, 한숨과 탄식이 나올 만한 참을성이 없어가지고서는 농사를 짓지 못한다는 것을 깨달았다.

주저앉아서 쓰러질 때까지 광주리에 머리가 눌려 가슴이 뼈개질 것 같고 숨이 안 쉬어지게 목구멍을 콱콱 막는 고통을 참지 않고서는 어떻게 저 높은 고개를 넘어갈 것인가? 눈물이 나올 지경으로 불쌍한 일이었다.

장응일은 그 일을 귀양살이 땅에서 겪은 이후 산골 농사꾼 아낙의 불쌍함을 뼈저리게 생각했다.

양반이나 벼슬아치는 '글'이나 '입'으로 쉽게 농사를 짓고, 힘없고 불쌍한 농사꾼들이 신고해서 지은 곡식을 속이고 위협해서 뺏어 먹는 그런 호의호

조 선 의 선 비

식은 도둑질이 아니고 무엇인가? 농사꾼에게서 사또가 가봉^{加俸}으로 세금을 더 걷고 걸핏하면 그놈들을 잡아다가 매를 때려 존문장^{存間狀} 한 장으로 소 한 마리, 닭 한 마리 값을 긁어다가 기생의 술상 머리에 술 농사를 짓는다는 것은 죄로 갈 짓이다.

설령 귀양간 양반이 낙향해서 농사꾼과 함께 산다고 쳐도 그런 농부의 가난과 굶주림을 모르고서는 하늘에 '귀'를 대고 '소리'를 제대로 들을 수 없는 것이라고 탄식했다. 청천^{聽天}이 하늘의 소리를 듣는 것이라면 그것은 곧 농사꾼이 밭두렁에서 내뱉는 쓴 숨소리를 듣는 일이었다.

황간에 유배당했던 장응일은 그 후 숙종⁽⁴³⁾이 즉위하자 귀양살이가 풀려 우승지로 나아갔는데 가끔 숙종의 부름을 받아 민정^{民情}을 말할 때는 으레 황간 땅에서 귀양살이할 때 보았던 농부할미의 일을 여쭈면서 농사꾼 아낙의 그런 신고를 헤아릴 줄 알면 참다운 성군이 될 수 있을 것이라고 진언했다.

"백성들은 그렇게 죽도록 일만 하다가 한평생을 마칩니다."

"불쌍하도다."

"농사꾼 아낙들은 열이면 셋이 등이 새우처럼 구부러져 영영 허리를 펴고 걷지 못한 채 죽습니다."

"불쌍하도다."

---

(43) **숙종** 肅宗 조선 제19대 왕(1661~1720, 재위 1674~1720).
현종의 외아들이며, 어머니는 청풍부원군 김우명의 딸인 명성왕후이다. 1689년(숙종 15) 희빈 장씨가 낳은 왕자(후일의 경종)에 대한 세자책봉문제가 빌미가 되어 남인정권이 들어섰다가, 1694년 남옥이 문제되고 폐출되었던 민비를 복위시킴을 계기로 남인이 정계에서 완전히 거세되며, 그 대신 이미 노론·소론으로 분열되어 있던 서인이 재집권하는 연속적인 변화가 있었다.
숙종의 치세기간은 정쟁은 격화되었지만 왕권은 도리어 강화되어 임진왜란 이후 계속되어 온 사회체제 전반의 복구정비작업이 거의 종료되면서 상당한 치적을 남겼다.

명릉 明陵
명릉은 숙종과 그 계비 인현왕후 민씨와 계비 인원왕후 김씨의 능으로
1701년부터 1757년까지 조성되었다. 경기도 고양시 용두동 서오릉 내에 있다.

 "또 백성들의 자식은 헐벗고 있사옵니다. 나이 열 살이 다 되도록 아랫도리를 감출 베^布 한 조각이 없어 오줌대롱을 내놓은 적자^{赤字}로 살아갑니다."
 "왜 그런고? 목화 농사는 그들이 먼저 짓지 않는고?"
 "길쌈을 해도 해도 세금으로 삼수미와 호포를 내고 나면 입을 것이 없는 탓입니다."
 "불쌍하도다, 백성이여!"
 "그런데도 지금 양반들이 사는 서울 장안은 어떻습니까? 양반들은 날로 사치하는 풍조가 늘어 비단옷 입는 아낙이 많습니다. 국법으로 백성들이 비단옷 입는 것을 더욱 엄히 다스리옵소서."
 '하늘'의 소리를 듣기 위해 청천당^{聽天堂}은 우승지 벼슬을 하면서도 비단 이불 한 채 덮는 일이 없이 검소하게 살았고 대사간이 된 뒤에도 무명이불만을 덮고 지냈다. 이미 품계가 정3품을 넘어섰고 나라에서 받는 녹으로도 집안 식구들이 다 편안히 살만한 형편이 충분했는데도 비단이불을 거부했다.

"영감."

"왜?"

"이번 손녀딸 시집 보내는 데만은 비단이불 한 채가 없을 수 없습니다. 우리 식구는 무명이불을 덮고 지내도 허물될 것이 없으나 손녀딸 아이는…."

명주이불이라도 한 채 해서 보내자고 부인이 간청했지만 한 마디로 막았다.

"안 되오."

비단이불 한 채를 못해 줄 형편은 아니었지만 그 당시 비단이라는 것은 전부 중국에서 들어온 값비싼 것이었다. 중국비단 한 필은 우리나라 무명 베 20필 값도 넘는데다가 법적으로는 엄연히 금수품이었는데도 행세하는 양반집 부녀자들은 집집마다 비단이불 덮는 것이 풍속이었다.

중국으로 사행使行이 드나들 때마다 장사꾼들이 몰래 가져오는 비단은 거의 다 밀수품이었지만 그런 밀수비단을 서울의 대가大家 고관들의 집에서는 모두 공공연히 썼던 것이다.

그래서 양반들은 비단이불을 혼숫감으로 보내는 일이 많았지만 그 당시 법에 비단이불은 양반이라도 그 품계나 나이에 따라서 쓸 수 있는 한계가 정해져 있었다. 평민이나 중인은 명주옷을 입었다가는 아예 잡혀가서 볼기를 맞고 농사꾼은 심심풀이로 뽕나무 한 그루라도 울안에 심었다가는 원님한테 잡혀가 치도곤이나 맞을거리지 아무것도 아니었다.

지금이야 명주가 되었건 비단이 되었건 반상班常의 신분제도가 없어져서 제 집 기둥뿌리를 빼다가 마누라 비단고쟁이를 단추 채워 입혀도 시비할 거리가 없지만 옛날에는 그렇지 못했다.

나라에서는 사치를 막기 위해 비단을 함부로 못쓰게 하는 법을 만들었다. 그때는 비단이나 명주가 여간 값비싼 것이 아니었기 때문에 웬만해서는 명주이불 한 채를 해가지고 시집간다는 것은 쉬운 일이 아니었다.

지금처럼 개량종 누에가 없고 산뽕山桑을 먹고 저절로 자라는 산누에山蠶뿐이라서 고치는 색깔도 누렇고 실이 나오는 양도 훨씬 적었던 것이다.

그런 자생 산누에고치에서 실을 뽑은 누런 명주는 중국 산동성 쪽에서 많이 나온다고 해서 산동주山東紬라고 했는데 왕조시대에도 그 산동주가 많이 들어와 퍼졌다.

그러나 우승지, 부제학을 거쳐 대사간 벼슬까지 올라간 장응일이 손녀딸을 시집 보내면서 무명이불 한 채만 보냈다는 소문을 듣자 가까운 친구들이 잔치 술자리에 앉아 이야기를 하다가 그 일을 가지고 장응일을 공박했다.

"여보, 청천당."

"왜?"

"그대는 지나치네."

"무엇이?"

"이번에 손녀딸을 시집 보내면서 명주이불 한 채도 안 해주고 무명이불만 해 보냈다면서?"

"응."

"영감은 도명자盜名者가 아닌가?"

"일부러 청렴하다는 이름을 낚으려고 그렇게까지 하는 것 아닌가?"

"……"

"세상 일은 피일시彼一時 차일시此一時지. 자네가 옛날 황간 땅에 귀양가서 고생했다는 것은 아네. 하지만 그때는 그때고 지금은 지금 아닌가?"

이렇게 공박해도 청천당은 그냥 웃기만 하고 말았다.

도명인지 허식인지는 모르지만 장응일은 남의 이목을 생각해서 그런 짓을 하는 것은 아니었다. 한 나라의 대사간에다 우승지 벼슬을 지낸 청천당 장응일은 나이 일흔 살이 훨씬 넘었는데도 비단이불을 덮지 않았다.

양반이 아닌 상민이라도 나이 팔십을 넘으면 명주옷 입는 것을 엄하게 막지를 않았다. 그 이유는 경로(敬老)한다는 정신에도 있었지만 몸이 늙으면 추위를 많이 타기 때문에 늙은이에게는 따스한 명주 옷을 입도록 허락했던 것이다.

그래서 속담에도 '명주 옷을 입으면 사촌까지 따뜻하다.'고 했는데 나이 칠십이 넘은 대사간이 무명이불만 덮고 지낸다는 것은 보통 고집이 아니었다.

한 집안의 웃어른이 칠십이 넘도록 명주이불을 안 쓰니 아들 손자인들 명주이불을 덮고 잠을 잘 수 있겠는가? 온 집안이 무명이불 일색이기에 다른 생활 용구나 옷이라고 해서 사치하게 꾸미거나 지니고 살 수 없었다.

그러자 가까운 친구들은 또 구두쇠라고 조롱을 했다.

"대감께서 받는 녹봉이 지금 얼마요?"

"왜?"

"나라에서 내주는 녹봉만 해도 쌀이 몇 섬이고 콩이 몇 섬에다 종이 몇 놈인가?"

"글쎄."

"이쯤 되었으면 탐욕을 부리거나 백성의 재물을 뺏어먹는 일이 아니더라도 나라의 녹봉만 가지고도 살림을 넉넉히 꾸려갈 만하지 않은가?"

"……."

"더구나 대감한테는 양가(養家)에서 물려오는 재산도 적지 않은데……."

인동^{仁同} 장씨 집안인 장응일은 현도^{顯道}의 집에 양자로 들어가 서른 살 때인 인조 7년(1629)에 별시문과 병과에 급제했다.

그 후 줄곧 사헌부에 있으면서 정언, 지평 같은 청직을 역임했고 한 번도 지방의 수령으로 나간 적이 없었지만 양가에는 본래 수백 섬 거두는 토지가 있어 부자 소리를 듣고 살만 했다.

그런데도 대사간 장응일은 인색하리만큼 검소한 살림을 고집했다. 물건을 필요없이 사치하게 쓰거나 낭비하는 것은 죄악이라고 본 것이다.

밭곡식 몇 알을 농사짓기 위해 그 황간 땅 산골마을의 늙은 농부가 밥 광주리를 이고 손바닥 같은 고개를 넘어가던 일이 좀처럼 잊혀지지 않아서였다. 그런데도 친구들은 도명^{盜名}을 위해 그러는 것이라고 조롱했다.

"내가 손녀에게 명주이불을 안 해 보낸 까닭은 따로 있네."

"무엇인가?"

"사람이 한평생을 사는 동안 아무도 그 앞일은 모르는 것일세. 인생살이에는 기복이 있고 성쇠가 있으니 부자가 항상 부자로 산다는 법이 없고 높은 벼슬아치가 항상 높은 벼슬아치 노릇만 하며 평생을 산다는 보장도 없지."

"그래서 그렇게 자린고비 노릇을 하는가? 이 사람, 어찌나 짠지 앉은자리에 풀도 안 나겠다. 하하하…."

"아끼느라고 그런 것이 아니라…."

"그럼?"

"사람이 한 번 사치한 버릇을 들여 놓으면 그 버릇을 고치기가 힘드네."

"버릇?"

"기^起할 때 교만하고, 편안하고, 사치하게 지내는 버릇이 굳어지면 나중복^{伏}할 때 어떻게 갑자기 고쳐지겠는가?"

"……."

"그러니 가장이 후손들에게 사치한 옷을 입히고 낭비하는 습관을 들여놓는다는 것은 고생을 가르치는 것이나 무엇이 다른가?"

"뭐라고?"

"그래서 나는 내 후손들이 고생할 때 고통받고 못 이겨서 애달프지 말라고 사치를 안 가르치네."

장응일은 이렇게 고집하면서 끝내 집안 식구들이 비단이불 덮고 자는 것을 허락하지 않았다. 강직하고 청백하게 자기의 도리를 지킨다기 보다 오히려 그 도리를 쪼개고 아껴서 썼다. 분수를 더욱 쪼개고 아껴서 재용^{財用}을 줄여 나갔던 것이다.

그런 구두쇠 장응일에게 어느 날 고종사촌 하나가 찾아왔다. 고종은 아버지 누이의 아들인데 장응일의 고모가 젊어서 과부가 된 이래 그 양아들이 가난하고 병약했기 때문에 마흔 살이 넘도록 백두$^{白頭, 벼슬을\ 못한\ 사람}$로 있었다. 그래서 청천당을 찾아왔다.

"수령 한 자리라도 시켜 주어야 어머님을 모시고 살겠습니다."

지금 같으면 우습게 들릴지 모르지만 그때 세상에는 감찰이나 참봉 같은 벼슬을 음관^{陰官}으로 보냈기 때문에 집안에서 높고 세력있는 사람이 있으면 으레 일가들이 찾아가서 그런 취직 부탁을 했다.

그래서 양반집 사랑방에는 그런 구관^{求官}자들이 몇 달씩 출입하여 '한 자리'를 얻어 가려고 잔심부름도 하고 뇌물을 바치기도 했다. 그러므로 고종사촌이 대사간 장응일에게 그런 청탁을 하는 것도 무리가 아니었다. 그런데 장응일은 첫마디에 꾸짖었다.

"수령자리는 왜 하려고 하느냐?"

"……."

"먹고 살려고 수령자리 얻기를 원한다면 그것은 그만 두게. 백성이 농사 짓는데 얼마나 뼈를 깎는지 서울에 사는 자네가 한 번이라도 구경한 일이 있는가?"

"없습니다."

"그러니 수령 벼슬할 생각은 그만 두게."

'먹고 사는 방편'으로 수령을 해나가는 것은 백성에게 못할 양반의 행패라고 보았다. 그 대신 장응일은 양아버지한테서 받은 토지의 절반을 과부가 된 고모 앞으로 떼어 주면서 황간에서 겪었던 얘기를 또 하였다.

장응일이 단순히 구두쇠 노릇을 하느라고 시집가는 손녀딸에게까지 명주이불 한 채를 안 해준 것이라면 아마 그런 용단은 못 내렸을 것이다. 그래서 청천당 장응일의 청렴을 북학의 거두였던 성호 이익도 자기 문집에다 기록해 두었다.

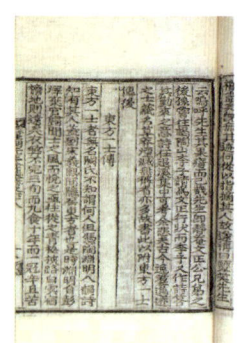

성호 이익의 문집

조선의 선비
신흠 申欽

평생을
옷 하나
이불 하나로
살 다

공자는 가끔 흐르는 물과 괴어 있는 물에 비유해서 세상 사는 방법을 가르친 일이 있다. 요즘 세상에서는 물 자체의 행태로 보아 '물은 오래 괴어 있으면 썩는다.'는 말을 처세훈으로 많이 삼는다.
사람의 생각이나 행동이 웅덩이에 괴어서 움직이지 않으면 썩고 마니, 매사에 적극적이고 활동적으로 처세하라는 뜻이다.

요즘 같은 자기 PR 시대에 바쁘게 적응하고 사는 데는 참으로 훌륭한 금언金言이다. 또 현실을 적나라하게 들여다 본 현자의 가르침이라고 하지 않을 수 없다.

그러나 인간 자신의 참다운 마음자리를 보기 위해서는 흐르는 물을 들여다 보지 말고 조용하게 가라앉아 괴어 있는 물을 들여다보라고 선인들은 가르쳤다. 흐르는 물에서는 충동과 욕심이 생기며 항상 쉬지 않고 출렁거려 제 마음자리를 바르게 비춰보아 그 참모습을 찾기 어려운 탓이었다.

이런 물의 가르침과 연관시켜 우리는 '坎(감)'이라는 말을 생각할 수 있다. '坎'이란 말은 북쪽이란 뜻도 되고 팔괘의 하나가 되어 태극기에 나오는 '☵'의 괘#도 감이다.

그런데 '坎'의 가장 보편적인 의미는 '구덩이'라는 뜻이다. 이는 위험하고 어렵다는 뜻도 되고 가난한 선비가 뜻을 얻지 못하고 어렵게 사는 것도 '坎'이다.

물이라는 것은 때를 만나 흘러 가다가도 일단 구덩이(坎)를 만나면 더 흐르지 못하고 쉬어버린다. 이렇게 구덩이에 물이 괴어 있는 상태를 '止(지)'라고 한다.

이래서 때를 얻지 못하고 위험한 지경에 다다라서 무슨 일을 그만 두는 것을 '坎止(감지)'라고 한다. '흐르게 되면 흘러가고 구덩이를 만나면 그친다(乘流則逝 得坎則止).'는 뜻인데 이것은 군자가 때를 얻어 세상에 나갈 수 있으면 나가서 출세를 하고 난세를 만나면 돌아와서 숨어 산다는 뜻이었다.

광해군 때 병조판서와 대사헌을 지냈던 상촌^{象村} 신흠⁽⁴⁴⁾이 경기도 김포 땅 야트막한 산아래에 '감지당^{坎止堂}'이란 움막을 짓고 숨어 살면서 때때로 낚싯대를 빈 웅덩이에 던져 넣고서 긴긴 봄날 하루해를 보내곤 했다.

소나무와 버드나무가 우거진 산아래 빈터에는 지붕이 다 찌그러진 움막이 손바닥만한 마당을 앞에 놓고 따사롭게 엎드려 있는데 그 떳집에는 '감

---

(44) **신흠** 申欽 1566(명종 21)~1628(인조 6).
조선 중기의 문신. 본관은 평산(平山), 호는 현헌(玄軒)·상촌(象村). 1586년에 별시문과에 장원으로 급제하여 예조판서, 좌의정, 우의정, 영의정을 지냈다. 조선 시대 이정구·장유·이식과 함께 '월상계택(月象谿澤)'이라는 4대 문장가로 일컬어질 만큼 뛰어난 문장력으로 대명외교문서의 제작, 시문의 정리, 각종 의례문서 제작에도 참여하였다.

지당'이란 붓글씨 편액이 한가롭게 졸고 있다.

　찾아오는 손님도 없이 어린 동자 하나와 한나절을 보내고 있는 감지당에는 고사리 나물이 담긴 소쿠리 한 개와 씨감자 몇 되가 있을 뿐이다.

　붓 끝이 기운차게 획획 내쏟아 획을 쓴 편액의 글씨 기상에 비하면 너무나 조촐하고 가난한 살림살이었다.

　"동자야!"

　"예, 대감마님."

　"오늘 점심은 무엇으로 먹느냐?"

　"아직 씨감자 몇 톨이 남아 있으니 고사리를 삶아 점심 진지를 지을까 합니다."

　"씨감자?"

　"네."

　"하하하…. 이 녀석아, 배고프다고 씨감자를 삶아 먹어 버리면 내년에는 정말 밥을 굶겠느냐?"

　"그래도…."

　"어떻게 소새끼처럼 고사리만 삶아 먹냐 이 말이냐? 할 수 없지. 점심에 고사리를 삶아 먹고 나면 또 무슨 방도가 나오리라."

　신흠은 태연히 마른 고사리를 삶아 주린 배를 채우면서 '감지당'의 뜻을 새겨 4년 동안이나 견디어 오고 있었다.

　원래 신흠은 개성 도사 신승서申承緖의 아들로 태어났는데 외할아버지는 당대의 거유이던 송기수宋麒壽였다.

　그래서 그런지 신흠은 빼어나게 재주가 출중했고 글과 글씨가 당대의 으뜸일 만큼 소년 시절부터 이름이 나 있었다.

조 선 의　선 비

그런 학자로서의 재주만이 아니라 신흠은 벼슬길도 일찍부터 열렸다.

선조 18년, 스무 살에 진사가 되었고 그 이듬해 스물한 살 때는 별시문과 병과(丙科)로 당당하게 과거에 합격했다.

명문 재상가의 핏줄에다 재주가 있더라도 스무 살 안팎에 과거에 급제하는 것은 그렇게 흔한 일이 아니었다. 스물세 살 때는 어느새 경원훈도(慶源訓導), 스물네 살 때는 병조좌랑에 올랐으니 지금의 국방부 국장쯤 된 것이다.

스물여섯 살 때 양재도찰방을 지냈고 임진왜란을 만나자 삼도순변사 신립(申砬) 장군을 따라 새재(鳥嶺) 싸움에 참가했다.

여기서 신립 장군의 군사가 무너지자 강화도로 들어가 싸우다가 다시 체찰사 정철의 종사관이 되어 동분서주 활약했다. 이어서 신흠은 사헌부 지평, 부제학, 대사간, 도승지 벼슬을 마흔 살 이전에 모두 치루고 마흔한 살 때는 병조판서에까지 올랐다.

그가 이렇게 관계(官界)에서 두각을 나타낼 수 있었던 것은 첫째 그의 탁월한 재능 때문이었다.

그가 한참 임진왜란을 치루면서 도체찰사 정철의 종사관으로 따라 다닐 때 일이었다.

도체찰사는 임진왜란을 현지로 돌아다니며 지휘 감독하는 막중한 직책으로 소관 사무가 여간 번다하고 많은 것이 아니었다.

그래서 백성들의 송사며 군사 이동관계, 군량미 조달관계며 명나라 군사들의 각종 뒷바라지까지 눈코 뜰 새가 없이 사무가 쌓이는데 종사관 신흠은 이것을 재치있고 탁월하게 해결했다.

"이렇게 산더미처럼 쌓이는 서류를 나 혼자 다 읽어 가면서 처리하자면 부지하세월이겠다…."

"하지만 백성들의 일이니 사무를 안 볼 수도 없지 않습니까?"

"사무를 안 보다니? 백성은 이 난리를 만났는데 체찰사의 진중에서 사무를 안 보면 어떻게 되느냐."

서류더미를 쥐고 쩝쩝 입맛을 다시며 걱정을 하던 종사관 신흠은 이튿날에는 영리하여 글씨를 잘 읽는 아전 10여 명과 법규를 잘 아는 자 10여 명을 따로 불러다 놓고 명했다.

"어서 너희들이 소장訴狀을 읽어라!"

"그 글에는 무슨 호소가 써 있느냐?"

"비변사로 보낼 문서는 어떻게 되었느냐?"

이렇게 산더미처럼 쌓인 문서를 20여 명 아전들에게 각각 나누어 주어 읽어 올리게 하였다.

霽聲白之 且今軍民 陳不便狀 … 公 目覽, 耳受, 口詢, 手判 …

종사관 신흠은 그 아전들이 문서를 소리내어 읽게 하고 군사와 백성들에겐 불편한 일을 따로 글로 써서 올리게 하니, 지저분한 것이 많고 호소한 내용이 갈피를 잡을 수 없게 시끄러웠으나 … 눈으로 문서를 보면서 귀로는 듣고 입으로 물으면서 손으로는 붓을 들어 판결을 내리니…

이렇게 귀신 같이 속전속결로 한꺼번에 처리하는 데도 잘못 처리된 내용이 하나도 없었다는 것이다.

"귀신이야, 귀신!"

"오른쪽 뺨에 붉은 사마귀가 난 나리가 누구야?"

"누구긴! 그게 세상에 재주 많기로 소문만 상촌선생이라네."

신흠 묘역 및 신도비
신흠을 모신 유택이다. 봉분은 단분으로 부인 전의 이씨와의 합장묘이다.
경기도 광주시 퇴촌면 영동리 산12-1 소재.

"잘한다! 잘해!"

이렇게 재주를 발휘해 백성들의 칭송을 들어왔던 목민관이었다.

그래서 그가 마흔두 살 되던 해는 당당하게 대사헌 벼슬에 올랐고 세자책봉 주청사가 되어 명나라까지 다녀왔다.

그러다가 선조로부터 어린 왕세자 영창대군의 뒷일을 부탁받은 소위 유교칠신遺敎七臣의 한 사람이 되었는데, 나중에 광해군이 영창대군을 죽이고 임금이 되어 계축옥사를 일으키자 '유교칠신'이란 죄목으로 내쫓겨 파면을 당했다.

그래서 하루아침에 벼슬길에서 내쫓긴 대사헌 신흠은 자기 조상의 선영이 있는 김포 땅에 들어가 움막 하나를 세워 감지당을 삼고 흐르는 물과 괴어 있는 물의 이치를 배우면서 불운한 세월을 지내고 있는데 그 살림살이가 말이 아니었다.

그래서 신흠은 나라에서 환곡을 얻어다가 끼니를 잇는 일이 많았지만 때때로 그렇게 빌려온 환곡도 떨어져 고사리나 씨감자로 굶주림을 잇는 때도 허다하였다.

그래서 이웃에 사는 가난한 백성들의 귀리나 감자를 얻어먹게 되는 경우도 번번이 있었다.

양반은 얼어 죽어도 짚불 화로를 쬐자고 손을 벌릴 수가 없고 배고프다고 등에다 지게를 짊어지고 나설 수도 없으니 한 번 굶기 시작하면 쉽게 죽을 수밖에 없었다.

그래서 대사헌 신흠은 꺼칠꺼칠한 보리밥을 먹다가 그것도 떨어져 마른 고사리나 삶아 먹게 되었던 것이다.

"대감마님."

"왜 그러느냐?"

"어떤 백성인지 간밤에 대문 안에다 달걀 3개를 몰래 놓고 갔습니다."

"왜?"

"대감께서 가난하여 고생하신다는 소문이 났는가 봅니다. 그저께는 누가 울타리 안에다 큰 늙은 호박 한 덩이를 놓고 갔는데…."

"……."

가난한 백성들이니 저희들 입 하나 먹이기에도 넉넉할 이치가 없다. 그런데도 제 입에 들어갈 보리 쌀 한 되나 늙은 호박 한 덩이라도 누군지 모르게 신흠의 집 울타리 안으로 넣어 주는 인정들을 저버릴 수가 없었다.

"그럼 내일 아침에는 호박을 삶아라. 이웃이 주는 것이니 맛있게 먹자!"

한 나라의 대사헌 영감이 비록 끈 떨어진 광대꼴이 되었다고는 하지만 이렇게도 가난할 수가 있을까?

적어도 병조판서에다가 대사헌, 대사간을 지냈고 임금의 밑에서 명령을 출납했던 도승지를 지낸 신흠이 이렇게 가난하게 살 수가 있을까?

선영이 있는 고향 땅이라고 하지만 그는 변변하게 전장(田庄) 하나를 장만해 둔 것이 없었다.

조선시대의 관리라는 것이 나라의 녹만을 받아 그 큰 살림살이를 유지할 수 있었던 일은 극히 드물었다.

권력이 많아 남의 전장이나 토지를 빼앗거나 종들을 많이 두어 그들로부터 비싼 속(贖)을 받거나 아니면 나랏것을 훔쳐 사복을 채우거나 하여야 했다.

하다못해 아전이나 포졸 하나를 하더라도 다 제 한입 주워 먹고 살 것은 어떻게든지 있었다.

그런데 권력이나 재능이란 면에서 조금도 남에게 뒤떨어지지 않는 신흠은 왜 이렇게 끼니조차 잇지 못하며 살아야 했을까?

아무리 감지당을 지어 놓고 숨어 사는 불운한 시기라고는 하지만 너무 가난한 신흠의 살림살이였다.

그러나 그 가난하고 불쌍한 이웃 농사꾼들의 호박 한 덩이라도 신흠이 어찌 공짜로 편안히 얻어 먹을 수가 있겠는가?

신흠은 동자를 시켜 심부름을 보냈다.

"애야."

"예."

"너, 내일은 마을에 내려가서 이러고 저러고 좀 해오너라."

아무 백성네 아들이 어느 날 혼사를 치룬다 하면 글 모르는 백성들에 사주단자 등을 써줬다.

"대감마님."

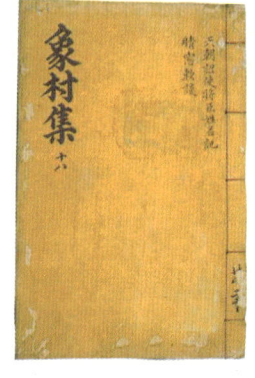

상촌집 象村集
뛰어난 문장력의 신흠이 남긴 저서.
상촌집은 63권으로 이루어져 있으며 한시 2천36수가 전해진다.

"왜 그러느냐?"

"오늘이 쇤네 할애비 제삿날이온데…."

이렇게 말문을 열어놓고 뒤통수나 슬슬 긁는 녀석을 보면 "오라, 지방을 못 써 걱정이란 말이구나." 하면서 신주神主도 만들어 주고 어떤 백성에게는 급한 안부 편지도 대신 써 주곤 하였다.

까막눈인 그들에게는 편지 한 장 제대로 못 쓰는 것도 여간 답답한 일이 아니었다. 그러나 도승지까지 지낸 신흠의 체통으로 보아서 개똥이, 쇠똥이 아들의 사주단자까지 써 주는 일이 심히 체통에 어그러진 일이었지만 이웃 백성들이 가져다 준 호박 한 덩이의 인정은 그런 체면치레를 말끔히 뛰어넘게 한 것이다.

이렇게 백성들의 호박 한 덩이를 얻어먹는 감지당의 세월을 지내다가 다시 계축옥사의 여파로 이번에는 춘천 땅으로 귀양살이를 갔다.

그 귀양살이 4년 동안도 쓰고 쓴 세월이었다.

그래서 그는 아예 방암放菴이란 호를 초가집 문짝 위에 스스로 써 붙이고 농사꾼이 쓰는 삿갓도 쓰고 도롱이도 입으면서 호미를 들고 채소를 가꾸며 농사일도 해 보았다.

방암이란 당호를 택한 것은 어서 귀양살이에서 풀리라는 간절한 소망도 있었지만 세속의 영욕에서 몸이 풀려났다는 뜻도 있었다.

그러다가 신흠은 나중에 광해군을 내쫓는 인조반정仁祖反正이 성공하자 맨 먼저 불려 올라와 이조판서를 맡았고 대제학까지 겸임했다가 쉰일곱 살에는 우의정을 하였다. 그러다가 2년 후에는 다시 좌의정, 정유재란이 있고 난 뒤에는 영의정이 되어 나라의 정치를 총괄하는 지위에까지 올라 있었지만 역시 가난하기는 옛날이나 조금도 다름이 없었다.

그가 살고 있는 집이 헐고 기울어져 집안 사람들이 "대감마님, 이제는 기둥이 기울고 서까래가 삭아 더 놓아둘 수가 없습니다."라고 하며 쓰러져 가는 초가 몇 칸을 두고 걱정을 하였다.

법도로 봐서야 한 나라의 좌의정에다 영의정까지 지낸 사람이니 적어도 6칸짜리 대청을 짓고 살아야 한다.

그 6칸 대청의 넓디 넓은 사랑 마루를 둘째 첩, 셋째 마누라 등이 쌍쌍으로 비단치마를 공작 꼬리처럼 화사하게 끌고 다녔다.

"영감, 꿩고기를 지져 올릴까요?"

"대감, 곰의 발바닥에다 올빼미 고기를 구워서 진지를 드시려오?"

산해진미를 상다리가 휘어지게 차려 놓고 먹고산들 한 나라의 영의정을 시비 걸 사람이 누가 있겠는가?

생일날이면 녹의홍상을 차려 입은 기생, 소리쟁이, 광대들을 수북이 불러 마당에다 줄을 매고 땅 재주를 넘고 부채춤을 추고 논들 격식에 어그러질 것이 하나도 없었다.

영의정 신흠의 집안에는 이제 과거에 급제한 아들과 손자들이 마당에 가득한데 그만한 영화쯤을 누려도 무슨 상관이겠는가? 그런데도 초가집 두어 칸은 기둥이 기울고 기와가 깨졌는데도, 임진왜란과 정유재란을 치룬 나라가 안정되지 못하고 백성이 슬픔을 다 거두지 못해 참담한 판에 홀로 한 나라의 재상이 되어 가지고 자기 집 지붕이 썩는 걱정을 하고 있을 수는 없었다.

그래서 평생을 그렇게 철저하고 맵게 지낸 탓으로 영의정 신흠은 죽을 때 옷과 이불을 덮은 것 이외에는 달리 남은 것이 하나도 없었다고 한다.

조선의 선비

이시원

李是遠

돗자리를
짜서
생계를
잇다

　지금도 강화에서는 그 고을의 특산물로 연간 약 1억여 원어치나 되는 화문석(물들인 왕골을 덧겹쳐가며 엮은 꽃돗자리)을 짜내고 있다. 강화군 하점면과 양사면 등지에서 왕골로 짜내는 화문석은 산뜻하고 고우면서도 어떤 형태의 방바닥에 깔아도 어울리는 맛이 특색이다.

　화려한 자개 장롱이 호화현란하게 치장되어 있는 기생의 안방에 깔아도 어울리고, 조촐하고 가난한 선비의 방에 깔아도 의젓하고 산뜻한 기풍을 지녀서 좋다.

　물론 우리나라의 왕골자리나 방석 같은 완초 제품이 꼭 강화도에서만 생산되던 특산물은 아니었다. 강화도 말고도 전국 곳곳에서 그 고을의 특산물처럼 왕골자리가 생산되었고 특히 경상도 안동(安東) 지방에서 났던 왕골자리도 유명한 진상품의 하나였다.

　그렇다면 구태여 강화도 화문석만이 이렇게 요란하게 떠받들어져 '한국

적 민예품'의 노른자위처럼 여기는 까닭은 무엇일까?

강화도 사람들이 짜내는 '왕골자리'라면 어느 지방에서나 그만한 정도의 솜씨로 왕골자리를 짜내는 것은 그리 어려울 까닭이 없다.

그러나 무엇이건 연유를 따지고 보면 사람 얼굴에 돋은 비사마귀 하나까지도 그렇게 하루아침에 방죽 가운데 망둥이 솟듯 불쑥 솟아나는 것이 아니다. 한 지방에서 나는 조그만 왕골자리 하나에도 거기엔 거기대로 역사가 깃들고 전통이 이어져 솜씨가 다듬어져 온 것이다. 그렇게 해서 강화 화문석도 탄생되었다는 얘기이다.

우리나라 청백리 얘기를 하려면서 왜 느닷없이 강화도 특산물인 화문석을 가지고 운자$_{韻字}$를 떼는가 할 것이나, 사실은 강화도에서 화문석이 나오기 전에 이미 강화도에서는 흑백자리가 나왔고 또 순조 무렵에는 승지자리라는 것이 있었던 유래를 말해야 말을 꺼내는 순서가 맞아떨어질 것 같아서다.

여기서 말하는 승지자리가 바로 순조 때의 청백리로 온 백성들의 추앙을 받던 이조판서 이시원$^{李是遠(45)}$이 짰던 자리였다. 그때 이시원은 승지 벼슬을 그만 둔 뒤 잠시 강화도에 은거하며 살았는데 그가 돗자리를 짜 그것을 팔아서 생계를 삼았다는 데서 '승지자리'라는 말이 생겼다.

자리는 물론 멍석이나 멱동구미를 트는 것보다는 훨씬 점잖은 노동이긴

---

(45) **이시원** 李是遠 1790(정조 14)~1866(고종 3).
본관은 전주(全州), 자는 자직(子直), 호는 사기(沙磯). 1815년(순조 15) 정시문과에 갑과로 급제하여 성균관전적이 되었다. 헌종 초년에 동부승지에 올랐으나 부임하지 않았다. 1866년에는 병인양요가 일어나 강화도가 함락되자, 아우 이지원(李止遠)과 함께 유서를 남기고 음독 자결하였다.

하다. 왕골은 짚을 다루는 것보다는 먼지도 덜 나고 힘도 덜 든다. 그래서 나이 든 영감들이 노는 틈에 삼(麻)으로 노끈을 꼬고 왕골을 째어 물에 축여 두었다가 자리틀을 매고 자리를 짜는 경우가 없지 않은 것은 아니다.

　노인들이 소일거리 삼아서 겨울에는 그런 자리치기를 하면서 보냈는데 이런 자리치기를 하는 것도 일반 농사꾼 늙은이들이나 하는 짓이지, 양반 그것도 임금님 곁에서 승지 벼슬을 지낸 사람이 할 짓인가? 옛날 법도로 보아서 양반은 장에 가서 쌀값을 물어 보아도 안 되었고 자기 손으로 돈을 만져서도 안 되는 풍습이었다. 일은 천한 것이므로 무슨 일이든 반드시 부리는 종을 시켜 하는 것이지, 양반이 스스로 일을 하는 것은 아니었다.

　양반이 하는 일이란 기껏해야 자기 손으로 술잔을 잡고 밥숟갈을 드는 일 뿐이지, 걷는 것도 가마를 타고 오줌을 누는 일도 천침기생이 요강을 대령하여 '남의 손으로 오줌도 누고 산다.'는 판인데 강화도에 돌아와 사는 승지 이시원은 몸소 자리까지 짜 생계를 이어가고 있다니 그 양반은 좋은 자리 있을 때 무엇하고 늙어서 이 고생인가?

　아마 요새로 치면 국물이 나올 만큼 '좋은 자리'도 한 번 못 앉아 본 무능 탓이라고 생각되기 쉽다. 그러나 청백리 이시원은 성미가 대쪽같이 곧고 대의에 밝은 선비였다.

　사기(沙磯) 이시원은 1790년에 태어나 고종 3년인 1866년에 죽었다. 그러니까 77살로 눈을 감은 셈이지만, 그때도 이 노인은 그냥 병을 앓다가 죽은 것이 아니라 스스로 나라의 치욕을 못 참아 자결을 했던 의사였다.

　이시원은 스물여섯 살 되던 순조 15년에 정시문과 갑과에 급제하여 전적, 정언(正言) 등이 되고 태천현감을 거쳐 홍문관 교리, 사헌부 장령을 두루 지냈다. 그러다가 철종⁽⁴⁶⁾이 즉위하자 개성부 유수, 도총관, 호군을 역임했고 1856년에는 함경도 관찰사로 나갔다.

안동 김씨 외척세도가 하늘로 날아가는 새도 손짓 하나로 떨어뜨리던 혹독한 세상에도 전주 이씨 왕족의 근친으로서 그만큼이라도 살아남는 일은 그렇게 흔한 경우가 아니었다. 말하자면 안동 김씨가 온 세상에 넘쳐 도도한 물결로 홍수를 이루며 흐를 때, 전주 이씨 중에서 함경감사 하나라도 차지할 수 있었던 것은 사기 이시원의 뒤가 그만큼 깨끗하고 청백했던 인품 탓이라고 할 수 있다.

그러다가 대원군이 안동 김씨를 몰아내고 전주 이씨들을 많이 등용했을 때 이시원은 나이 일흔여섯 살로 조정에 다시 나가 이조판서, 홍문관 제학, 예문관 제학을 맡았고 특지로 정헌대부에 오른 뒤 강화도로 돌아가 은거하고 있었다.

그런데 그 이듬해 병인양요를 일으키며 프랑스 군함이 양화진과 강화도를 함락하자 울분에 못이겨 외적을 못 막은 죄를 논한 유서를 남기고 스스로 자결하여 목숨을 끊었다.

그래서 이조판서 이시원은 충정忠貞이란 시호를 받고 영의정으로 추증되었다. 그런데 청백리 이시원은 벼슬길에 나가기 전부터 강화도에 묻혀 살

---

(46) **철종** 哲宗 조선 제25대 왕(1831~1863, 재위 1849~1863).
철종은 정조의 아우 은언군의 손자로 1844년 형 회평군 명의 옥사로 가족과 함께 강화도에 유배되어 있었는데 헌종이 후사가 없이 죽자 왕위에 올랐다. 1851년(철종 2) 9월에는 대왕대비의 근친 김문근의 딸을 왕비로 맞았다.
순조 때부터 시작된 안동 김씨의 세도정치는 삼정의 문란의 문란을 가져오고 탐관오리가 횡행하여 민란이 들끓었다. 이와 같은 사회현상에서 최제우가 동학을 창도하자 이를 탄압, 교주 최제우를 처형시키기도 하였다. 1863년 12월 8일 재위 14년 만에 33세를 일기로 죽고 말았다.

조선시대 돗자리 짜는 모습
김홍도 作.

면서 자리를 짜 생계에 보탰다고 한다. 자리를 짜면서 글을 읽고 나중에는 재주가 뛰어나서 크게 발탁이 되었던 인물이지만 그는 한 고을의 관찰사가 되어 나간 뒤에도 밤에는 옛날처럼 자리를 짜면서 수양을 했다고 한다.

함경도 천리지경을 맡은 감사가 아니라 고양이 낯바닥만한 삼수갑산 한쪽을 맡아 다스리는 원님만 되어도 그 침학은 이루 말할 수가 없는 세상이었다. 백성의 가죽을 벗기고 배꼽을 훑어다가 제 몸뚱이 살을 보태는 비기肥己가 판을 치는 관료 풍습이었다.

나랏것은 도둑질해 먹고 백성의 재물은 뺏어먹는 것이 순조, 철종시대의 이도였다. 그런데 독야청청도 유분수지 함경감사 이시원의 돗자리는 이게 뭣인가? 함경감사 이시원은 소문만이 아니라 긴긴 겨울밤 잠이 안 오는 때는 혼자 깨어 일어나 노끈을 꼬고 그 노끈을 반질반질 길이 난 자리틀에 매면서 시간을 보냈다.

한 발 한 발씩 노끈을 매어 이어가고 그것을 날줄 삼아 왕골을 먹여 한 올 한 올 엮어간다는 것은 인내력과 참을성을 기르고 작은 것을 가지고 엮고 쌓아서 큰 것을 이룬다는 인생살이의 공부도 되었다.

그러나 사기 이시원의 '승지자리'가 순조 때에 강화도 화문석으로 그 자리서 탈바꿈했던 것은 아니었다.

지금은 곱고 널쩍하게 짠 강화도 화문석을 어느 집에서나 깔고 살 수가 있다. 시원한 대청마루에 강화 화문석을 깔고 날렵하게 꾸민 모시옷이라도 차려 입고서 한여름에 밀수^{蜜水}에다 수박이나 동동 띄워서 먹는 맛이란 천하일품이다. 그런 자리에서만이 강화도 화문석은 더 품위가 산뜻하게 살아난다.

그런데 그때까지 강화도 화문석은 오직 왕궁에서만 쓰던 진상품으로 강화도에서 그런 꽃 돗자리 화문석이 생산되기 시작한 것도 불과 90여 년밖에는 되지 않았다. 강화 화문석은 1870년대에 처음 생산된 것인데 그때 화문석을 처음 잡던 한충돈은 나이 18세의 소년이었다고 한다.

처음에는 강화도 돗자리도 지금처럼 색깔을 넣고 모양을 디자인한 정교한 것이 아니었다. 그때는 다른 지방에서 많이 생산하는 돗자리처럼 강화 돗자리도 색깔이나 모양을 디자인하지 않은 그냥 민자리였다. 그 민자리를 나중에는 왕골에다 검은 물감을 들여 군데군데 집어넣는 얼룩자리로 발전시키게 되었다.

그런데 고종 1년 대원군이 집권하여 풍행천리^{風行千里}의 위세를 무섭게 떨칠 때였다. 강화도 고을에는 느닷없이 추상 같은 대원군의 호령 하나가 전달되었다.

"우리 강화 고을에서 화문석을 짜 진상하라는 분부가 내렸다네."

"화문석이라니?"

"왕골로 자리를 짜되 그 자리 바닥에다 오얏꽃 무늬를 놓으라는 것이오!"

"자리 바닥에다 그것도 왕골을 한살로 써서 꽃을 수놓아?"

"꽃을 수놓자니 왕골에다 빨갛고 파란 물감먹이는 법도 알아야 하고 또 찌는 방법도 새로 알아내야 할 텐데…."

"글쎄, 큰일났소! 언제 우리가 그런 화문석을 짜 보았나?"

"하지만 어느 존전의 명령이라고 거역할 수 있겠소? 만약 화문석을 제 날짜에 못 짜내는 날에는 우리가 죽소!"

그래서 온 강화 사람들이 죽을 각오로 화문석 짜는 법을 연구하던 끝에 드디어 18세 소년 한충돈과 김신행이 그 방법을 찾아냈다는 것이다.

이로써 강화도 화문석은 이시원의 승지자리가 그 뒤에 흑색 무늬를 넣는 얼룩자리로 발달된 후, 다시 그 얼룩자리가 청, 홍, 황색 등이 든 화문(花紋)으로까지 발전된 역사를 지니게 되었다.

따라서 승지 이시원이 직접 화문석을 낸 것은 아니지만 적어도 승지자리가 장안까지 이름을 떨친 것은 그의 청렴 때문에 더 돋보이고 값졌던 것이었다.

이시원은 50여 년 동안 관계에 나가서 온갖 요직을 다 역임했다. 외직만 해도 태천현감, 개성유수에다 함경도 관찰사를 역임했으니 웬만하면 몇 살림 장만해서 여러 작은 집 기첩(妓妾)들까지도 먹고 살 걱정이 없어야 했다.

그런데 이시원이 함경감사에서 물러나 집에 와 있는 동안 그는 아주 어려운 살림살이를 경영하지 않으면 안 되었다.

강화 땅은 원래 물이 귀하고 척박하여 기름지지 못한 데다 흉년을 잘 탔다. 그래서 항상 주민들은 3년 먹을 양식은 장만해 두어야만 밤에 발을 뻗고 잠을 잔다지만 함경감사에서 물러나온 이시원 영감에게는 이렇다 할 농토 하나 변변한 것이 없었다.

전직이 함경감사까지 이르렀지만 주인 영감이 원체 청렴하고 보니 집안에는 종들도 별로 없었다. 쓸쓸하고도 고적한 선비의 노후였다. 그런 한적하고 가난한 섬 생활을 보내면서 이시원은 늙은 뒤에도 옛날 젊었을 때처럼 묵묵히 자리를 짜는 것으로 세월을 보내고 있었다.

"이제 자리 짜는 일은 그만 두시죠. 남 보기에도 너무…."

"초라하다 이건가? 늙으면 누구나 초라한 법이네. 얼굴엔 주름 생기고 손등에는 검버섯이 피었으니 초라할 수밖에."

"하지만, 영감님이 자리를 짜기엔 이제는 너무 힘드십니다. 바디질이나 바늘대질을 하자면 어깨가 아프시지요!"

"그래도 자리는 짜야지. 이것도 안 하면 난 뭘 하나? 하하하."

그러면서 늙은 이시원은 벽에다 갈고리 나무못을 걸고 거기다가 삼노끈을 감아 내리면서 양손의 엄지와 검지로 열심히 노끈을 꼬아 갔다.

더러 나이가 들면서 노인들이 손바닥에다 추자 알맹이 두 개를 넣고 열심히 삐거덕 소리를 내가면서 굴리는 이를 볼 때가 있다. 그냥 손을 놀려 두면 신경이 쉬거나 마비되어 무력증이 생기기 쉬워 건강상 그렇게 하는 것이다.

그런데 이시원은 그렇게 하지 않고 두 손으로 노끈을 꼬는 노동을 하면서 자리를 짤 뿐 아니라 간단한 생계를 보태기도 했던 것이다.

이렇게 종이나 삼으로 가늘게 심지를 꼬듯이 하면서 노끈을 꼬는 일은 사람의 심성을 닦는 수양 방법으로도 이용되었다.

동학 2세 교주였던 해월 최시형도 평생 짚신을 삼거나 노끈을 꼬는 것으로 수도(修道)를 하였다. 동학이 혹세무민으로 지목되어 오랫동안 탄압을 받고 교도들이 포졸들에게 쫓겨 이곳 저곳으로 숨어 다닐 때 최시형도 그의 후반생 거의 전부를 포졸들에게 쫓겨 다니면서 살았다.

이시원의 생가

이 집은 이시원과 그의 손자 영재 이건창이 태어난 집. 바깥채 문을 열고 들어서면 바로 안마당이며 마당 한쪽에 얌전하게 우물이 자리하고 있다. 안채는 9칸의 "ㄱ"자 형으로 되어있고 명미당이란 당호가 붙어 있다. 생가 뒷담 밖으로 이시원의 묘가 있다. 강화군 화도면 사기리 소재.

    그래서 한 곳에서 2년을 제대로 못 살고 이 교도의 집에서 저 교도의 집으로 옮겨 다니는데 어느 집에 머물든 그는 방안에서 주문呪文을 외는 일이 아니면 꼭 노끈을 꼬거나 짚신을 삼으면서 하루 밤을 잤다.

    누가 신을 짚신인지도 누가 무엇에 쓸 노끈인지도 모른 채 그는 열심히 노끈을 꼬거나 짚신을 삼아 그 방의 시렁 위 한 구석에 놓아두고 떠나갔다.

    그렇게 평생을 쫓기고 숨으면서 전도를 해야 하는 일자무식의 교주 해월도 짚신을 삼고 노끈을 꼬아 마음을 다스린 일이 있었지만 한 나라의 대감을 지낸 이시원이 늙어서까지 손수 노끈을 꼬아 자리를 쳤던 일은 여러 가지로 감명을 주는 이야기이다.

    강화 화문석을 볼 때마다 '승지자리'를 생각하게 되고 깨끗하고 청렴했던 이시원이 자리 쳤던 일화를 문득 떠올리게 된다.

    이시원이 손수 자리를 쳤던 '승지자리' 얘기는《매천야록》에도 기록되어 있다.

조선의 선비 홍흥 洪興

왕자도
엄한
법규로
다스리다

한 나라가 다른 나라와 상종을 하는 데에도 가끔 우스꽝스러운 연극을 해온 일이 많다. 이쪽 나라와 저쪽 나라가 사신을 주고 받으며 교류를 할 때 서로 자기 나라에도 '사람 있다'는 표시를 하기 위해 같은 값이면 키 크고, 몸집 좋고, 글 잘하고, 언변 좋은 인물을 골라 사신으로 보내는 것이 관례였다.

이것은 마치 두 집이 사위 얻고 며느리 얻는 혼사를 할 때 키가 훤칠하고 잘난 사람을 상객上客으로 골라보내 서로 기죽지 않으려고 했던 일이나 일반일 것이다. 하물며 이해관계가 다른 타 민족을 상대로 한 사신끼리야 오죽하겠는가? 기가 죽어서는 이쪽이 상대방에게 꿀릴 수밖에 없는 것이다.

1854년 일본의 도쿠가와 막부德川幕府가 미국의 페리 제독이 끌고 간 7척의 군함 앞에 처음 개국을 할 때였다.

그때 페리 제독은 2년 전부터 일본에 가서 "아무 해 다시 올테니 그때까

조선의 선비

지 정확한 답변을 해달라!"고 국교를 요구하며 제법 콧대 높고 위협적인 태도를 보였던 것이다.

어느 날 페리 제독은 일본을 다시 찾는다. 그러자 일본의 막부는 자그마치 만명의 정예 군대를 동원하여 해안선을 포위하고 또 180여 척의 배를 바다 위에 띄워놓고 위세를 보였다. 그때 미국의 페리란 양반은 그런 삼엄한 분위기에도 조금도 콧대가 죽지 않고 무장병 3백여 명에게 신식 양총洋銃을 들려 질서정연하게 상륙하여 위협적인 태도를 보였다.

1만 명 일본 무사들 속을 눈섭 하나 까딱하지 않고 불과 3백 명이 발맞추고 어깨총을 한 채 척척 다가드는데는 일본 측도 기가 질려 끝내는 그해 3월 3일 미국과 12개 조약을 맺어 문호를 열고 말았던 것이다.

이때 일본은 은근히 페리 앞에서 시위를 하였다. 도쿠가와 막부는 기운 센 일본 씨름꾼들에게 벼 한 섬씩 든 가마니를 양손에 들려 페리의 배 안에 실어주게 했던 것이다. 그러자 페리도 '과연 일본에는 힘 없는 사람만 있는 게 아니라, 제법 황소 힘을 쓰는 씨름꾼도 많구나!'하고 은근히 기가 죽었다는 얘기가 있다.

조선 초기 우리나라에서도 중국 명나라로 사신을 보낼 때는 으레 문장이나 언변, 벼슬의 직위를 안 가린 것은 아니지만 항상 키 크고 풍채 좋은 인물을 가려 보냈던 것이다.

성종 때의 일이다. 나라에서는 언제나 풍채 잘나고 남이 넘볼 수 없게 위엄기가 흐르는 홍흥洪興을 골라 명나라 사신으로 보냈다.

홍흥은 어지간히 위엄있는 풍채를 가지고 있었던 모양이다.

그는 호조참판에 병조참판, 개성부유수 등을 지냈던 한성부윤 홍심洪深의 아들이며 그의 형 홍응洪應은 좌의정이었다.

홍흥은 당시로서는 한명회나 임사홍이라면 터럭 하나 건드릴 수 없던 권신이었는데도 서슴없이 그들을 논박하여 백성을 놀라게 했던 것이다.

홍흥(47)은 과거를 치루지 않고 음보(蔭補)로 벼슬길에 나왔지만 역시 뒷날의 호조참판, 병조참판을 지낸 이육과 앞뒤 집에 살면서 아침 저녁으로 상종을 하고 지냈다.

홍흥은 이육보다는 나이가 열 살이나 위인데다 벼슬길도 그만큼 윗길에 있었지만 이육의 문장을 높이 사 서로 친구로 사귀고 있었다. 그런데 한 번은 그 이육이 사랑채를 새로 지으려고 터를 잡고 달구방아를 찧으면서 요란하게 공사를 하였다. 그러자 이웃집에 살던 홍흥은 아침 저녁으로 만나는 이육이면서도 넌지시 이육의 집 하인을 불러 으름장을 놓았다.

"너희 집 주인에게 가서 말하여라! 보아하니 집터를 크게 잡고 사랑채를 호화롭게 꾸밀 듯하나 그건 안 된다고 여쭈어라."

요즘도 건축법이라는 것이 있고 또 호화주택을 짓다가 말썽을 빚곤 하지만 그 옛날에도 허락되지 않았던 모양이다. 건축법의 제한은 이미 세종대왕 때부터 소위 간각지수의 법칙이라는 것이 있어 일반 백성이나 벼슬아치들이 지나치게 호화로운 집을 짓는 것을 나랏법으로 막았던 것이다. 세종대왕은 백성들에게 검소한 생활기풍을 기르고 나라의 물자를 아끼기 위해 그런 법을 제정했던 것인데, 그 골자는 벼슬이 정 몇 품이면 터가 몇 평에

---

(47) **홍흥** 洪興 1424(세종 6)~1501(연산군 7).
조선 전기의 문신. 본관은 남양(南陽). 1443년(세종 25) 사마시에 합격하고 후에 감찰을 거쳐 평택현감을 지냈다. 1479년(성종 10) 지평으로 내직에 들어왔고, 이어서 형조정랑·호조정랑·장령이 되었다가 형조참로 초배(超拜)되었다. 성종은 그를 일부러 명나라에 사신으로 보내 우리나라의 인물 자랑을 했다고 한다. 뛰어난 풍채만큼 글씨도 훌륭했다.

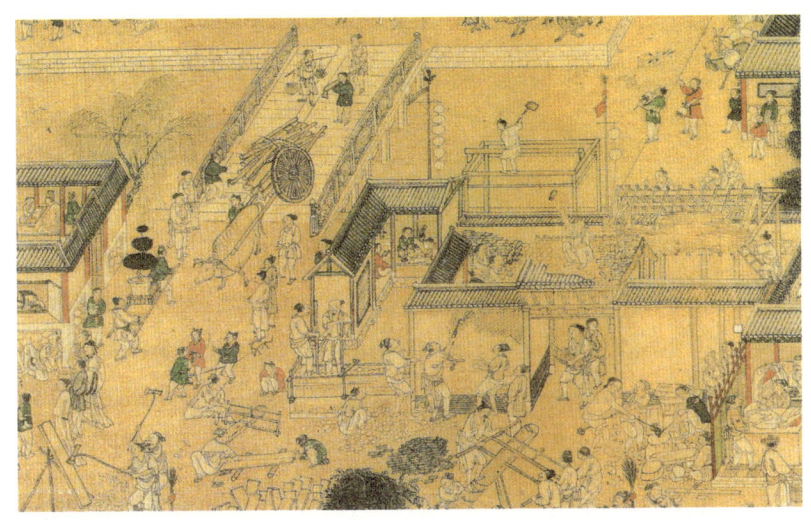

집 짓는 풍경
조선시대의 집 짓는 여러 장면들을 담고 있다.
〈태평성시도〉 부분, 작자 미상, 18세기 후반, 국립중앙박물관 소장.

대청이 몇 칸, 기둥 길이는 몇 자 등을 정해놓은 규정이다.

또 일반 백성의 집은 둥근 주춧돌을 쓸 수 없으며 둥근 기둥을 세우거나 기둥에 빨간색을 칠할 수 없도록 규정한 것들이었다.

벼슬의 품계에 따라 정 몇 품 이상이면 대청도 6칸을 쓸 수 있지만 종7품이나 9품쯤 되면 삼 칸 대청도 쓸 수 없도록 했던 것이다. 기둥 길이나 상량 길이까지 법으로 규정했으니 아무리 돈이 많아도 벼슬 품계가 높지 않으면 자기 신분에 벗어나는 집 이상을 짓고 살 수가 없었던 것이다.

그런 집을 지었다가는 나랏법을 어겼으니 집은 헐리고 주인은 잡혀가 옥살이를 하여야 했다. 말로만 이러면 얼른 실감이 나지 않을지 모르지만 지금도 서울 장안 여기저기에 남아 있는 옛 한옥들을 보면 기둥이나 서까래의 재목은 좋은데도 키 큰 사람이 발을 쭉 뻗고 누워서 자기도 옹색할 정도로 6자나 7자 길이로 토막토막 잘라서 지은 것을 볼 수 있다. 이런 것은 모두 그런 법도 때문이었다. 이런 법도를 어기고 조선 순조시대에 돈이 제일 많았던 인삼거부 ^{人蔘巨富} 임상옥 ^{林尙沃} 이 의주 백마산성 아래에 호화로운 별장 하나를 짓자 의주부윤은 나졸들을 보내 임상옥을 잡아다 옥에 가두고 호화롭게 지은 집은 쇠스랑으로 방둑을 다 파버렸던 것이다.

그때 죄목은 외람되게 큰 집을 짓고 산다는 것이었다. 이러니 이런 집 짓는 법도 때문에 돈 많은 대갓집들은 상당히 고통을 받았었다. 그러나 홍홍과 이육은 담 하나를 사이에 두고 아침 저녁으로 상종하는 친구지간이니 웬만한 것은 좀 봐 줄 수도 있을 것이다. 그런데 홍홍은 이육의 집 종들을 불러 만약 기둥 길이가 한 치라도 길면 용서하지 않고 처벌하겠다고 경고를 내린 것이다.

그러자 이육은 두말하지 않고 길게 잘라 놓았던 사랑채 기둥들을 짧게 끊어 법도대로 지을 수밖에 없었다.

이렇게 홍홍은 아주 엄하고 모든 나랏법을 법대로 시행했다. 그래서 일반 관원들은 그 앞에서 옷고름 매는 것이나 갓 쓰는 법도 하나까지 터럭만큼도 어기지 못했던 것이다.

홍홍은 이렇게 호랑이처럼 무서운 법을 시행했지만 그것은 언제나 강한 자에게 엄했지 미천한 백성들에게는 부드럽고 따뜻한 것이기도 했다. 홍홍은 그처럼 법을 운영함에 있어서는 묘미를 보였던 것이다.

이웃집에 사는 친구 이육이 짓는 집의 기둥 길이 몇 치가 긴 것까지 자로 재보고 끊으라고 호령을 하는 사람이니 당시 나라에서 내린 금주령을 어겼다면 두말 없이 잡아다 옥에 가둘 일이다.

그런데 호랑이 법관 한성부좌윤 홍홍이 위엄있게 거리를 행차하는데 그 초헌軺軒 앞에 활개를 떡 벌리고 막으며 술 취한 소리로 말했다.

"나리, 나리, 술이 이렇게 좋은 것 아니요! 그러니 이제는 금주령을 좀 풀어 주시오."

동네 할멈들이 어디서 술을 구해 먹었는지 잔뜩 취해 노래를 부르는가 하면 손뼉을 치며 춤을 추고 금주령을 풀어 달라니 아마 그 무지렁이 백성들은 술이 너무 취해 하늘이 돈짝만하게 보였던 모양이다. 그러자 초헌에 앉아 있던 홍홍은 물끄러미 술 취해 노는 늙은 할멈들의 꼴을 내려다보며 말했다.

"오냐! 금주령을 풀어주마. 그러나 금주령이 풀렸다고 해서 술을 너무 많이 먹고 나라 재물을 많이 축내면 안 되느니라!"

이튿날로 금주령을 풀어주어 제삿술도 마음대로 못 올려 고통을 느껴오던 일반 서민들의 칭찬을 받은 것이다.

어느 나라건 금주령을 철저히 오래 내릴 수는 없었다. 비가 안 오거나 흉년이 겹쳐 금주령을 내렸던 나라도 일단 그 흉년에서 숨을 돌리면 다시 금주령을 풀 수밖에 없었던 것이다.

이처럼 법은 운용하는데 묘를 살려 강한 자에게는 강하고 약한 자에겐 부드러워야 한다. 그러면 홍홍이 강한 자에게 실지로 얼마나 강한 법을 썼는지 한 대목을 살펴보자면 이런 일이 있었다.

그때 임금의 아들인 왕자 하나가 역시 집을 짓느라고 굉장한 역사를 벌이고 있었다. 그러자 소문 듣고 쫓아간 홍홍은 집을 짓는 도목수를 불러 "집짓는 데는 간수와 치수가 정해진 법도가 있으니 아무리 왕자라지만 법률이 넘는 집을 지을 수는 없다. 그러니 네가 죽기 싫거든 아예 지나치게 짓지 말라!" 하고 명했다.

한 나라의 왕자지만 나라에는 법이 있고, 또 그 법을 따르지 않을 수가 없어 홍홍의 호령을 전해들은 왕자도 그 목수를 보내 "긴 것은 끊고 간수가 넘은 것은 모두 헐어 법을 범하지 않겠소." 하고 사과를 하게 했다.

이렇게 한 나라의 왕자 앞에서까지 법을 내세워 죽음까지도 들먹거릴 정도였으니 오죽했겠는가!

조선의 선비
송인수
宋麟壽

관기의
유혹을
뿌리치다

지금은 이런 말도 거의 쓰이는 일이 없을 만큼 세태가 변해 버렸지만 '송도삼절松都三絕'이라는 말이 있다.

옛 고려의 왕성이던 개성의 세 가지 자랑거리를 말하면서 서화담, 황진이, 박연폭포 셋을 들었던 것이다.

고려 왕씨가 망한 후 개성에는 만월대 주춧돌에 갈대가 우거지고 그 폐허 위에 은은히 가을 달빛이 내리비치는 망국의 정취도 있었고, 고려가 망하자 송도의 백성들은 이씨 왕조에 등을 돌린 채 벼슬길에 나아가지 않고 스스로 천업인 등짐장수, 갖바치, 고리장수 등으로 전전하여 숨어 살았던 것이다.

아마 그 중에서 가장 대표적인 이야기의 하나가 고려 말의 대학자이던 길재가 금오산 속으로 숨어 들어가 영영 세상 밖에 나오지 않고 평생을 산 일일 것이다.

그 길재⁽⁴⁸⁾의 후손들도 일국의 대학자 집안 후예들이지만 스스로 말총을 가지고 체를 매거나 들판의 풀뿌리를 캐, 솥을 매는 솥장수 무리로 전락하여 생계를 이었던 것이다.

그 고질하고 오뚝한 학자 후손들의 기개는 한 술 밥을 위해 남이 비웃는 체장수나 솥장수 같은 천업을 스스로 행상하면서 전국을 유랑하고 다녔지만, 그들의 마음속에 간직한 한 가지만은 영영 세상에 내놓아 팔지 않았다.

그것은 학자 집안의 핏줄이라는 양도할 수 없는 자존심이었다.

그래서 길재의 후예인 체장수나 솥장수들은 "체들 매시오, 체들 매요!"하고 외고 다닌 것이 아니라 "체 매업, 체 매업!"했다고 한다.

'체 매시오.'라고는 차마 혀가 돌아가지 않아 '체 매업'하고 어미^{語尾}의 뒤 끝을 흘려버렸던 것이다.

길재의 이야기를 왜 서두부터 꺼냈느냐 하면, 학자가 가진 서릿발 같고 오뚝한 기개는 그야말로 세상의 황새목 낫이나 겹낫 쯤으로는 가지를 꺾을 수 없는 높고 우뚝한 낙락장송^{落落長松}이었다는 것을 애기하려는 것뿐이다.

그런데 송도삼절 중에서 박연폭포는 경치가 좋다 치거니와 황진이와 서화담은 서로 삼절 안에 들어 이름을 겨루지만 어쩌면 정반대의 입장에 서서 고개를 빳빳이 세운 인물들이다.

다 아는 바와 같이 황진이는 한 세상을 재^才와 색^色으로 조롱하던 명기였

---

(48) **길재** 吉再 1353년(공민왕 2)~1419년(세종 1).
고려 말, 조선 초의 성리학자로서, 호는 야은(冶隱)·금오산인(金烏山人)이다. 이색·정몽주와 함께 고려 삼은이라 한다. 조선이 건국된 뒤 1400년(정종 2)에 이방원이 태상박사(太常博士)에 임명하였으나 두 임금을 섬기지 않겠다는 뜻을 말하며 거절하였다. 그는 성리학을 연구하였는데 김숙자를 비롯하여 김종직·김굉필·정여창·조광조 등이 학맥을 이었다. 청풍서원에 제향되었다.

다. 아무리 꼿꼿하고 기개가 청결하다는 학자, 선비, 대정치가, 명승, 종교가들까지도 황진이 앞에서는 오금을 못 펴고 끝내 함락당하고 마는 성城이었다.

10년이나 오뚝하게 쌓아 올렸던 불도로 무장했던 고승들도 황진이가 농락하는 손가락 끝 하나로 나무아미타불을 부르면서 무너졌던 것이다.

그리고 황진이가 '청산리 벽계수는 명월이 만건곤한 산천 가운데를 오늘도 쉼 없이 흐르니 이것이 곧 인생의 무상이 아니냐'고 읊자 왕족 벽계수는 세상에 둘도 없이 꼿꼿하다는 선비로서 '어떤 여자가 후려도 넘어가지 않을 것'이라고 장담을 했다.

"송도 기생 황진이가 어떻게 생겼길래 세상 사람이 모두 그 앞에서 굴복한단 말이냐. 내가 가서 한 번 그 여자를 굴복시켜 보이겠다."

일부러 말을 타고 송도 청산리 달 밝은 골짜기를 지나다가 황진이가 부르는 '잠시 쉬어간들 어떠리!' 하는 시조 한 마디에 고개를 떨구고 말 고삐를 잡은 어깨 힘이 빠져버렸던 것이다.

그런데 이런 황진이조차도 서화담만은 후리지 못한 채 끝내 미수에 그쳐 서화담은 황진이와 함께 송도삼절이 된 것이다.

그러나 사람이 무엇 때문에 그처럼 계색戒色을 하면서 살아야 했던가? 더욱이 한 세상에 나가 이름을 깨끗이 지킨다든지 한 집안의 가도나 한 마을 한 나라의 기풍을 온전히 잡는 근본을 왜 계색에 두지 않으면 안 되었을까?

그것은 옛 성현이 말한대로 "선비에서 계색하는 규범을 찾을 수 없다면 다른 것은 더 볼 것이 없다."하고 일렀던 것이다.

이것은 모든 행동 규범의 근본이 색을 경계하는데 있음을 말한 것이다. 사람이 아무리 도덕과 학문이 뛰어나고 자기 부모에게 효도하는 효성과 우

미인도
아마도 당시의 기생이었을 거라 추정되는 그림이다. 당시로서는 최신 유행이었을 꼭 맞는 삼회장 저고리에 속옷을 겹겹이 입어 부풀린 쪽빛 치마, 자줏빛 댕기와 칠보 노리개 등 화려한 치장은 기생들만이 누릴 수 있는 특권이었다.
신윤복, 간송미술관 소장.

애가 돈독하다고 할지라고 마음이 여색에 빠져 침혹해서는 아무것도 안 된다는 이야기이다.

물론 여기서 말하는 계색이란 안방 마누라를 두고 하는 이야기가 아니고 길에 나와 있는 노류장화路柳墻花들을 두고 하는 이야기다.

조선시대에는 더욱 계색을 많이 해야 했다. 가령 어떤 사또가 한 고을에 부임하여 갔다고 치자.

사또는 보통 임기가 2년이지만 자기 가족이나 부인을 데리고 임지에 부임해 가는 것이 아니고 홀몸으로 내려가서 지내는 것이 상례였다.

그래서 남원 사또 변학도는 부임 즉시 기생 점고點考부터 한 후 자색이 가장 뛰어난 춘향이를 골라 잠자리 시중을 들도록 수청을 명령했던 것이다.

이때 기생에게는 숫기로 눈이 벌게진 원님의 '수청 들라'는 엄명을 거부할 권한이 제도적으로 전혀 없었다.

그 당시 관기란 것은 관청에 매어 있는 관물이나 같았다. 그렇기 때문에 그 고을 원님이 자기 고을 기생을 자기 마음대로 부리는 것은 아무런 제약이나 도덕적인 부담감이 없었던 것이다.

그래서 변학도가 춘향이에게 '수청을 들라'고 하명한 것도 변학도는 당연한 권리를 행사한 것 뿐이었다.

다만 춘향이가 《십장가》에서 매를 맞으면서도 항거할 수 있었던 것은 자기는 퇴기 월매의 딸이지만 기생이 아니고 양가의 규수라고 우긴 점에 있었다.

옛 법으로 보아서 종의 아들이 종이 되는 것은 당연하지만 기생 딸이 반드시 기생이 되는 법은 없었다.

더구나 춘향이의 어미 월매가 현역 기생이 아니고 이미 낙적한 퇴역 기생인 바에는 춘향이를 데려다 수청을 들라고 한 것은 변학도의 엄연한 위법이었다.

그런데 사또들이 변학도처럼 호색을 하지 않는다 하더라도 누구나 기생을 수하에 두고 있었던 것은 조선시대의 사회상으로는 조금도 이상할 것이 없었다.

원래 한 고을에 기생을 두는 것은 고을 안에 무슨 잔치가 있다든지 사신이 지날 적에 술자리를 베풀고 가무를 하여 먼 길을 오는 그들을 위로하기 위해 두었던 제도이다. 옛날 원님들은 양반들이라서 자기 손으로 머리를 빗거나 망건, 탕건을 자기 손으로 올려 쓰고 모양새를 잡는 것이 아니었다. 첩이나 기생을 시켜 건즐^{巾櫛}, 즉 머리 빗고 갓 쓰는 심부름을 시켰던 것이지만 때로는 늙은 원님 다리 안마를 시키든지 요강을 비우게 한다든지 하는 잡역을 시켰다.

그러나 이런 기생들이란 쇠똥 위에 소낙비 맞은 것처럼 닥지닥지 얽은 과부나 쭈그렁 할미들을 데려다 놓은 것이 아니라 거의 이팔청춘 젊은 여자들을 수하에 두어 부렸다. 여기다 기생들은 가야금을 들고 시조를 읊고 시회^{詩會}에 나가 글도 써 문장을 자랑하니 남자가 보면 그야말로 색이요, 꽃이 아닐 수가 없었다.

그런데 중종 39년(1544)에 전라감사로 나갔던 사람으로 송인수라는 사람이 있었다.

273

송인수 宋麟壽(49)는 건원릉 참봉 송세량 宋世良의 아들로 원래 가문이 그렇게 혁혁한 사람은 못되었다.

그러나 원체 사람이 진실하고 또 효성스럽고 착한데다 성리학을 꾸준히 공부하여 선비들 사이에 인망이 대단했다.

그래서 중종 16년에 별시문과로 급제한 후 제주목사, 예조참의, 병조참의, 형조참판, 동지사를 거쳐 대사헌이 되어 유생들에게 성리학을 강론하던 뛰어난 학자였다.

그러나 매사에 너무 진실하고 곧아 남과 타협할 줄을 모르는 성미였다. 그래서 대사헌이 된 뒤 윤원형, 이기 등 집권세력의 미움을 받아 전라도 관찰사로 좌천되어 쫓겨갔던 것이다.

계묘년에 전라도 관찰사로 내려가 백성을 다스림에 송사는 제때에 처리하고 백성의 교화에 많은 힘을 기울여 풍속을 바로 잡았다. 향교를 진흥시켜 인재를 양성하는 일을 무엇보다도 중히 여겨 유생들을 대접하고 공부하도록 타일렀다.

이것을 보고 사람들이 너무 급하게 시책을 서두른다고 충고하였더니 공은 옛날 정명도 程明道가 말하기를 근본문제부터 착수하여 세상을 개혁할 것이라고 가르쳤으니 오직 남의 비난과 비웃음을 개의하지 않고 소신대로 밀고 나갈 용기가 있어야 한다고 하면서 무슨 일이건 의리상 꼭 옳은 줄을 알

---

(49) **송인수** 宋麟壽 1499(연산군 5)~1547(명종 2).
조선 중기의 문신. 본관은 은진(恩津), 호는 규암(圭菴). 1521년(중종 16) 별시문과에 갑과로 급제하여 홍문관에 있을 때 김안로를 탄핵하였다. 그 뒤 홍문관의 교리·부응교 에 있을 때 김안로의 재집권을 막으려다가 오히려 1534년 제주목사로 좌천되었으나 병을 핑계로 부임하지 않아 김안로 일파에게 탄핵을 받아 사천으로 유배되었다.

았으면 단연코 실천해야 한다고 주장하였다.

그래서 전라감사 송인수는 한 지방을 맡은 별성別星이면서도 고을 안에 학식이 있다는 선비가 숨어 있으면 서슴지 않고 방문하여 따라온 군관과 구종별배를 다 물리치고 단둘이 마주앉아 세상 개혁할 일을 토론하기가 일 쑤였다.

그렇게 열띤 토론과 가르침을 구할 때의 송감사의 태도는 조촐하며 빈한貧寒한 선비와 조금도 다를 바가 없었다는 것이다.

그래서 송인수는 전라감사로 있으면서 남평현감 유희춘, 무장현감 백인걸 등과 서로 마음이 맞아 항상 만나 술잔을 기울이며 상하없이 친하게 지냈던 것이다.

그런데 그때 부안기생에 유색柳色이란 아리따운 꽃 하나가 있었다.

유색이는 그야말로 날카로운 재才와 후덕스럽고 아름다운 색色을 지녀 한 고을에 소문났던 명기였는데 아닌 게 아니라 감사 송인수의 술자리 시중을 한 번 들고 난 뒤에는 가깝게 모시는 사이가 되었다.

그래서 유색은 전라감영으로 따라온 후 갖은 성의를 다보여 관찰사를 섬겼고 관찰사 송인수도 부안기생 유색이를 항상 잠자리 곁에 두고 시중을 들게 하면서도 더 이상 은근한 정은 통하지 않았다.

어느 날 유색이가 안타까워하는 것을 눈치챈 송인수의 아랫사람이 그를 찾아 말했다.

"영감, 그러시지 말고 유색이를 불러 하룻밤 잠자리 시중을 들게 하십시오. 영감께서 유색이에게 잠자리 시중을 시키지 않아 여간 섭섭하게 생각하는 듯합니다."

"한 여자의 원망을 사면 오뉴월에도 서릿발이 내린다고 하였소. 유색이의 마음이 그런 줄 알진대 어찌 감사께서 머리를 얹혀주는 은혜를 베풀지 않으시오?"

말하자면 동기 유색이의 도심桃心을 풀어 머리를 얹혀주는 은혜를 왜 베풀어 주지 않고 모른 체 하고 있느냐고 그 박정함을 타이른 것이다.

그러나 관찰사 송인수로서는 고을 안의 백성을 교화시키고 풍속을 바로잡으며 명색이 선비들을 찾아 세상 구할 도리를 찾고 있는 입장으로서 기생이나 가까이 할 수는 없었던 것이다.

제도상으로는 하등 허물될 것이 없지만 스스로 계색을 하여 부안 동기 유색이의 도심을 받지 않고 물리쳤던 것이다.

그 후 임기를 다 채우고 돌아갈 때 여산 십리정 밖까지 유색이가 술상을 차려가지고 송감사를 전송하러 나왔다. 떠나는 말머리에서 단둘이 만나게 되자 유색이는 가슴이 메어지는 것 같은 한숨을 내쉬면서 인사했다.

"영감, 먼 길을 편안히 돌아가셔요!"

인사를 드리다가 이슬방울 같은 눈물을 뚝뚝 흘렸다.

사모하고 또 사모하던 정이 드디어 눈물로 흐르는 동기의 심정을 이해 못 할 송감사이던가?

관찰사 송인수도 착잡하고 섭섭한 마음을 누를 수가 없었다.

"잘 있거라. 그 동안 너로하여 나도 많이 수양을 쌓았다."

"사또, 그게 무슨 말씀이시요?"

"네가 너무 똑똑하고 잘생겨서 내가 일부러 너를 경계한 것이다. 내가 너를 가까이 했더라면 무사히 임기를 마치고 돌아가게 된 오늘이 있을지조차 의문이구나!"

그러자 유색이는 술 한 잔을 따라 떠나는 감사에게 당부했다.

오현단 五賢壇

오현단은 조선시대에 제주도에 유배되거나 방어사로 부임하여 이 지방의 교학 발전에 공헌한 다섯 명(5현)을 기리고 있는 제단으로, 이들의 위패를 모시던 귤림서원의 옛 터에 마련되어 있다. 5현은 중종 15년(1520)에 유배된 충암 김정, 중종 29년(1534)에 제주목사로 부임해 온 규암 송인수, 선조 34년(1601)에 안무사로 왔던 청음 김상헌, 광해군 6년(1614)에 유배된 동계 정온, 숙종 15년(1689)에 유배된 우암 송시열이다.

"그렇다면 잘 하셨습니다. 평생 어디 다니면서 남의 여자 손목 한 번 잡아보는 일 없이 깎아놓은 촛대처럼 사시옵소서!"

"하하하, 네가 포악으로 나를 떠나 보내려 하는구나. 네 성미가 이렇게 무섭게 생겼기로 내가 겁을 낸 것이지. 아마 너를 깊이 사랑했더라면 내가 헤어나지 못하고 네게 빠져 죽고 말았을 것이다."

그러자 유색이는 산이 무너질 것 같은 한숨을 내쉬며 답했다.

"예, 그 말이 맞습니다. 저기 저 공동묘지의 올망졸망한 무덤이 모두 제 남편들의 무덤이올시다."

이렇게 한 마디 쏘아붙이고 흑흑 흐느껴 울었다는 것이다. 이런 애틋한 여자의 정을 물리치면서까지 관찰사 송인수는 끝내 계색을 하여 적막한 자기 행적을 백성들에게 베풀었다고 한다.

그러니 백성의 물건을 빼앗지 않은 것만이 청백리가 아니라 자기 마음에

드는 기생을 물리쳐 가면서까지 행여 자기 지척에 누를 끼치고 자기의 교화나 풍속개화 작업에 판단을 그르칠까 싶어 미리미리 조심하는 것도 깨끗한 선비요, 청백리가 걸어야 할 길이 아니겠는가?

어떻게 생각하면 남산골샌님이나 궤짝에다 틀어박아 놓은 꽁생원 이야기와 같다. 힘없이 늘어진 숙맥 같은 짓이라고 할는지 몰라도 숙맥이 아니면서 숙맥짓을 할 수 있는 것도 의기가 결백한 청백리가 아니고서는 불가능했던 것이다.

조선의 선비
정붕
鄭鵬

잣은
높은 산에 있고
꿀은
백성의 집
벌통 안에 있다

우리는 흔히 출처(出處)라는 말을 자주 쓰고 있다. 무슨 단어가 나왔으면 그 단어가 나온 전거(典據)를 대는 것을 출처라 하기도 하고 무슨 소문이나 떠도는 말이 나온 곳을 출처라고 하기도 한다.

그러나 출처란 말의 원뜻은 그런데 쓰인 것이 아니었다. '出(출)'은 세상에 나아가 벼슬길에 오르라는 뜻이고 '處(처)'는 집에 물러앉아서 벼슬하지 않는다는 뜻이다. 즉 '출처'는 관변인이 세상에 나아가 벼슬길에 오르든가 아니면 물러나와 집에 숨든가 하는 진퇴를 가리킨 말이었다.

'군자는 항상 그 출처가 올바라야 한다.'

군자라는 것은 본래 염치를 아는 선비를 말하는 것이다. 그 염치라는 것은 아무리 탐나는 물건이나 먹이가 있어도 내가 먹어도 좋은 것인가 아닌가를 분별할 줄 아는 도의심이다. 좋고 높고 기름진 벼슬자리가 있어도 자

조선의 선비

기가 그 자리에 앉아 있어도 괜찮은 자리인가 아닌가를 가려 먼저 취택하는 것이 염치다.

사자나 여우의 세계에는 염치라는 것이 있을 수 없다. 맛있는 먹이를 만나면 형과 삼촌 사이에도 그 향기로운 맛을 다투어 서로 먼저 먹으려고 으르렁거리는데 이는 염치가 없기 때문이다.

그러나 군자는 취택을 분별할 줄 알아야 하고 한 세상을 살아가는 처세를 해 나가되 모든 일의 처사處事가 명분에 맞아야 하는데 그것을 가리켜 '출처가 올바르다.'라고 했다.

조선 중종 때의 청송부사 정붕鄭鵬(50)은 무령부원군 유자광柳子光과는 외종사촌 간이었다. 유자광이란 인물은 미천한 서자 출신으로 왕궁을 지키는 문지기에서부터 출세하여 숭록대부에까지 이르렀던 불 같은 야심의 사나이였다.

유자광은 영광 유씨 부윤 유규柳規의 서자였다. 그래서 과거를 보아 출세를 할 수 있는 신분이 아니라서 건춘문建春門을 지키는 군사로 들어가 왕궁을 지켰지만 용력과 지모는 뛰어난 인물이었다.

이시애의 난李施愛─亂이 일어나자 유자광은 자원 출진하여 적잖은 무공을 세웠고 그 공로로 난리를 평정하여 돌아와서는 병조정랑이 되었다. 참으로 잘생기고 담력이 출중한데다가 충성심도 지극한 사람이었다. 다만 흠이라

---

(50) **정붕** 鄭鵬 1467(세조 13)~1512(중종 7).
조선 초기의 문신. 본관은 해주(海州), 호는 신당(新堂). 1504년(연산군 10) 교리로 있으면서 갑자사화에 연루되어 영덕에 유배되었다. 1506년 중종반정으로 다시 교리에 복직되었으나 병을 핑계로 고향으로 내려와 제자들을 가르치는데 전념하였다.

면 천출 소생의 서자였다는 점이었다.

서자 출신은 그때만 해도 양반의 반열에는 끼어 주지 않는 법제였다. 아무리 누대 명문집 자제지만 서자 출신은 청직에 나아갈 수가 없었다. 일세를 휘두르게 출세를 해도 궁중을 지키는 수문장 이상은 올라갈 수가 없었다. 행세하는 일반 양반 가문에서는 아버지를 아버지라고 부르지도 못했고 형님을 형님이라고 부르지도 못했다. 그래서 '홍길동전'을 보아도 길동은 호부호형呼父呼兄을 못하는 서자 신분을 자각하여 한을 머금고 세상을 버리는 대목이 있다.

이런 서얼들의 차별대우는 반상제도의 폐지와 함께 1894년 갑오경장甲午更張 새 법이 나면서부터 모두 철폐되고 말았지만, 그 이전에 서자들에게는 과거 응시권을 주지 않았고 과거를 보지 못해서 큰 벼슬을 할 수 없는 신분들이었다. 그런데 유자광에게만은 거의 특례가 베풀어졌다.

세조[51] 13년(1467) 함경도 길주의 호족이던 이시애가 큰 반란을 일으켰다.

"함경도 땅 수령방백 자리를 모두 남도 출신들로만 시킨다."

"북도 사람들은 키가 작으냐? 우리 함경도 사람들도 지장명사가 많은데 쌍놈 취급을 받는다는 것은 부당하다."

이시애는 이렇게 북도 사람들의 불평을 부추겨 끝내는 큰 반란을 야기하

---

(51) **세조** 世祖 조선 제7대 왕(1417~1468, 재위 1455~1468)
세종의 둘째아들이고 문종의 아우. 수양대군(首陽大君). 1452년(문종 2) 5월에 문종이 죽고 어린 단종이 즉위하니 7월부터 그는 측근 심복인 권람, 한명회 등과 함께 1453년(단종 1) 10월에는 이른바 계유정난을 단행해 단종을 몰아냈다.
1456년(세조 2) 6월에 좌부승지 성삼문 등 사육신이 주동이 되어 단종 복위를 계획하였으나 일이 발각되자 이 사건에 관련된 여러 신하들을 모두 사형에 처하였다. 뒤따라 집현전을 폐지시키고 경연(經筵)을 정지시켰다. 중신을 통한 상명하달식 왕권강화에 힘썼으며, 《경국대전》의 찬술을 시작하였다.

고 말았다.

　세조가 중앙집권을 강화하기 위해 북도 출신 수령들을 차차 몰아내고 그 자리는 전부 경관京官 출신들로 메우어 간다고 해서 함경도 사람들의 불평을 사고 있던 차에 마침내 새 호패법이 나와 지방민들의 자유로운 이주가 금지되어 북도의 지방 호족들은 큰 불만을 품게 되었다.

　그때 이시애는 마침 상喪을 당해 집에 머물고 있던 그의 아우 이시합과 매부 이명효 등과 공모하고 난을 일으켰다.

　원래 이시애는 검교문하부사 이원경의 손자이며 판영 홍대 도호부사 이인화의 아들로 고려 때부터 길주에서 여러 대를 살면서 함경도를 호령했던 호족으로 함경도 곳곳에는 그의 일족一族과 수하들이 꽉 들어 있었다. 그래서 이시애가 한 번 반란군을 일으키자 그 성세는 자못 놀라웠다.

　그들은 족당을 부추겨 절도사 강효문을 습격하여 살해하고 '한명회와 신숙주들이 함경도 백성을 끌고가서 서울을 치려 한다.'고 역선전을 하자 세조는 대노하여 10만 장병을 풀어 격파한 일이 있었다.

　나라에서는 종실 귀성군 이준을 함경, 평안, 강원, 황해 4도 병마도총사로 삼고 호조판서 조석문을 부장으로 삼아 반군을 치게 했지만 이시애의 반군도 3개월여에 걸쳐 완강히 저항을 하다가 토벌된 일이 있었다. 그때 유자광은 부장 조석문의 막하에 들어 뛰어난 용맹으로 공을 세우고 입신의 길을 열었던 것이다.

　그래서 나라에서는 이시애의 난이 평정된 그해에 경주부윤이던 유규의 아들 유자광에게 특별히 온양별시溫陽別試를 베풀어 장원을 시켰다.

　그런데 세조의 총애를 받던 유자광은 그다음 해(1468)에 예종이 즉위하자 '남이南怡와 강순康純 등이 모반을 한다.'는 무고사건을 일으켜 남이 등을 숙청케 한 후 그 공로로 익대공신^{翊戴功臣} 1등의 지위에 올라가 무령군에 봉해졌다. 그러다가 공신 한명회를 모함했다가 도리어 파직을 당했고 나중에는 도총관으로 다시 관직에 뛰어 올랐지만 사간원에서는 "유자광은 서자 출신이니 불가하오!"라는 논핵이 나와 시끄러워지게 되었다.

그래서 한때는 조정을 문란하게 한 죄를 쓰고 가산을 전부 몰수당하고 공신적을 삭탈당하기도 했지만 몇 번씩 쓰러지면서도 다시 일어나는 유자광의 지모와 끈기도 보통은 넘었다.

출세를 위해서라면 험난한 풍운 앞에 생명을 걸면서 염치와 방법을 가리지 않고 악착같이 싸우고 모함하면서 일어났다.

그래서 끝내는 자기의 출세길을 막았던 영남 사림파들을 몰아죽인 무오사화⁽⁵²⁾를 일으켰고, 중종반정 때는 성희안에게 연줄을 대어 정국공신 1등으로 무령부원군에 봉해져 권세의 정상에 올라 세상을 호령치곤 하였다.

그런 유자광과 표종간인 정붕은 갑자사화⁽⁵³⁾ 때 영덕으로 귀양갔다가 중종반정에 귀양이 풀려 교리에 복직하고 있었다. 그래서 유자광이 정국공신 1등이 된 '중종반정'이라는 물결에 휩쓸려 같은 배를 탄 셈이었지만 정붕은 권세의 정상에 서 있는 외사촌을 한 번도 찾아가 본 일조차 없었다.

---

(52) **무오사화** 戊午士禍
1498년(연산군 4) 김일손 등 신진사류가 유자광 중심의 훈구파에게 화를 입은 사건이다.

(53) **갑자사화** 甲子士禍
1504년(연산군 10년)에 연산군의 어머니 윤씨(성종의 비)의 복위 문제로 연산군이 일으킨 사건이다. 연산군의 어머니인 윤씨는 평소에 질투가 많아 폐비 되었다가 사사되었는데, 이에 야심많던 임사홍은 훈구파와 사림파의 잔존세력을 제거할 목적으로 이 사건을 연산군에게 고해바쳤다.
이에 연산군은 그 사건에 관련하여 많은 선비들을 처형하는 한편, 폐비사건 당시의 대신들이었던 한명회, 정여창, 남호온 등 죽은 사람들도 부관참시하였다.

정붕은 꼿꼿한 선비였다. 현감 정철견의 아들로 경상도 선산에서 태어나 김굉필金宏弼의 문하에서 글을 읽고 과거를 한 후 정자, 지평, 정언 등을 거쳐 교리로 있다가 연산군 10년(1504)에 갑자사화에 몰려 귀양살이를 했다.

귀양을 가 있는 동안에도 그는 성리학을 깊이 연구해 큰 학자가 되었던 인물로 죽은 후에는 선산 금오서원과 개령 덕림서원에서 제향을 모신 청백리였다.

공은 풍채가 준수하고 견식과 도량이 원대하였다. 성종 임자년에 문과에 올라 교리가 되었으나 갑자년에 곤장을 맞고 경상도 영덕으로 귀양갔다. 중종이 반정한 후 나라에서 여러 번 그를 교리로 다시 불렀지만 끝내 벼슬하지 아니하고 묻혀 살다가 임신년에 죽으니 나이가 마흔여섯 살이었다.

그러나 중종이 반정한 후 임금이 여러 번 간곡하게 불러 그는 마지못해 청송부사로 나간 일이 있었다.

그때 정붕은 중종반정의 원훈元勳 성희안과 어릴 적부터 가깝게 지냈던 친구로 성희안이 중종에게 아뢰어 정붕을 불러들이도록 한 뒤 억지로 청송부사로 내려가 한 지방을 맡도록 배려를 해 준 일이 있었다. 함께 글 읽던 옛 친구의 정을 생각해서 갑자사화 이후 정국에 환멸을 느껴 다시는 벼슬을 하지 않겠다고 숨은 정붕을 억지로 불러내 벼슬을 시켰던 것이다.

성희안의 천거를 받아 교리 정붕이 억지로 청송부사가 되어 고을로 내려간 뒤였다. 서너 달이 지나 서울에서 손님이 하나 왔는데 우의정 성희안이 보낸 심부름꾼이었다.

성희안은 연산군 10년에 이조참판의 몸으로 있으면서 박원종, 유순정 등과 함께 모의해서 폭군 연산군을 내몰고 중종을 맞아들인 기골있는 원훈(나

금오서원 金烏書院
1570년(선조 3) 야은 길재를 추모하기 위해 금오산 아래 세워졌다. 1575년에는 사액서원으로 승격되었으나 임진왜란 때 소실되었다가 지금의 위치인 선산으로 옮겨 복원하였다. 1868년 대원군의 서원철폐령에도 훼철되지 않은 47개의 서원 가운데 하나이다. 정붕의 위패가 함께 모셔져 있다.

라를 위하여 훌륭한 일을 하여 임금이 아끼고 믿어 가까이하는 늙은 신하)이었다.

"친구가 한가하고 궁벽한 청송고을로 내려간 후 지내기가 어떤가? 그대의 고을에는 잣과 꿀이 많은 줄로 듣고 있으니, 고우(故友)가 나를 위해 그 고을 특산물인 잣과 꿀을 좀 보내줌이 어떤가?"

그러자 청송부사 정붕은 시를 지어 답했다.

"잣은 높은 산꼭대기에 있고 꿀은 백성의 집 벌통 안에 들었으니 부사된 내 재주로 어찌 잣과 꿀을 구할 수 있겠느뇨?"

이렇게 답장을 써서 잣 한 되, 꿀 한 병을 거절해 버렸다.

우의정 성희안은 너무도 무안해서 편지를 보내왔다.

"옛 친구의 정을 믿고 잣과 꿀을 구한 것이 그대의 재주 밖에 있다 하니 염치를 모른 내가 부끄럽다."

그 편지를 받고 정붕은 청송부사 벼슬을 그날로 사직하고 곧 시골로 들어가 숨어 살다 병이 들어 죽고 말았다. 정붕은 마흔여섯 살에 죽었지만 남 앞에 굽힘이 없이 빳빳한 선비였다. 그는 호방하고 기절이 있는 사람이었다. 그래서 역시 호방하고 기절이 있는 유자광과는 인척간으로 지내면서도 항상 묘한 애증의 갈등을 맛보고 살 수밖에 없는 숙명을 걷게 되었다.

정붕이 갑자사화를 만나 경상도 영덕으로 귀양을 떠나게 되자, 유자광이 남대문 밖까지 나와서 전송을 하게 되었다. 옛 친구들이 눈물 바람이 되어 서로 한을 품고 헤어지는데 그 자리에 나왔던 유자광은 도포 소매 속에서 약봉지 하나를 꺼내 정붕에게 주었다.

"공이 이번 걸음에 아마 죽음을 면치 못할 것이니 차라리 이 독약을 지니고 있다가 자처自處하는 것이 나을 것일세!"

먹고 죽으라면서 독약 주머니 하나를 내주었다. 정붕은 낯빛하나 변하지 않고 그 독약 주머니를 받아 귀양살이를 갔다. 그러다 유자광이 중종반정 때 얻은 정국공신 1등의 훈작을 빼앗기고 홍양 땅으로 귀양을 가게 되자 이번에는 정붕이 성문 밖까지 나가 전송을 하였다.

"이 물건은 전일 그대가 나에게 준 것인데 이제는 그대가 귀양을 가면서 필요할지 모르니 돌려드리는 것이오."

예전에 유자광이 선물로 주었던 독약 주머니를 건네 주었다. 그러자 유자광도 역시 그 독약 주머니를 표정 하나 변하지 않고 받아서 도포 소매 속에 넣고 떠나더라는 것이다. 그런데 유자광은 재물과 권세가 항상 넉넉했지만 교리 정붕은 지극하게도 가난했다. 명색이 나라에서 벼슬을 다니면서도 정붕의 집안에서는 삼순구식三旬九食이 어려운 때가 많았다.

어느 날 정붕이 입직을 하러 왕궁에 들어간 후였다.

"마님, 당장 저녁 끓일 양식거리가 떨어졌습니다."

"뒤주를 좀 긁어 보아라."

"뒤주를 닥닥 긁었는데도…."

집안에서는 싸라기 좁쌀 한 주먹이 남아있지 않다고 계집종이 아뢰었지만 교리 정붕의 부인인들 무슨 방법이 있겠는가.

"설마하니 한 끼 양식이야 없겠느냐. 어떻게든 저녁 진지는 다습게 짓도록 해라!"

이렇게 분부를 내렸지만 없는 양식으로 어떻게 더운밥을 짓는가? 양식이 똑 떨어지는 것도 한두 번 당하는 일이라야 겁이 나고 당황을 하지 너무 자주 일어나는 일이라 계집종은 아뢰었다.

"마님."

"……"

"정말로 집 안에는 싸라기 한 톨이 없사오니 이를 어찌하옵니까. 쇤네들이 굶는 것은 아무렇지 않사오나 영감님께서…."

"……"

"마님, 영감님이 돌아오셔도 떨어진 저녁거리를 당장 어디 가서 구해 오시겠사옵니까? 차라리 쇤네가…."

무령군 집으로 가서 양식거리를 좀 빌려오겠다고 간청을 한 것이다. 사실 흥은 흥이고 정은 정이다. 일가끼리 서로 헐뜯으며 흥을 보다가도 막상 어려운 일이 닥치면 할 수가 없다. 그런 때는 흥보다 정이 앞서는 것은 어쩔 수 없는 일이었다. '좋은 일은 남이지만 궂은 일은 일가'를 찾는다지 않는가?

정붕의 부인은 무령군 집으로 계집종을 보내 양식 몇 되만 꾸어 달라는 편지를 보내게 되었다. 그러자 유자광은 말했다.

"친척간에는 서로 돕고 사는 것이 의리인데 교리가 너무 쓸데없는 고집을 세워서 그렇지. 어찌 내가 인척간에 무심할 수 있으리오."

즉시 쌀 여러 섬을 종들에게 짊어지게 하여 정붕의 집으로 보내 주었다. 그리고 가난한 외종사촌 정붕의 살림살이를 생각해서 노새에다 간장 항아리까지 실려서 보내는 후의를 베풀게 되었다.

그런데 이런 대접을 받은 교리 정붕은 어땠을까?

그날 정붕이 입직을 했다가 집으로 돌아와 저녁 밥상을 받는데 어디서 나왔는지 하얀 쌀밥이 수북이 올라 있는 걸 보더니 깜짝 놀란다.

"아니 웬 쌀밥이오?"

"예, 제가 어디서 구처를 해 왔사오니 어서 드십시오."

"아침에 양식이 떨어졌다는 소리를 들었는데 어디 뒤주바닥에 남은 것이라도 있었소? 암, 부잣집은 창고바닥만 쓸어도 3년 먹을 것은 있다지. 아무려면 이 교리네 집 뒤주 안에 한 끼 먹을 양식이야 안 남았겠소? 하하하…."

호방하게 웃어젖히는 남편을 보고 부인은 모르는 사이에 눈물이 글썽하게 괴었다.

"아니 눈물은 왜 흘리오?"

"……."

"부인은 걱정마오, 걱정마오. 내가 내일은 어디 가서 쌀말 값이나 취해 오리다. 그 동안 부인한테 고생만 시켜서 면목이 없소이다만 그렇다고 가난한 선비가 백성의 물건이나 나랏돈을 도둑질해 먹을 수야 없지 않소? 내, 가까운 친구에게 사정을 말하고 내일은 쌀말 값이나 얻어 올 테니 걱정 마시오."

"대감께선 그런 일을 하지 마십시오."

"왜 그러오?"

"교리의 체모에 어긋나는 일이옵니다."

"그건 또 왜 그렇소?"

"교리께서 어찌 남에게 구차한 소리로 돈 빌리자는 얘기를 하오며 또 양반은 시장에 가서 쌀 값을 물어봐서도 안 되고 손으로 돈을 만져서도 안 된다는데 어찌 한 나라의 교리께서 구차히 엽전 몇 닢을 빌리자고 더러운 청을 할 수 있겠습니까?"

"하하하…. 그래도 그런 것은 다 융통성 없는 꽁생원들이나 하는 소리요. 집안 식구가 굶고 있는 데야 가장인 내가 어찌 양식을 구해 오지 않는단 말이오."

이러면서 큰 소리를 쳤다. 그러자 부인은 오늘 계집종을 무령군 집에 보냈더니 이러고 저러고 하더라고 사실을 밝혔다. 그러자 공은 밥상을 밀어부치고 웃으며 일어났다.

"입직하러 가던 아침에 비지를 사서 죽을 끓였는데도 조처를 취하지 못한 것은 내 잘못이다."

이렇게 한숨을 쉬더니 다른 친구에게 편지를 써 보내 쌀을 얻어다 그 자리서 유자광의 집에서 보내 온 곡식과 간장을 꼭 맞추어서 되돌려 보냈다는 것이다.

한 청백리가 곤궁함 속에서도 지조를 굽히지 않고 빌려다 먹은 양식조차 그 청탁을 가려 명예를 더럽히지 않으려고 했던 것을 보면 참으로 놀랍고 결곡한 기절이 아닐 수가 없는 것 같다.

조선의 선비
정태화
鄭太和

서른일곱 번
영의정
사표를
내다

사람이 관직에 나가서 벼슬을 하지만 언제까지나 벼슬자리에 앉아서 뭉개고 있을 수만은 없는 일이다. 벼슬을 내놓고 돌아가는 수도 있고 벼슬을 그만 두고 쫓겨나야 할 때도 있다.

조선시대에도 관리가 일을 하는 동안 허물이 있으면 스스로 사직하고 물러나는 수도 있고 죄를 얻어 파면을 당하는 일도 있었다.

그리고 부모의 상을 당하거나 일신상의 이유가 있을 때는 벼슬을 내놓고 돌아갈 수도 있었다. 관리노릇 하는 것이 의무규정이 아니었기 때문이다.

그처럼 강제규정이 아니었기 때문에 나라에서 벼슬을 내려 불러도 어떤 선비는 병을 칭탁하고 나오지 않거나 임금이 여러 번 부르면 마지못하여 포의布衣를 입고 대궐에 들어가 임금을 뵙는 일이 있었다.

그런 때 임금은 고명한 선비를 탑전에 불러들여 "정치를 하는 요체가 무엇이냐?" 하고 묻는 법이다.

그러면 선비는 옛 성현의 도리와 지금 세상의 시세를 논하고, 임금의 다스릴 바 마음가짐이나 치세의 핵을 아뢰는 법이다. 그때 포의의 자격으로 아뢰는 선비의 말은 백성된 입장에서 허심탄회하게 이야기하기 때문에 그 사심없는 언론과 헌책(獻策)에는 신선한 맛이 있게 마련이다.

관변의 입장으로 보아서는 설혹 실현성이 희박하거나 실천 가능성이 적은 것이라도 선비는 치도의 이상을 제시하기 때문에 항상 정견에 이슈(主義)가 번쩍이기 마련이다.

그래서 임금은 틀에 박힌 관료 주변의 적당주의와 지당주의의 말만 들어오다가 선비가 아뢰는 까칠까칠한 말맛에 오히려 오랫동안 적체되었던 울증이나 체증이 넘어가는 듯한 시원함을 느끼고 또 깨닫기도 했다.

임금은 바른 말을 들을 수 있는 언로를 항상 그리워했고 어리석은 임금이 나라를 다스릴 때 주위에서 아첨하는 소인배들만 가까이 하면 인의 장막이 쳐져 어진 사람들이 숨어버린다고 해서 걱정을 했다.

세상이 더욱 시끄럽거나 권신, 소인배들이 정치를 좌우하고 있을 때는 혹 임금이 어진 사람을 불러도 "신은 몸에 병이 있어 나갈 수 없나이다."하고 응하지 않았으며 그래도 여러 번 부르면 나라에서 내리는 벼슬은 사양한 채 두루마기와 갓을 쓴 포의의 자격으로 임금을 뵙고 백성을 다스리는 요체를 아뢰기도 한다.

그럴 때 임금은 포의로 들어왔던 그 어진 선비를 그 이튿날 다시 "들라 하라."하고 정령을 내린다.

두 번째로 다시 부를 때는 대개 왕궁에서 관복을 하사하는 것이 예의다. 그러면 임금이 부르는데 아니 들어갈 수 없고 그 임금을 두 번째 뵈올 때는 "관복을 입고 들어오지 않으면 보지 않는다."고 임금이 고집을 부리므로 선비는 할 수 없이 포의를 벗고 궁중에서 내린 관복을 입고서 들어가는 법이다.

억지로 내린 벼슬도 염치있는 선비는 곧 사직하고 숨는 것이 예다. 옛날 선비들은 벼슬자리에 연연해하지 않는 사람도 있었지만 인간사회이기 때문에 대부분의 선비들은 글을 읽고 과거를 하여 벼슬길에 났다.

그렇게 얻은 벼슬은 허리가 굽으면 지팡이를 짚고 다니다가 일흔 살이 넘으면 치사致仕를 한다.

치사는 요즘 말로 하면 정년퇴직인데 정3품 이상의 당상관으로서 치사한 관리에게 주는 연금으로는 예조에서 매월 술과 고기 약간을 하사하는 일이었다. 나이 일흔 살이 넘었는데도 국가의 중대한 정사로 치사를 하지 못하는 1품관에게는 나라에서 궤凡와 장杖을 하사하였다.

궤는 늙은이가 앉을 때 팔굽을 괴는 나무로 만든 팔걸이이고, 장은 지팡이이다. 나라에서 궤와 장을 받는 1품관으로 일흔 살이 넘는 신하는 임금 앞에 나아갈 때도 지팡이를 짚고 갈 수 있고 앉을 때는 팔걸이를 할 수도 있다. 그래서 빨간 칠을 해서 하사하는 궤와 장은 곧 한 나라의 영의정급 권위를 상징하게 되었다.

실제로 벼슬살이를 해보지 못한 사람은 '벼슬길에 나가는 것은 영욕이 반반이고, 하작下爵은 상작上爵 앞에 허리를 굽혀 좋을 것도 없다.'고 했다.

그러나 이것은 벼슬을 못 해본 사람들이 하는 '핑계 말씀'이지 해본 사람은 그런 소리를 하지 않았다. 작은 벼슬을 하면 더 큰 벼슬을 얻으려고 연연하면서 아둥바둥 몸부림을 쳤다.

공명심을 불태울 수 있었던 벼슬이 그렇게도 좋았기 때문이다.

그런데 이조 현종 때 영의정을 세 차례나 지냈던 양파^{陽坡} 정태화^{鄭太和(54)}는 "신^臣에게 영의정 자리를 그만 두도록 허락하여 주시옵소서."하고 영의정 사표를 서른일곱 번이나 낸 끝에 수리되어 치사^{致仕}한 이야기가 전해 온다.

요즘에 국무총리가 사표를 서른여섯 번이나 냈다가 반려된 뒤 서른일곱 번만에야 수리되어 물러났다면 무슨 얘기를 듣게 될까? 그렇지만 옛날 조선시대에는 실제로 이런 일이 비일비재하게 있었다.

양파 정태화는 형조판서 정광성의 아들이며 좌의정 정치화의 형이 된다. 아버지 판서에 좌의정 동생에다 영의정을 세 번이나 지낸 정태화는 자^字가 유춘^{囿春}, 본관은 동래^{東萊}로 스물여섯 살 때 문과에 합격한 후 정언, 이조좌랑, 부교리, 헌납^{獻納}, 사인^{舍人}, 부응교를 역임하다가 인조 13년인 1635년에 사간 벼슬을 맡게 되었다. 사간은 요즘으로 치면 감사원에다 신문사를 합친 역할을 했다.

관리들의 공사 생활상의 잘잘못을 숨김없이 밝혀 임금에 보고하거나 임금의 처사에 잘못이 있을 때는 그 부당함을 아뢰는 직책이었다.

사간원은 간쟁이나 논박을 맡은 기관이지만 직위는 최고 책임자인 대사간이라야 정3품, 사간은 종3품, 헌납은 정5품, 정언은 정6품으로 별로 두드러지지 못하지만 하는 일은 서슬이 퍼런 부서였다.

---

(54) **정태화** 鄭太和 1602(선조 35)~1673(현종 14).
　　　조선 후기의 문신. 본관은 동래(東萊). 호는 양파(陽坡). 1637년 세자시강원의 보덕이 되어 소현세자를 따라 심양에 다녀왔다. 이후 1649년 48세의 나이로 우의정에 오르기까지, 육조의 참의 · 참판, 한성부우윤 · 대사간, 평안도 · 경상도의 관찰사, 도승지 등을 두루 지내다가 1644년 말부터는 육조의 판서와 대사헌을 되풀이 역임하였다. 20여 년 동안 5차례나 영의정을 지내면서 효종과 현종을 보필하였다.

나라에 아무리 금주령이 엄한 때라도 사간원 관리들에게만은 술 먹는 것을 묵인하였다. 이는 기를 죽이지 않으려는 탓이었다. 그래서 사간원에서는 6방으로 나누어 번을 들게 하고 임금이 제사諸司나 각도에 명령을 내릴 때에는 먼저 사간원에서 이를 논의해서 부적당한 것일 때는 정령을 거두도록 아뢰어 올렸다.

그처럼 임금이 하는 처사라도 옳고 그른 것을 따져 밝히는 것인데 간관이 되어서도 오랫동안 소언이 없으면 오히려 '임금의 허물을 덮는 죄'를 들어 처벌을 받았으며 임금도 간언을 듣고 받아들이는 것을 제왕학의 필수조건으로 알았다. 그래서 간관은 항상 임금의 귀에 '듣기 싫은 소리'만 하는 직책이었다. 연산군은 '듣기 싫은 소리'를 듣기 싫어해서 아예 사간원이라는 관서를 없애버리고 말았는데 중종반정이 된 뒤 다시 생겨났다.

그런데 나이 서른세 살로 사간이 된 정태화는 도총관 유정량柳廷亮이 첩 얻은 일을 가지고 논핵을 벌인 일이 있었다. 유정량은 정태화보다 나이도 열세 살이 위이고 품계도 숭록대부의 위에 있었으니 집안으로 보나 관계로 보나, 세상을 산 인생경력으로 보나 훨씬 윗길에 있는 사람이었다.

소한당 유정량은 영의정 유영경의 손자로 선조의 따님인 정휘옹주를 부인으로 맞아 전창위全昌尉에 봉해져 있었다.

할아버지 유영경은 임진왜란 때 큰 공로를 세운 뒤, 선조 35년에 우의정, 2년 뒤에는 다시 좌의정에서 영의정이 되어 소북파小北派의 영수로서 정권을 잡았었다. 그러다 선조 말엽에 '영창대군을 후계로 삼아야 한다'고 주장했다가 광해군이 왕위를 잇는 바람에 그 해에 함경도 경흥으로 쫓겨나 사약을 받고 죽었다.

다시 4년 뒤에는 유영경의 일족들에게 또 화가 떨어져 가산을 몰수당했고 그 바람에 선조대왕의 사위인 전창위 유정량도 기장에서 귀양살이를 하다가 인조반정으로 다시 복관되었다. 그런데 다시 전창위 유정량이 임금의 사위이면서도 첩을 얻은 사건이 났다.

그때 제도를 봐서 양반들은 누구나 처첩을 거느릴 수가 있었다. 내실인 안방마님 이외에 기생첩이건 종첩이건 재미대로 따로 보아서 사내 호강을 해도 하나도 죄가 될 것이 없었다. 오히려 '사내가 잘나면 열 계집을 못 거느리랴.'라고 할 때라서 첩이 많으면 그만큼 사내의 위세가 더 당당했다.

그처럼 첩 얻는 것이 아무런 죄가 되지 않던 시대였지만 임금의 사위만은 첩을 얻지 못하게 했다. 차마 '임금의 따님'에게는 시앗을 보게 할 수가 없었던 탓이었다. 또 임금의 사위가 되면 공주나 옹주가 시집 올 때 가지고 온 절수(折受, 나라에서 떼어주는 토지)를 받아 편안하게 호강하면서 살게는 했지만, 정치에 관여시켜 높은 관작을 주지는 않는 것이 상례였다. 그런데 선조의 사위 전창위 유정량이 어떤 백성의 딸을 첩으로 들여 앉혔다가 사간 정태화의 논핵을 만나 큰 풍파를 일으켰다.

본래 유정량과 정태화는 그렇게 소원한 사이가 아니었다. 가깝고 친하게 지냈던 집안이었다. 그런데 전창위가 어쩌다가 첩을 본 조그만(?) 실수를 가지고, 그만 덮어 두어도 될만한 일을 가지고 터럭을 헤쳐가며 허물을 들추자 두 사람 사이는 원수처럼 되고 말았다.

관청에서 만나도 두 사람은 서로 제면(除面)을 하고 못본 체 하였다. 유정량보다도 그의 아들이 되는 청년이 정태화에게 '우리 아버지를 헐뜯었다.'는 원한을 품어 길에서 만나도 고개를 돌리고서 지나쳐 버렸다.

우리가 흔히 정치나 그 정치를 구현하고 집행하는 청백리들의 얘기를 하면서 "어떻게 하는 것이 이도(吏道)의 요체냐?" 하는 의문에 빠지는 때가 있다.

청백리라고 하면 보통은 '가난한 관리'라는 생각이 먼저 떠오른다. 옛날에도 관리의 녹이 보잘것 없었기 때문에 관리는 기름진 배를 안고 살 수가 없었다. 나라의 녹을 먹고 사는 관리가 관물을 훔쳐 먹거나 뇌물을 받아먹지 않는 한 넉넉하게 살 도리는 없었다.

그 많은 청백리들은 비지죽을 끓여먹고 왕궁으로 입직을 가는 신하도 있었고, 평생 수사도繡使道로 맞는 곳마다 선화당宣化堂, 관찰사가 사무 보는 당 추녀 밑에서만 지낸 영감이라도 집 한 칸이 없었던 청백리가 허다했다.

먼 이야기는 할 것도 없이 자유당 시절에 부통령을 지냈던 이시영李始榮의 경우만 보아도 그랬다. 이시영은 구한말 때부터 이 나라 일등 명문에서 영달을 누린 사람이었다. 나이 서른 살도 못 되어 이미 관찰사도 지냈고 외무교섭국장을 하다가 한일합방이 되었을 땐 8형제들이 모두 '왜놈의 꼴을 보며 살기는 싫다.'고 만주로 망명했다. 전 재산을 털어 신흥군관 학교를 세우고 독립군을 양성하다가 상해임시정부에서 갖은 고초를 겪을 때는 굶는 날이 허다하게 많았다. 그러다가 해방 후에는 현직 부통령을 내던지고 동해쪽으로 가서 야인으로 살았다.

그때 부통령 이시영에게는 오막살이 집 한 칸이 없었다. 여관방을 전전하다가 병마에 시달려 쓸쓸히 죽었지만 유산이라고는 손바닥만한 땅 한 평, 집 한 칸이 없었다. 부통령이라는 것이 아무런 실권도 없는 허수아비 자리라고 하지만, 그럴망정 일국의 부통령이 자리를 박차고 야인이 되어 나왔을 때 집 한 칸이 없었다는 것은 그의 깨끗하고 담담한 심경을 충분히 보이는 것이 아니고 무엇이겠는가? 근래에 보기 드물었던 청백리라고 하지 않을 수가 없다.

그러나 우리는 '청백리'라는 개념을 덮어 놓고 '가난해서 밥을 굶는 관리'

라고만 알아서는 안 된다. 설령 세끼 밥을 다 먹고 살면서라도 관리로서 대체大體와 소절小節을 구별할 줄 아는 사람이라면 세끼 밥을 굶으면서 덮어 놓고 도선徒善만 하는 관리보다는 오히려 더 큰 청백리라고 해야 할 것이다.

크게 말해서 대체는 '나랏일'이고 소절은 개인 간의 사사로운 인정이다. 그럴 때 아무리 가까운 친구 사이라고 하더라도 허물이 있을 때는 소절보다 대체를 앞세워 법대로 처리하면 그것이 청백리이다.

사간 정태화가 숭록대부 유정량을 걸어 논핵한 것은 친구 간의 의리로서는 못할 짓이고 섭섭한 일이지만 응당 법을 범했으면 친구가 아니라 자기네 일족이라도 법에 따라 처결하는 것이 관리된 사람들이 대체를 세우는 길일 것이다.

그래서 그 대체를 세우기 위해 소절을 상한 정태화였지만 그래도 친구 간의 소절도 헐어서는 안 된다고 생각해서 일곱 번이나 자기가 심하게 공격했던 유정량을 찾아갔다.

그때마다 정태화는 '주인 영감이 안 계시다.'는 하인들의 전갈을 받고 발길을 되돌려야 했다. 유정량의 아들이 아버지의 원수나 다름없는 정태화를 문전박대했기 때문이다.

두 번, 세 번 찾아갔다가 만나주지 않는 유정량을 정태화는 네 번, 다섯 번 찾아가서 만나기를 청했다.

그러다가 일곱 번째만에야 두 사람이 얼굴을 대하게 되었다.

"영감, 미안하게 됐습니다."

정태화가 먼저 절을 하면서 유정량의 손목을 잡자 유정량도 답했다.

"아니오. 내가 너무 결례를 많이 했소. 대체로 보아 사간인 영감이 나를 논핵한 것은 옳은 일이오."

사실 두 사람은 모두 글을 읽은 선비들이었다. 대체와 소절을 구분 못할 사람들이 아니었다. 그래서 유정량은 그 자리서 제면하고 지내는 자기 아들을 불러 정태화에게 사과를 시키고 그 뒤부터 두 집은 옛날대로 다시 가깝게 지냈다는 것이다.

청백리 정태화는 그처럼 성품이 너그럽고 원만한 사람이었다고 한다. 그래서 칠십 평생 험난한 정국에 몸을 처해 살면서도 사사로이 남의 원혐을 산 일이 거의 없었다고 한다. 자기 마음이 깨끗하고 당당하도록 무슨 일이건 대체를 세워 소절을 누르는 처세를 했기 때문이었다.

그래서 영의정을 세 번이나 지냈지만 모은 재산이 없었고, 임금은 서른일곱 번이나 사직상소를 받고서 할 수 없이 영의정 자리를 물러나도록 허락하였다는 보기드문 명관이었다.

그뿐만 아니라 형님인 영의정 정태화보다 일곱 살 아래였던 동생 좌의정 정치화^{鄭致和}도 드물게 보는 명관이었다.

기주^{棋洲} 정치화는 열아홉 살 때인 인조 6년에 별시문과에 합격한 뒤 검열을 거쳐 충청도 암행어사로 나갔다. 그러다가 벼슬이 누진되어 헌종 8년에 우의정이 되었고 그 이듬해에는 좌의정이 되었다.

조선의 당쟁은 사사건건이 서로 파를 갈라 헐뜯고 싸우며 그것을 정쟁의 구실로 삼았는데 자의대비가 세상을 떠났을 때도 서인과 남인은 서로 목숨을 걸고 싸워댔다.

자의대비^{趙大妃}는 인조의 계비로 효종의 어머니인 셈이다. 그런데 자의대비가 효종 10년에 돌아가자 서인들은 '효종은 둘째 아들이므로 1년 만 복제를 지키면 된다.'고 주장했고 남인들은 '소현세자가 죽은 후 효종이 왕위를 이었으므로 장자나 같다. 그러므로 1년이 아니라 3년 복제를 지키는 것이

옳다.'고 맞섰다. 서인 송시열과 남인 허목 등이 논쟁을 벌였던 이 싸움에서는 세력이 우세했던 서인의 주장이 이겼다.

그런데 15년이 지난 뒤 이번에는 효종의 비妃 인선대비가 죽자 자의대비의 복상문제服喪問題를 예로 들어 싸우다가 이번에는 남인이 이겨서 정적인 서인들을 모두 죽이거나 몰아낸 일이 있었다. 송시열도 그때 귀양살이 갔다가 사약을 받아 마시고 죽었다.

하찮은 복상문제 하나를 가지고도 상대방 붕당들을 도륙시켰던 그런 험한 정국 속에서 좌의정 정치화는 그때 서인들의 주장을 따르다가 남인들에게 몰려 쫓겨나게 되었다. 그래서 정치화도 사직소를 올렸다.

임금은 그의 사직상소를 받지 않고 계속 조정에 머물도록 했지만 결국은 열한 번째만에야 허락을 받고 자리에서 물러나게 되었던 것이다.

영의정 정태화와 마찬가지로 좌의정 정치화도 성격이 온화하고 너그럽고 뒤가 깨끗한 청백리였기 때문에 화禍를 입지는 않았다고 한다. 그래서 세상에서는 서른일곱 번 사직원을 낸 끝에 영의정 자리를 물러난 형과 열한 번 사직원을 제출하고 좌의정 자리를 물러난 아우를 두고 '마흔여덟 번 사직소 형제 재상(55)'이라고 말하고 있다.

---

(55) **형제 재상**
동래 정씨가 배출한 두 정승 정태화, 정치화. 이들 형제는 6조판서를 모두 지냈고 형은 영의정, 동생은 좌의정까지 지냈다. 이들의 가문에는 5대조 정광필(영의정), 증조부 정유길(좌의정), 조부 정창연(좌의정), 종조부 정지연(우의정), 정태화(영의정), 동생 정치화(좌의정), 아들 정재숭(우의정)을 지내는 등 온통 집안에 정승들 뿐이다.
특히 정태화는 6조참의, 참판, 판서를 모두 역임한 사람은 조선왕조 500년 동안 단 한 명 정태화 뿐이다.

조선의 선비
임담
林潭

철저하게
청탁을
거절하다

오늘날에는 자식을 훌륭하게 교육시킨 어머니의 예를 들면서 맹모삼천孟母三遷의 고사를 든다.

맹자가 어릴 때 상여를 메는 상두꾼의 이웃집에 살게 되었다. 어린 맹자는 날마다 보고 듣는 것이 상여 나가는 것이라서 밥만 먹으면 상여 메고 나가는 소리를 하며 놀았다고 한다.

그래서 맹자의 어머니는 자식의 교육 문제를 생각하여 가난한 살림에도 이리저리 집을 세 번이나 옮겨 다니면서 이사를 했다는 것이다.

그런 맹자의 어머니 이야기 가운데 이런 대목도 있다. 한번은 이웃집에서 돼지 잡는 소리가 나자 맹자가 자기 어머니에게 물었다.

"어머니 저것은 무슨 소립니까?"

그러자 맹자의 어머니는 무심결에 답했다.

"응, 저건 너 줄려고 사람들이 돼지를 잡는거란다."

그냥 입에 붙은 대로 대답한 말이었지만 다시 생각하니 저녁에 돼지고기가 밥상에 오르지 않으면 "너 줄려고 사람들이 돼지를 잡는다."고 한 말이 거짓이 될까 싶어, 맹자의 어머니는 없는 돈을 마련해 기어이 돼지고기를 사다가 그날 저녁 밥상에 올렸다고 한다.

사소한 일 같지만 자식을 교육시키는 어머니의 입장이 얼마나 중요한 것인지를 반증하는 예가 될 것이다.

사실 사람은 죽을 때까지 배우면서 인격과 학문을 닦는 것이지만 아직 나이가 어린 유년 시절에 부모에게 받은 감화는 평생을 두고 잊혀지지 않을 뿐 아니라 그 인격형성에 큰 영향을 미친다고 할 수 있을 것이다.

오늘날은 세상이 혼탁하고 사나워져서 참으로 훌륭한 인격자를 찾아보기 힘들다고 하지만 옛날에는 그렇지가 않았다고 한다. 효자도 많고 청백리도 많고 의로운 사람들도 많았음을 기록에서 발견되고 있다.

그런데 옛날의 청백리나 훌륭한 인격자들은 거의 다 어렸을 적에 부모로부터 좋은 가정 교육과 훈화를 끊이지 않고 들어왔고, 자라면서는 훌륭한 스승으로부터 학문만이 아니고 인격까지 도야^{陶冶}해 온 까닭이 아닌가 싶다.

선조 때 경상도 관찰사로 내려갔던 임담^{林潭}(56)은 한 번은 어머니 밥상에 노루고기를 올려 드렸다.

그러자 임담의 늙은 어머니는 밥상에 색다른 고기가 올라온 것을 보더니 말했다.

---

(56) **임담** 林潭 1596(선조 29)~1652(효종 3).
조선 중기의 문신. 본관은 나주(羅州). 시호는 충익(忠翼). 1646년 충청도 관찰사로 유탁의 모반사건을 처결하였다. 그 뒤 형조·예조·병조·이조의 참판과 대사간·도승지를 거쳐 이조판서가 되고, 1650년(효종 1) 다시 사은부사로 청나라에 다녀와서 지경연사(知經筵事)를 겸하였다. 1652년 청나라 사신의 반송사(伴送使)로 다녀오다가 가산에서 죽었다. 영의정에 추증되었다.

"애야, 오늘 밥상에 오른 이 고기는 무엇인지 좀 색다른 듯 하구나."

그러자 효성이 지극하여 자기 어머니를 밥상머리에 꼭 모시고 식사를 하던 임담은 답했다.

"어머니, 이것은 지리산 하동 쪽에서 잡아온 노루고기 올시다."

"노루고기라고?"

"예, 겨우 내내 눈속 깊은 산골짝에 숨어 있던 노루가 얼음이 풀리기 시작하자 아래로 내려오잖습니까? 그래서 어머니를 드리려고 노루고기를 장만하였으니 입맛 닿는 대로 많이 드십시오."

"애야, 그런데 이 노루가 지리산 아래 하동에서 잡은 것이라고 했지?"

"예."

"그럼 네가 그쪽으로 사냥이라도 다녀 왔느냐?"

"아니옵니다. 하동 고을 백성들이 찾아서 바친 것입니다."

이러자 경상감사 임담의 어머니는 말했다.

"그러면 이 노루는 혹 어쩌다가 백성들이 잡을 수도 있는 것이다. 그런데 어찌 감사의 어미가 이 고기를 먹는단 말이냐? 나라의 세금으로 내는 것이면 나라의 주인이신 상감에게 올려야 하고 그렇지 않은 것이면 마땅히 백성에게 돌려주어야 할 것 아니냐?"

"……."

그 말에 경상감사 임담은 말문이 막혀 등골이 서늘하였다. 그래서 고개를 숙이고 자기 어머니 앞에 무릎을 꿇자 그 늙은 어머니는 이렇게 꾸중을 하는 것이다.

"나라에 바칠 관물이라면 단 한 점의 고기라도 감사가 손을 대어 제 어미를 먹일 수 없는 것이 마땅하고 이것이 백성이 사사로이 감사에게 잡아 올린 것이라면 더욱 내가 받을 수 없다. 내가 이것을 받아 먹는다면 하나의 전례가 되어 이 뒤로부터 경상감사는 해마다 봄이면 지리산 아래 사는 하동 백성들에게 노루를 잡아 올리라고 닦달하지 않겠느냐? 그런데 너는 그런 백성들의 원성이 담긴 노루고기를 구해다 어미를 먹여 어미를 욕되게 하고 또 이런 전례를 만들어 뒷날까지 상서롭지 못한 이름을 남기려느냐?"

이렇게 준절하게 타이르면서 경상감사 임담의 어머니는 당신 밥상에 올라온 노루고기를 입에 대지 않고 물려 버렸다고 한다.

옛날부터 집안에 현명한 어머니나 부인을 둔 남자는 위태로운 길을 걷지 않아도 된다는 말이 있다.

설혹 남자들이 밖에서 무엇을 좀 잘못 생각하여 그릇된 길로 빠지려다가도 그 남자들의 하는 일을 대강은 짐작하게 되는 부인이나 어머니가 "그것은 이러이러한 까닭으로 옳지 못하니 우리가 그것을 안 먹고 안 받으면 되지 왜 그런 일을 당신에게 시킨단 말이요?"하고 타이른다면 남자들이 얼마나 살기 편하겠는가?

그러나 요즘 세태를 가만히 생각해 보자.

내 것이 되었건 남의 것이 되었건 집안에 있는 여자들이 분수없이 욕심을 부려 자기 남편이나 아이들에게 나라 것이나 회사 것을 훔쳐오라고 반강요하는 언사를 쓰고 있었던 때는 없었는가?

부지불식 간에 아무개는 잘 살고 또 아무개는 당신보다 계급이 낮은데도 어떻게 윗사람에게 뇌물을 잘 바치고 눈에 들어 좋은 자리에 앉더니 먹을 것도 많이 생겨 떵떵거리며 잘 산다고 남의 남편의 출세한 예를 들어 선량한 자기 남편을 괴롭게 다그치지는 않았는가?

대개 요즘 여자들은 남편의 부정을 집안에서 암암리에 부채질하고 독촉

 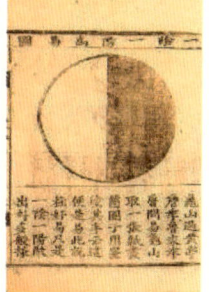

역학도설 易學圖說
조선 인조 때 성리학자 장현광이 역학에 관한 도설을 망라하여 자신의 견해와 해설을 가한 책. 1645년(인조 23)에 임담이 간행하였다. 책머리에 저자의 자서(自序)가 있고 책끝에 임담이 쓴 발문이 있다

하며 바가지를 긁기 예사요, 남편들의 알량한 출셋길을 위해 치맛바람을 내면서 남편네 상사를 찾아가 손을 비비고 발을 비비는 추태를 벌이지는 않았는가?

훌륭한 어머니가 없이 훌륭한 자식이 태어날 수 없듯이 훌륭한 아내가 없이는 훌륭한 가장 노릇을 하기가 어려운 것이다.

이런 것에 비하면 한 고을의 별성別星마마인 감사의 어머니가 어쩌다 자기 밥상에 오른 노루고기를 입에 대지 않고 오히려 그 고기를 효성껏 마련해 온 자기 아들을 꾸짖은 대목이야말로 사람의 옷깃을 여미게 한다.

임담은 본래 관찰사 임서의 아들이었다. 광해군 8년에 생원시험에 들고 인조 13년인 1635년에 증광문과增廣文科에 급제하여 병자호란 때는 남한산성에 들어가 총융사의 종사관이 되어 남격대南格臺를 수비하였다. 그때 큰 공을 세워 좌승지를 역임하다가 1644년에는 경상감사가 되었다.

그런데 임담은 항상 강직하고 굳세면서도 결단력이 있는 인물이었다. 청나라에도 두 번이나 사절로 들어갔고 그것이 인연이 되어 청나라에서 사신이 들어올 때는 항상 임담이 접반관(接伴官)이 되어 그들과 상종했지만 한 번도 실수한 일이 없었다고 한다.

그때는 병자호란이 끝난 지 얼마되지 않은 때라서 걸핏하면 청나라는 우리나라에 공갈하고 협박하여 온갖 것을 빼앗아가려 했지만 그때마다 임담은 접반사의 책임을 다했다.

때로는 꾀로 그들의 터무니없는 공갈을 넘겼고 때로는 그들과 맞서서 공명정대한 이론으로 난국을 남긴 일이 여러 번 있었다.

이것은 무엇이냐 하면 임담이 그만큼 유능하고 재치 있으며 때로는 꾀를 내어 그들을 물리치는 등 임기응변에 능한 인물이었음을 보여주는 것일 것이다.

이런 사람이니 한 도의 관찰사에다 대사간, 도승지를 거쳐 이조판서, 예조판서를 역임하여 한 나라의 최고 관료로서 활약한 그가 집 한 칸도 없이 살았다면 이것이 믿어질 이야기인가?

그러나 임담에게는 실제로 늙은 말년까지 집 한 채가 없었다.

그가 예조판서로 있을 적에 남겨진 기록을 보면 알 수 있다.

관계(官階)가 높게 올라 예조판서까지 이르렀으나 그에게는 아직 집이 없었다. 그래서 그의 형인 승지 임연이 공의 아들에게 일러 말하기를 너의 아버지가 벼슬이 예조판서에 이르렀어도 아직까지 몸 하나 담을 곳이 없구나. 그래서 너희들도 구차한 살림을 지내는구나.

결국 성의 서쪽인 지금의 신촌 호박밭 쪽에다 조그마한 집 한 채를 마련해 주었다. 그러나 그 집도 좁고 누추하여 어쩌다가 손님이 오면 먼저 온 손님이 물러가야만 나중 온 손님이 방 안으로 들어갈 수 있었다고 한다. 일국의 예조판서가 늙은 말년까지 집 한 칸도 마련을 못했다.

그래서 그 형이 조그만 집 하나를 마련해 주었으나 그것도 어찌 좁은지 손님이 두 무리가 한꺼번에 밀려오면 술상을 받지 못할 지경이었다.

요즘의 호화찬란하게 꾸민 응접실과 호화주택을 가진 하급 공무원들과는 퍽 대조적인 대비가 되지 않을지 모르겠다.

도대체 사람이 부끄러운 것을 모른다는 것은 사회에 그만큼 기강이 없다는 이야기나 일반이 아닌가?

임담이 이조판서로 있을 때의 일이었다. 이조판서라면 나라 안의 여러 벼슬자리를 관장하고 임명하고 내보내는 관서의 우두머리다.

예나 지금이나 벼슬을 탐내는 사람들은 알게 모르게 윗사람에게 뇌물도 바치고 또 연줄길을 찾아서 청탁도 하곤 한다.

그런 인사 청탁을 받는 가장 노른자위 되는 곳이 이조라고 할 수 있고 그 이조의 가장 윗자리에 있는 장관이 바로 임담이었다.

이조판서 임담은 사사로이 사람을 뽑아 쓰지 아니하고 평소 그가 보고 들은 대로 그 사람의 이름을 기록해 두었다가 자리가 있을 때는 실지로 그 사람을 불러 여러 가지로 사람됨을 헤아려 보고 직품職品, 벼슬의 품계을 주곤 하였다. 나라의 기강은 먼저 관리가 틀을 잡는 것이므로 올바른 관리를 뽑아쓴다는 것은 가장 기본적인 국가사업이라고 믿었기 때문이었을 것이다. 그래서 간혹 청탁이 있으면 문득 기록하였던 이름을 지워버리고 오히려 쓰지 않았으므로 대문과 마당이 고요하여 수레와 말이 없었다.

이조판서는 한 나라의 관리 임명권을 쥐고 있어서 청탁하는 사람이 인산인해를 이루고 뇌물이 쉴 사이 없이 들락거리는 자리인데도 그의 문전은 항상 쓸쓸하기 이를 데 없었다. 혹시 '쓸 만한 인물인가'하여 기록해 두었다가도 정작 그가 사람을 사이에 넣어 청탁을 하면 두말 없이 이름을 지워버리고 만다는 것이다.

그래서 한 번은 어떤 높은 사람이 사헌부 사간자리 하나를 아무에게 주는 것이 어떠냐고 임담에게 청탁을 했다.

그런데 임담도 평소부터 그 사람이 사간자리 하나는 할 수 있는 사람이라고 믿었는데도 윗사람을 시켜 청탁을 해오자 일언지하에 거절하여 이름을 지워버리고 말더라는 것이다.

"대감, 보통 일반관리도 남의 청탁을 받고 쓴 일이 없는데 하물며 대간을 청탁으로 쓸 수 있습니까? 대간은 나라의 기강을 잡는 입이자 귀입니다. 아니 나라의 입과 귀를 통해 모든 나라 정사의 잘못을 재는 자가 아닙니까?"

"……."

"만약 이 척도의 눈금이 틀어지면 나라는 결단납니다."

이런 정도의 잘못을 재는 자가 되려는 사람이 청탁질이나 해가지고 자리를 얻는대서야 되겠는가?

모든 자리의 관리를 혹 청탁으로 쓴다고 할지라도 대간자리만은 청탁하는 사람이 들어가서는 안 될 곳이라고 믿었던 것이다.

조선의 선비
이후백
李後白

죽마고우의
명태
한 마리도
받지 않는다

조선 선조 때의 이조판서 이후백^{李後白(57)}은 나라에서 청백리로 뽑힌 인물이다. 나라의 각종 벼슬을 내고 들이는 관리 임용권을 쥔 대감이고 보니 이조판서의 집에는 항상 손님이 끊일 사이가 없었다. 이 나라 일등 양반이라는 연안 이씨라서 집안 일가도 많고 발도 썩 넓어 이런 연줄 저런 연줄을 타고 안팎으로 손님이 드나드는데 하루면 수십 명씩이었다.

그러나 말인즉 손님이지 내용은 "아무 고을 원님자리 하나를 주시오.", "아무 관청 감역^{監役}자리 하나가 비어 있으니 그 떡을 소인에게 내려 주시면

---

(57) **이후백** 李後白 1520(중종 15)~1578(선조 11).
　　조선 중기의 문신. 본관은 연안(延安). 호는 청련(靑蓮). 시호는 문청. 도승지 · 대사헌 · 부제학 · 이조 참판을 역임, 1573년(선조 6) 주청사(奏請使)로 명나라에 다녀와 이듬해 대사간 · 이조 판서 · 양관 대제학을 지내고, 인성왕후가 죽어 복상문제가 일어나자 만 2년상을 주장하여 실행하게 했고, 1578년 호조 판서에 이르렀다. 문장이 뛰어나고 덕망이 높아 사림의 추앙을 받았다. 저서로는《청련집》이 있다.

은혜가 백골난망하겠소." 하는 청탁들이니 질색이었다.

그러나 청탁을 하러온 손님도 손님은 손님인데 문 밖에서 내쫓을 수도 없고 또 사람 사는 집에 사람 오는데 '오지 말라'고 발을 막을 수도 없는 노릇이다.

예나 지금이나 사랑방에 손님이 들끓으면 '되는 집'이라 했다. 그러나 자기 집에 온 손님을 두고 때가 되면 저희끼리만 밥을 먹을 수가 없고 이 많은 손님 치르기가 여간 난감한 일이 아니었다. 식구끼리 먹을 때면 있으면 있는 대로 없으면 없는 대로 한 끼를 넘기면 되지만 손님 밥상은 그렇게 내갈 수가 없지 않은가. 하다못해 서리병아리가 낳은 달걀 한 개라도 쪄 올려놓아야 하고 농주農酒 한 사발이라도 걸러내야 한다.

그래서 옛날부터 재물이 없이는 사랑방 양객養客을 할 수가 없고 양객을 못할 때에는 수하手下를 제대로 거느릴 수가 없다. 또 수하가 없으면 손발이 끊어진 것이니 어떻게 높은 사람 노릇을 제대로 할 수 있겠는가?

이조판서 이후백도 지위가 그쯤 되니 손님 치루는 규모도 대신大臣다워야 할 것은 당연한 일이다.

하지만 이조판서 사랑에 사람이 오는데 무슨 걱정인가? 찾아오는 손님들이 '청탁(58)'을 하러온 군상들이니 어디 빈손 쥐고 오던가?

암탉도 가져오고 강원도 산삼도 가져온다. 강릉백청에다 나주 무명베도 짊어지고 온다. 제수감 진상도 친구들이 보내 온다.

---

(58) **불수청탁** 不受請託
이후백이 '친구의 청탁도 들어주지 않다.'는 말에서 유래된 고사성어.

315

그러니 찾아오는 친구들의 청촉질, 뇌물 아닌 선사만 받아들여도 창고에는 꿩고기 썩는 냄새가 날 지경이고, 이판(吏判) 집 조랑말은 청주에다 곶감 안주만 즐길 판이다.

그런데 이후백 판서는 친구가 들고 찾아오는 명태[59] 한 마리 받아들이는 일이 없었다.

가까운 친구가 제수감으로 보내 오는 마른 명태조차 거절했다.

"나는 이런 것 안 받네."

"아니 제수감으로 가져 온 걸 손부끄럽게 퇴박을 놓는가?"

"그래도 내 자리가 이조판서일세. 자네하고 나하고는 죽마고우니 상관없네만 남의 눈이 어디 그렇게 보아 주는가?"

"허허 이 사람, 그렇다고 자네가 나한테까지 이러긴가?"

이렇게 따분한 인사말이 오고가자니 사람의 정분으로서는 참 딱한 일이다.

그처럼 이후백 판서는 가까운 친구라도 너무 자주 출입하면 만나기를 피했다니, 어떻게 생각하면 속이 덜 뚫린 꽁생원 같지만 천성이 그렇게 결백했으니 어쩔 수 있는가? 그래서 일국의 판서가 된 뒤에도 상다리가 부러지게 차린 밥상 한 번을 마음놓고 받아보지 못하고 살았다.《국조인물고》에

---

(59) **명태**

명태라는 이름에 관해서는 여러 전설들이 전해져 내려오는데, 그 중에서 가장 유명한 것은 조선왕조 개국 250년경에 함경도 관찰사로 부임한 민 아무개가 명태라는 이름을 지어 주었다는 전설이다. 시기적으로 봤을 때 민성휘를 두고 하는 말인 듯하다.
민 관찰사가 명천군을 순시 했을 때 생전 처음 보는 물고기를 먹고는 이름을 물어 보았다고 한다. 태(太) 아무개라는 어부가 잡아 올린 물고기인데 아직 이름이 없다는 대답을 듣게 된 민 관찰사는 명천군의 명자에 어부의 성인 태자를 붙여 '명태'라고 그 물고기에게 이름을 지어 주었다고 한다.

는 다음과 같이 기록하고 있다.

공은 벼슬을 살 때 오직 맡은 바 직분을 다하려는 생각 뿐이었다. 그처럼 몸을 청고(淸苦)하게 처신하니 벼슬이 판서에 이르러서도 살림살이는 항상 가난하고 어려웠다. 집안에 들어오는 선물을 한 번도 받아들여 놓는 일이 없고 집에서 입고 쓰는 것도 가난한 유생처럼 검소했다. 손님이 와도 식탁이 너무 보잘 것이 없어 세상 사람들이 그의 청백에 감복하였다.

이러니 국량(局量)이 큰 인물은 못되었지만 맡은 일은 지성을 다해 바르게 수행하려는 뜻은 높이 사지 않을 수가 없었다고 기록해 놓고 있다.

그러면 이조판서 이후백은 무엇을 가지고 이도(吏道)의 지표를 삼았을까.

이후백은 관찰사 이숙함의 증손으로 도승지, 대사헌, 부제학, 형조판서에다 이조판서를 역임했던 선비지만 당시 세론(世論)으로는 서인(西人)의 지목을 받고 있었다.

그 당시 붕당(朋黨)의 피해가 얼마나 무섭게 갈라졌던가 하는 점은 우리가 다 아는 이야기다. 그런 때에 전국의 벼슬 출납(出納)을 손에 쥔 이후백의 입장이라면 처세하기가 어렵고 어려웠을 것이다.

조금만 인사가 잘못되면 동인들이 들고 일어나 이조판서를 헐뜯고 늘어질 것이고 같은 서인에 조금만 섭섭하게 했다가는 욕바가지를 뒤집어 쓰고 따돌림을 받을 것이다.

그런 입장이기 때문에 이후백은 죽마고우가 마른 명태를 보내 오는 것까지 "정리는 안 됐네만 받을 수가 없다."고 거절을 하지 않았던가?

옛 친구의 고정(故情)을 본의 아니게 물리친 이후백의 '그릇'이 작다고 탓을 잡으면 모르지만 역시 깨끗한 것은 반대당인 동인들조차 트집을 잡지 않고 알아주었던 것이다.

한 번은 그 이조판서 집에 육촌 아우뻘 되는 동생 하나가 찾아왔다. 찾아와서는 "판서 형님, 나도 시골 풍헌 노릇이라도 하나 시켜 주시오."하고 청탁을 할 줄 알았는데 두 달, 석 달을 사랑방 식객으로 머물면서도 통 입을 열어 청탁을 하는 일이 없었다.

가난한 판서 형님네 사랑방에 머물면서 때로는 아이들에게 글도 가르치고 집안 서사(書士) 노릇도 해주는데 보아하니 생각했던 것보다는 마음씨도 신통하고 제법 식견도 넓은 인물이었다.

육촌 아우뻘이 아닌 남이라도 한 고을 원님감으로는 그만한 사람을 고르기도 쉽지 않을 듯 싶었다.

그래서 이후백 판서는 기회를 봐 황해도 봉산 쪽 어디 역승(驛丞) 자리라도 하나 천거해 볼 심산을 가지고 있었다.

그러나 이판서가 통 그런 내색도 비치지 않고 달다 쓰다 하는 말 한 마디가 없으니 남이 어떻게 그 속을 아는가. 그야말로 구멍에든 뱀이 몇 자인 줄을 몰라 육촌 동생은 벙어리 냉가슴을 앓았다.

시골에서 두루마기 자락이나 얻어 입고 서울로 판서형님을 찾아와 몇 달이고 묵을 때는 "나도 벼슬 한 자리 시켜주오." 하는 속셈이지 달리 무엇이 있는가?

그것도 밑도끝도 없이 호박죽으로 제사 지내겠다는 얘기가 아니고 다 쓸 만한 감이 되니 한 자리 얻어보자는 것이 아닌가? 그런데도 이조판서 이후백은 통 눈치를 못 챘는지 석 달이 넘도록 운도 떼지 않으니 숙맥이나 고자가 아니고서야 사람이 이렇게 답답할 수가 있는가? 속이 답답하다 못한 육촌 동생은 드디어 하루는 실토를 하였다.

"형님도 너무 하십니다."

"……."

"술잔 잡은 손만 안으로 구부러지는 것이 아니고 한 할아버지 밑에서 퍼진 형제 간 사이에…. 어디 우리가 먼 핏줄 사이이기나 한 가요. 그런데…."

"자네도 벼슬을 청탁한다 이건가?"

"시골에서 서울 올 때 노잣돈으로 백 냥을 빚냈습니다. 못 배운 지게질이라 농사일을 할 수도 없고 연안 이씨 체면에 소금장수를 할 수도 없고 해서 서울로 형님을 찾아왔죠. 다행히 조상 덕분에 어려서 서당방 출입은 조금 해서 면무식은 했으니 어디 역졸 우두머리라도 하나 주시든지…. 형님, 집안 일가 좋다는게 뭡니까? 남들에게도 다 주는 떡을 왜 저라고, 제가 어디 코가 뺑뺑입니까, 다리 하나가 잘숙합니까?"

이런 육촌 아우의 통사정을 눈을 지그시 감은 채 듣고 있던 이조판서는 비로소 입을 열었다.

"아깝네!"

"네?"

판서 영감은 안석案席머리에 둔 서류 궤짝을 열고 조그만 수첩 하나를 꺼내면서 말했다.

"이거 보게, 난 벌써 자네에게 봉산현감 한 자리를 점쳐 놓았네만 아깝네!"

"아깝다뇨?"

"이제는 안 돼! 자네가 내게 벼슬 구하는 청탁 말을 안 했다면 모르지만 내가 청탁을 들은 이상은 시킬 수가 없네."

"그게, 그게 무슨 소립니까?"

"나라의 벼슬이란 공도(公道)일세. 그러니 청탁하는 사람이 벼슬을 얻게 된다면 그것은 이미 공도가 아닐세…."

그렇게 해서 육촌 아우에게 천거하려던 봉산현감 자리도 물리쳐버리고 말았다고 한다.

이처럼 이후백은 공도 하나를 더럽히지 않으려고 어이없는 꽁생원 노릇도 고집으로 밀고 나갔다. 그는 공도에 어그러지지 않을 만한 인물이면 널리 소문을 더 듣고 여러 사람에게 물어 꼭 천거했다.

그러나 사람이 하는 일이니 어찌 이후백이라고 해서 실수가 전혀 없을 수 있겠는가? 그래서 자기가 천거해 놓은 사람이 혹시 적당하지 못했다고 생각하면 "내가 국사를 그르쳤구나…."하고 밤새도록 잠을 자지 않고 자신을 꾸짖으며 뉘우쳤다고 한다.

조선의 선비 오윤겸 吳允謙

색과
투와
득을
계로 삼다

오윤겸 吳允謙(60)은 명종 14년에 낳아 인조 14년에 죽었으니 일흔여덟 살까지 장수했으며 벼슬도 말단관직에서 시작하여 영의정 위치까지 오른 인물이었다.

해주 오씨인 오윤겸은 선공감 감역 벼슬을 하던 오희문 吳希文의 아들이면서 고려 말의 명신 포은 정몽주의 외손이 된다고 기록되어 있다.

어려서는 성혼 成渾의 문하에서 배우다가 스물세 살 때 사마시에 합격하여

---

(60) **오윤겸** 吳允謙 1559(명종 14)~1636(인조 14).
본관은 해주(海州). 호는 추탄(楸灘). 시호는 충간(忠簡). 성혼(成渾)의 문인이다. 1610년(광해군 2) 강원도 관찰사로 좌천되었다가 다시 중앙으로 들어와 첨지중추부사가 되었으나 계축옥사가 일어나는 등 정계가 혼란해지자 광주목사로 내려갔다. 1623년 인조반정 후 대사헌과 이조, 형조, 예조의 판서를 역임하였다. 1626년 우의정에 올랐고 정묘호란 후 좌의정을 거쳐 1628년 70세로 영의정에 이르렀다.

영릉을 지키는 참봉벼슬을 처음 시작했다.

그러나 오윤겸이 합격했던 사마시라는 것은 진사나 생원을 뽑는 초시를 얘기하는 것으로 이런 초시출신으로서는 떳떳하게 관로^{官路}에 나가 벼슬을 하기가 어려웠다. 그래서 오윤겸이 사마시만 치루고 영릉참봉에 나간 것은 일종의 음보^{蔭補}인 셈이었다.

음보라는 것은 문과에 정식으로 합격하지 않고서 나라에 공을 세운 집 자제들이 비공식 추천을 받아 관계에 나가는 것인데 이런 음보출신들은 항상 문과 출신들의 업신여김을 받아 왔다.

그러나 오윤겸은 너무도 똑똑한 인품이어서 말과 글이 항상 사람을 감동시켰다. 임진왜란 때는 양호체찰사^{兩湖體察使} 정철^{鄭澈}의 종사관으로 활약하여 실력을 인정받고 곧 평강현감이 되었는데, 오윤겸은 그때 원님노릇을 하면서 선조 30년(1597) 별시문과 병과에 합격하였으니 나이 서른여덟 살에야 정식으로 과거에 오른 셈이었다.

그러나 그때부터 오윤겸의 벼슬길은 계속 풀려나가 이조좌랑, 부교리 경성판관, 안주목사, 동래부사, 호조참의, 우부승지, 충청도 관찰사, 좌부승지, 강원도 관찰사, 광주목사, 형조판서, 예조판서를 거쳐 인조 4년인 1626년에 우의정에 올랐고 이어 좌의정을 지내다 1628년에는 영의정, 다시 그 이듬해에는 좌의정에 재임되어 기로소^{耆老所}에 들어갔으니 말단관원으로부터 시작하여 서른여덟 살에야 과거에 들어 정승의 위치에 오를 때까지 평생을 벼슬살이로만 늙은 셈이었다.

이러면서도 오윤겸은 지극히 청렴한 인물이며 도덕적 감각이 강한 사람이었다.

한 번은 인조가 경연에서 말했다.

"좌의정은 매우 처신을 조심한다니 듣기에도 반갑소. 그런데 경은 무엇을 계戒로 삼고 처신을 조심하는고?"

"예, 소신은 계를 세 가지로 삼고 있는 바, 그것은 색色과 투鬪와 득得이올시다."

"하하하…. 그것은 어인 까닭이오?"

"예. 색은 여색인 바, 대장부가 세상에 나서 여러 큰일을 행하고 나라를 받들면서 여색을 자제하지 못한다면 나머지 행위는 가히 더 볼 것이 없다 하였으니 여색을 계로 삼고, 장년기에는 남과 지위와 명예를 다투며, 늙어서는 욕심을 내어 물욕에 눈이 어두워지는 득 또한 행하기 어려운 줄로 아옵니다."

위에 말한 삼계三戒는 공자의 말씀이었다. 그래서 색이나 투를 계로 삼아 군자가 도를 닦는 것은 더러 있는 일이다.

그런데 득을 계로 삼는 것은 나라에서 벼슬을 하는 고급관리의 입장으로서는 매우 경계해야 할 항목이 아닐 수 없다. 득을 이기지 못하고는 청백리가 될 수 없다.

요즘 말하는 공무원 부정이니 사회 지도층의 부패니 하는 것도 따지고 보면 '득'의 계를 이겨내지 못한데서 오는 일이 아니겠는가?

그래서 좌의정 오윤겸은 이도吏道의 계중에는 '득'을 넣어 닦아야 한다고 보았던 것이다.

"경의 말씀을 듣고 보니 가상한 일이오. 그렇다면 다시 색, 투, 득의 세 가지 중에서 가장 행하기 어려운 계는 무엇이오?"

늙은 정승 오윤겸은 또 아뢰었다.

"색이 가장 어렵습니다…."

오윤겸의 묘역

정경부인 경주 이씨와의 합장묘로 쌍분의 앞 중앙에 상석과 향로석이 있다. 상석을 중심으로 좌우에는 동자석, 묘가 있음을 알리는 표시인 망주석, 무덤을 수호하기 위해서 세우는 문인석이 각각 한 쌍씩 있다. 왼쪽 봉분의 앞쪽에는 인조 25년에 건립된 묘비가 있다. 경기도 용인시 모현면 오산리 산5 소재.

"나는 색보다도 득이 더 어려운 계라고 생각되오."

"아니올시다. 색이 더욱 힘든 계 올시다. 색이라고 하는 것은 요사한 물건에 마음이 끌리는 것 뿐만이 아니라 부부사이라 하더라도 서로 예(禮)로서 접(接)하는 것이 아니라면 이것도 계색(戒色)을 잘하는 일이라고는 할 수 없습니다."

사실 옛날의 군왕이나 양반층에 있어서는 색이라는 것이 그렇게 문제될 것은 없었다.

한 고을의 원님만 되어도 밤마다 기생의 수청을 받고 한 고을에 출장을 간 중앙의 관리들도 그 고을 기생의 수청을 받아 객고를 풀 수가 있었다.

봉건왕조시대의 '잘난 남자'들에게는 색에 대한 통제의 고통은 거의 느끼지 않았다고 해도 과언이 아니었다. 여기다 옛날의 군왕이나 대관들에게는

비문
비문은 김상헌이 찬하고, 송준길이 쓴 것으로, 비문 끝에 '숭정정해(崇禎丁亥)'라는 년기(年記)가 있어 건립연대는 인조 25년(1647)임을 알 수 있다.

지위가 보장되어 있다. 그런데도 좌의정 오윤겸은 임금에게 계색을 간곡히 설명한 이유는 무엇일까?

하여튼 오윤겸은 명신이자 청백리로서 일생을 조심하며 살았는데 그 요체는 항상 자기 자신을 도덕적으로 채찍질하고 반성하는 태도로 임했다는 점이 두드러진다.

한 번은 오윤겸이 이조판서로 있을 때였다. 이조판서는 벼슬아치를 임명하고 갈고 추천하는 일을 주관하여 요새로 치면 인사청탁의 이권이 큰 장관자리인데 한 번은 이런 일이 있었다.

공이 이조판서로 있을 때 오씨 성姓을 가진 사람을 맨 먼저 추천하여 초사初仕 제일 후보로 명단을 올렸다.

그러자 인조는 "이 오가 성을 가진 사람은 누구냐?"고 의아하여 물었다.

"예, 그 오가 성을 가진 사람은 신의 먼 집안 사람으로…."

"그럼 판서의 일가라는 말인가."

"예. 그러하오나 그 사람은 신의 조상 제사를 모실 뿐 아니라 인물됨이

326　　　　　　　　　　　　　　조 선 의 　선 비

오윤겸 묘역 동자석
2006년 5월 30일 오윤겸의 묘와 그 묘역 일원에 있던 아들 오달천·손자 오도종, 오도융의 묘에 있던 동자석 등 8점이 도난당했다.

한 고을의 직임을 충분히 담당할 만하여 제일 후보로 추천하였습니다."

그말을 듣자 인조가 말했다.

"그러면 판서의 말을 믿고 제일 먼저 낙점을 찍어 승인하오."

말하자면 인사안에 결재 도장은 찍어 주었다. 이런 정사를 마치고 술자리가 베풀어졌을 때였다.

그날 공이 심히 취하여 임금의 자리 앞에 엎드려 눈물을 흘렸다. 임금이 공에게 취하여 우는 까닭을 물으니 공은 대답하기를 "나라가 망하려고 하여서 웁니다."하였다. 임금이 "왜 나라가 망하려고 한단 말이냐?" 하고 또 물으니 공이 더욱 흐느껴 울면서 아뢰었다.

"신이 사사로운 관계의 사람을 제일 후보로 추천하였는데 전하께서 하문하시므로 신이 감히 숨기지 못하여 실상으로 대답하였습니다. 그런데도 전하께서는 낙점을 내렸습니다. 이것은 전하께서 신의 안면에 구애되어 바른 도리로써 신을 책망하시지 못하신 것입니다. 아래에 있는 신하가 먼저 정도를 잃었으며 임금이 또한 정도를 잃은 신하의 안면에 구애되어 또 정도를 잃었습니다. 이처럼 아래와 위에서 군신이 모두 정도를 잃었으니 나라가 망하지 않고 어찌되겠습니까?"

이렇게 아뢰고 임금을 득에 가려 제대로 보필하지 못한 허물을 금방 뉘우치고 울었다는 것이다. 이것은 이도의 바탕을 항상 도학적인 반성 위에서 닦는 오윤겸의 면모를 그대로 나타낸 것이다.

오윤겸은 그런 도학적인 이도를 때때로는 양심의 소리로도 울부짖고 나왔던 것이니 그가 지낸 벼슬길의 평생은 임진왜란, 정유재란, 계축옥사, 폐모론, 인조반정, 이괄의 난에서 정묘호란까지 실로 내우외환이 겹치고 겹친 시대였다. 남북노소가 갈리고 노서 老西, 소서 少西가 서로 갈리어 엉기고 싸우고 헐뜯는 붕당정치의 와중에서 벼슬하는 사람들은 하루도 편할 날이 없던 난국의 연속이었다.

오윤겸은 이런 난국을 살면서 벼슬살이의 영욕을 함께 입는 곡절도 많이 겪었다. 특히 폐모론을 반대했다가 반대세력의 심한 탄핵을 받고 목숨이 위태로운 난경에 빠지기도 했다.

그때 오윤겸은 사헌부의 탄핵을 받고 동대문 성문 밖으로 쫓겨나가 대죄를 하고 있는데 어떤 친구가 물었다.

"이런 큰일을 만나서 장차 어떻게 처신할 것인가?"

앞날에 당할 난국을 걱정하니 친구에게 오윤겸은 껄껄 웃으며 말했다.

"그 동안 배운 바가 바로 오늘에 있지 않은가."

아무리 험한 난국에 묻혀 사는 벼슬길을 걸어도 오윤겸은 오윤겸 나름의 소신과 이도관을 가지고 세력에 굽히지 않고 꿋꿋이 처신했다는 이야기가 된다.

어려운 일을 당했을 때 어떻게 처신하겠느냐는 물음에 '평생소학 정재

금일^{平生所學 正在今日}'이란 여덟 자의 명구로 대답한 것은 얼마나 신념에 찬 말인가? 더욱이 오윤겸이 영의정이 되었다가 두 번째로 좌의정이 되어 벼슬길을 물러나는데 그때 그가 마지막으로 임금께 간곡히 아뢴 글이 다음과 같다.

사무를 밝게 살피는 것으로 능사를 삼지 말며 한 시대를 유지하는 것만으로 족하다 하시지 말아야 하나이다.

이것은 임금이 펴야 할 왕도이면서 그 왕도를 펴는 수단인 이도이기도 하다. 그 이도는 항상 나랏일을 밝히 살피는 것을 주안점으로 삼는다.

지금도 그렇다. 유능한 공무원은 첫째 자기가 맡은 바 사무를 잘 처리해야 할 것이다. 그러나 이도의 요채는 '사무를 밝게 살피는 것만으로' 끝나는 것이 아니라고 가르쳤다.

먼저 명리는 명리이기 이전에 도덕관과 국민관이 뚜렷이 서고 난 뒤의 이야기가 된다는 뜻을 노정승은 간곡히 당부한 것이다.

도덕성이 결여된 이도는 아무리 사무를 살펴도 무슨 소용이 있겠는가? 그것은 꾀있는 도적에게 칼을 쥐어 주는 것과 다를 바가 없다고 본 것이다.

그래서 좌의정 오윤겸은 한평생을 모두 바쳐 나라 일을 살피고도 죽을 때는 겸허하고 조용한 유언을 남기고 숨을 거두었다고 한다.

"내가 거룩하고 밝은 임금을 만났어도 세도를 만회하지 못하였으니 나라에는 공이 없고 몸에는 덕이 없었다. 그러므로 비석을 세우거나 남에게 만장을 청구하는 일을 하지 말라."

조선의 선비 조원기 趙元紀

한평생
나물과
오이로
연명하다

왕조시대의 직제로 승정원이라는 곳이 있었다. 이 승정원은 요즘으로 치면 청와대 비서실 쯤으로 해당되지만 자세히 상고해 보면 왕조시대의 승정원은 오늘날의 청와대 비서실보다는 직무상으로 훨씬 막강했다.

승정원은 왕명의 출납을 맡아 왕이 내리는 모든 교서가 그곳에서 만들어진다. 또 신민들이 임금에게 올리는 모든 상소문이나 정무서류도 일단 승정원에 올려져 승정원 육방승지들이 그것을 왕에게 전달했다.

그래서 승정원은 정원政院이라고도 했고 왕명이 나가고 들어가며 또 신하들이 임금에게 아뢰는 '모든 말씀'이 올라가고 내려 온다고 해서 후원喉院이라는 별명으로도 불리었다. 또 은대銀臺라고도 하고 대언사代言司라고도 했다.

이 승정원에는 정3품 당상관 이상의 승지 여섯 명이 각기 육방을 맡아 정무를 보는데 도승지(이방 일을 분담), 좌승지(호방), 우승지(예방), 좌부승지(병방), 우부승지(형방), 동부승지(공방) 등으로 분담되었다.

이 승지들은 왕명을 출납할 뿐만 아니라 자동으로 경연 참찬관이 되어 임금의 경연(임금이 글을 읽고 배우면서 신하들에게서 직접 정무를 자문 받는 것)에 들어가기 때문에 임금의 얼굴 표정이나 마찬가지였다.

임금의 주변을 따라 다니는 내시들도 임금의 그림자이기는 일반이지만, 내시는 정무에 관여할 수 없고 승지들은 정무에 직접 관여했기 때문에 그 위치는 대단한 것이었다.

그런데 예나 지금이나 '하늘을 봐야 별을 딴다.'는 속담이 명언으로 통용되고 있다. 임금에게 '나'나 '나의 생각'을 전달하여 뜻한 바 정무나 시책을 펴나가야 하는데 만약 임금을 가깝게 볼 수 없다면 모두 소용없는 일이다.

중종 때 대사간에다 좌부승지를 지냈던 청백리로 조원기(趙元紀)(61)라는 사람이 있었다. 이조정랑 조충손의 아들로 바로 우리나라 유학의 태두인 조광조의 아저씨가 되고 영의정 홍언필의 외삼촌이 된다.

이러한 배경의 한양 조씨 명문에 태어나 빳빳한 상신들의 텃세만 배우면서 잔뼈가 굵은 환경이었는데, 좌부승지 조원기는 당대가 알아주는 가난뱅이 청백리로 일생을 마쳤다.

형조판서를 거쳐 의정부 참찬까지 벼슬이 올랐으니 조원기는 적어도 한 나라의 재상급이었다. 그런데 한 나라의 재상 지위에 오른 문절공(文節公) 조원기는 청백한 절개가 있어 비록 지위가 재상에 올라 있으면서도 다 쓰러

---

(61) **조원기** 趙元紀 1457(세조 3)~1533(중종 28).
조선 초기의 문신. 본관은 한양(漢陽). 호는 돈후재(敦厚齋). 시호는 문절(文節). 사관(史官)으로 재직중 임금이 생존시에는 아무도 열람할 수 없게 되어 있는 사초(史草)를 연산군이 보고자 제출을 명하였으나 이에 불응하여 파직되었고, 곧 복직되어 봉상시첨정(奉常寺僉正)이 되었다.

져 가는 오막살이에 담장은 아주 낮아 거처하는 집은 겨우 비바람을 가렸으며 부엌에는 소금과 풋나물뿐이었다. 살고 있는 집도 그렇지만 날마다 먹고 지내는 밥상도 허술하기 짝이 없었다.

그런데 청렴한 사람도 가문을 장식하지 않고 가난하게 살기는 쉬워도 음식조차 가난하게 먹으면서 살기는 지극히 어렵다. 왜냐하면 먹는 천성은 모든 생물이 가진 가장 기본적인 욕망이기 때문이다.

중세기적인 수도승이 아니라면 사람은 맛있는 음식에다 재를 뿌려 먹는 법은 없다. 혀를 더 즐기기 위해 맛을 내는 갖은 양념을 넣고 향신료를 뿌려 푸짐한 밥상을 받으며 살고 싶어하는데 조원기의 부엌에는 늘 소금과 채소 뿐이었다. 이러니 얼마나 짠 생활을 하는가? 간장맛도 아닌 소금맛으로 채소 나물국만 끓여먹고 사는데, 이것도 혈기가 왕성한 젊은 사람들이라면 모르지만 뼛속에서 진기가 빠져 먹어도 뱃속이 허허한 늙은이가 그렇게 하고 살자면 쉬운 일이 아니었다.

사람들은 한 나라의 재상을 지내고 있는 노인이 그런 음식으로 지내기가 썩 어려울 것이라고 걱정을 했지만 조원기는 그런 고통을 잘 참고 이겼다.

그러면 그는 왜 그런 고통을 참고 이기려고 했는가? 그것은 오직 의義를 숭상하기 때문이었다.

한 나라의 재상이 가난하게 살아서 친구나 일가들이 먹을 것을 보내 주면 조원기는 하나에서 열까지 남이 보내 주는 것을 다 물리치진 않지만, 그 물건이 조금만 의에 맞지 않는 것이면 반드시 사양하고 받아들이지 않으니, 그것은 그 물건을 받음으로 해서 몸을 더럽힐까 저어했기 때문이다.

즉 의를 지키기 위해 물건을 가려서 받는데 왜 의를 지키려고 하느냐 하면 몸을 더럽히지 않기 위해서였다고 한다. 그래서 청직으로만 벼슬을 맡아 다녔고 그런 깨끗한 성품을 이해한 임금은 기회가 있을 때마다 조원기의 벼슬을 여러 사람의 본보기가 되도록 올려주곤 했다.

이런 생활신조를 가지고 산 청백리였기 때문에 좌부승지 조원기는 승정원에 들어가서도 지극히 가난하게만 살았다.

공은 성품이 충성되고 효성과 절개가 있으며 또 생활이 검소했다. 일찍이 승정원에 있을 때 마침 새로 청소를 하였더니 집안이 쓸어도 걸릴 것 하나 없이 말끔하였다. 그러자 동료 하나가 여기가 이렇게 청엄(清嚴)하기만 하니 우리가 여기서 장차 무엇을 먹고 산단 말인가? 하고 말하니 공은 비록 오이를 쪼개서 먹어도 좋지 않은가? 하여 모두 크게 웃었다.

조원기는 본래부터 채식주의자였던 모양이다. 그래서 부엌에는 항상 고기가 아닌 오이만 몇 개씩 있어 그는 그 오이를 즐겨 깎아 먹곤 했다고 전한다. 그래서 승정원이란 좋은 자리에 들어가서도 고깃국을 못먹고 꼭지가 쓴 오이만 깎아먹다가 동료들과 함께 웃은 대목이다.

평생 청백하게 벼슬살이를 한 그는 경원부사로 나갔을 때도 백성들의 말이나 염소 한 마리도 사사로이 빼앗거나 뇌물받은 일이 없어 부사의 청렴이 동요로 읊어지기까지 했다고 한다. 또 나라에서는 그런 동요를 듣고 경원부사에서 바로 대사간으로 벼슬을 올려 불러들이기도 했다.

임금이 청백리 중 특수한 자를 올려 써서 다른 사람의 본보기를 삼아 격려하려고 공을 천거하여 동지중추를 삼아 부제학으로 옮기니 가선대부의 품계로 부제학이 되기는 그가 처음이었다. 이것은 임금이 청백리 조원기를 가선대부에 올려 주기 위하여 잠시 동지중추에 임명했던 것이다.

한 나라의 최고권부에 들어가 있으면서도 소금반찬에 오이를 즐겨 깎아 먹는 청렴을 잊지 않았던 조원기는 중종이 항시 아끼던 신하가 되었다.

연산군 때는 임금을 잘못 만나 귀양살이를 하면서 고생도 했지만 중종을 만난 뒤에는 가난하게 살아도 항상 보람있고 즐거웠다. 더구나 임금이 청백리 조원기의 청렴을 표창하여 벼슬 품계를 여러 번 올려 보상을 해주는 데야 가난해도 배가 부를 수밖에 없는 보람을 느끼고 살 수 있었다.

임진년에 임금이 정부에 하교하기를 조정 신하들 중에서 밝은 절개가 본래부터 드러나 늙도록 변하지 않는 신하를 골라 천거하라 하매, 조정에서는 의정부 참찬 조원기를 골라 보고했다. 이에 임금은 조원기의 품계를 숭정으로 올리고 판의금부사를 삼았다.

좌부승지 조원기가 전날 가선대부나 자헌대부에 오른 것도 모두 그의 청백을 포상해 주기 위해서였다. 그런데 지금 종1품 숭정대에 오르는 것도 그의 청백을 드러내주기 위한 특별조치였던 셈이다. 중종대의 가장 대표적인 청백리라면 문절공 조원기를 손꼽게 되지만, 한 세상의 청백리였던 그도 결코 자기 혼자만 깨끗한 체하는 독야청청을 내세우지는 않았다.

아니 자기 몸 하나의 처신만이 오직 깨끗하고 꼿꼿한 체 하는 결벽성은 한 번도 과시한 일이 없었다. 여기에 일세의 청백리이면서도 험한 세상을 남의 미움을 받지 않고 몸을 지켜 일흔일곱 살까지 천수를 누리게 된 인생살이의 지혜가 있다.

요즘도 그렇지만 조선시대에도 무엇이건 너무 자기 혼자만 똑똑한 체하고 뽐내거나, 자기 혼자만 깨끗한 체하고 청간을 떨어도 남의 미움을 받기 쉬웠다.

청백리는 깨끗하다. 소인배들만 조정안에 득실거리는 험한 세상이라지만 '몸이 그렇게 깨끗한 사람은 다치지 않겠지'하겠지만 그렇지가 않다. 청백리도 난세를 만나면 남의 모함을 받고 목숨을 보전하지 못한 일이 얼마든지 있다.

가령 악인 소인배들이 정권을 잡고 그들이 행사하는 정권의 터를 닦는다고 하자. 그때 그 터 안에 보기 좋고 깨끗한 꽃 한 송이가 있다고 해서 그 꽃만 그냥 놓아 둘 수는 없는 일이다. 터를 닦는데 방해가 되면 아무리 좋은 화목이라도 뽑아 버리지 않을 수가 없다. 그래서 그런 때를 만나면 한 세상의 효자도 죽고 학자나 대이상가들도 목숨을 보전하지 못했다.

나물 먹고 맹물 마시는 일세의 청백리들도 험악하게 뒷덜미를 내둘려 내쫓긴 일이 얼마든지 있었다. '청백리는 청백리대로 자기 혼자만 나물 먹고 물 마시는 고고(孤高)를 과시하지 않는데 참다운 청백리의 길이 있는 것이다.'고 판의금부사 조원기는 항상 후생들에게 타이르곤 했다.

조원기는 나라에서 녹을 받아도 자기 집 창고에 쌓아 놓고 혼자 먹는 법이 없었다. 그렇게 살았으면 아무리 박봉이라고는 하지만 한 나라의 재상 벼슬에 있는 늙은이가 소금과 나물 한 가지만으로 밥상을 차릴 까닭은 없다. 나라에서 주는 녹만 받아도 그렇게까지 궁색을 떨고 살 만큼은 되지 않았다.

그런데 문절공은 녹을 받으면 반드시 일가 중에서 어려운 집에 먼저 곡식을 나눠주고 함께 나눠먹는 탓으로 늘 양식이 모자랐던 것이다. 그렇게 하고서도 고생을 달게 이겨 내면서 50여 년 동안 추운 겨울이나 더운 여름에도 단 하루라도 빠지는 날이 없었다고 한다.

말하자면 '50년 개근상' 관리였는데 더욱 감명 깊은 것은 공이 경원부사로 나가 있을 때 자기 조카인 조광조에게 편지를 보내 한 세상에 너무 이름을 드날리는 것도 삼가고 조심해야 한다고 훈계를 한 대목이다.

정암 조광조는 대사헌으로서 정치를 개혁하려던 사림파의 거두로 나중에는 기묘사화로 목숨을 희생당한 성리학자다. 그는 성현의 말씀으로 정치를 이룩해 보려던 중종의 뜻을 받들어 많은 숙폐宿弊를 과감하게 개혁해 나갔지만, 결국 너무 인기가 성한 나머지 훈구파들의 모함을 받고 피를 흘렸던 인물이었음은 다 아는 일이다.

그런데 조카 조광조의 이름이 너무 드날리자 경원부사 조원기는 이렇게 성명盛名을 삼가도록 편지를 보냈다.

효직孝直, 조광조이 특별히 나라의 천거를 받은 것은 진실로 하례할 일이나 기쁜 중에도 근심이 따른다. 천거하는 것은 사람에게 있고 쓰이고 안 쓰이는 것은 하늘에 있는 것이니, 대개 사람으로서는 자기의 도리를 다 하는 것 뿐이다. 또 사람이 너무나 성한 이름 아래에서는 그 실지를 맞추기가 어려우니 대개 칭찬하는 이가 있으면 훼방하는 자가 또 따라서 생겨나, 칭찬이 있으면 반드시 훼방하는 것이 따름은 고금의 우환이다. 그러므로 너는 삼가는 일을 잊지 말지어다.

이렇게 조카 조광조에게 남의 칭찬이 너무 성하게 일어나는 것을 경계하고 삼가도록 타이르면서 절세의 청백리 조원기는 세속을 조금은 따라갈 필요가 있다고 가르쳤다. 이것이 조원기의 독야청청이 아닌 세속적 청백론인 셈이었다.

조원기는 자기 생질인 홍언필이 벼슬자리에서 좌천을 당했을 때도 훈계

하는 편지를 보냈다. 말하자면 요직에 있다가 별볼일 없는 한직으로 내쫓긴 생질에게 다음과 같이 강조한 일이 있다.

騎虎善下 自古所難 雖敗亦榮 況典簿閑雅之地平
　　　　　　　호랑이를 탔다가 몸을 다치지 않고 내리기가 심히 어렵다.

　참으로 명언 중의 명언이 아닐 수 없다. 지금도 큰 벼슬을 살고 큰 돈을 모은 거물급 인사들이라면 누구나 뼈저리게 느끼는 일이겠지만, 그들이 서슬퍼런 호랑이를 타고 놀 때야 세상에 무엇이 부러웠겠는가?
　그 사납고 잘 달리는 호랑이 등에 앉아 세상을 내려다 보며 신나게 달렸지만 기호선하騎虎善下를 제대로 한 사람이 몇이나 되겠는가? 거의 다 '기호'에서 떠밀릴 때는 코가 깨지고 다리가 부러진다. 그래서 죽지 부러진 새가 되면 세상에 얼굴을 숨기지 않겠는가? 그런데 호랑이를 탄 요직은 누구나 부러워하는 좋은 자리여서 많은 사람의 눈총과 시기와 원망을 받게 된다. 그러니 그런 위태스런 요직에 있다가 몸 다치지 않고 내려올 수 있으면 얼마나 다행한 일인가?
　이런 말로 뒷날의 영의정인 생질 홍언필을 훈계한 뒤 다시 조카 조광조에게도 다음과 같이 비유했다.

凡人群居天之中 不可以高飛遠走 則必須小同於俗庶 免爲所嫉
　　　　사람이 새처럼 저 혼자만 하늘 위로 날아가 살 수도 없고, 그렇다고 해서 들짐승처럼 저 혼자만 깊은 산 속에 굴을 파놓고 그 속에 들어가서 숨어 살 수도 없다.

사람은 새나 짐승과 달리 사람들이 사는 '사람 무리', 즉 세속이라고 하는 사회 속에 섞여 살아야 한다. 그렇게 '범인군거천지중^{凡人群居天地中}'인데 그 인간사회는 이상사회가 아니고 또 완전할 수도 없다. 항상 속서^{俗庶}라는 것이 일반적인 보편 타당성을 지닌다.

즉, 인간사회가 가지고 있는 통념이 있고 그 통념이란 것은 언제나 완전 무결할 수는 없는 것이다. 사람이 모여 사는 사회 자체가 이런데 그 사회에 섞여 사는 이 세상 누가 완전할 수 있는가? 인간의 무리 속에서 함께 밥 먹고 옷 입고 살면서 그 누구도 혼자만이 완전히 깨끗하게는 살 수 없다.

만약 그렇게 완전한 청백리나 이상 정치가가 있다면 그는 비인간^{非人間}인 선계^{仙界}에서나 숨쉬고 살면 몰라도 흙탕물이 튀는 인간사회에서는 살 수가 없을 것이다.

그러므로 아무도 '독야청청'은 혼자 자랑할 수가 없는 것이다. 진실로 독야청청이 못 되는데 저 혼자 독야청청인 체했다가는 뭇 사람들의 질시를 받고 미움을 산다는 말이다.

必須小同於俗庶
　　　　　　　　　　반드시 조금은 세속에 맞춰 살 필요가 있다.

지금 세상에 내놓아도 참으로 많은 사람에게 감명을 줄 만한 명언이라고 할 수 있다.

조선의 선비
정광필
鄭光弼

죽음을
초연히
받아들이다

신사도(紳士道)를 많이 닦은 영국 사람들은 어떤지 몰라도 미국 사람들은 제스처(몸짓)라는 것을 많이 쓴다. 누구와 누가 서로 만나서 이야기를 할 때 '놀랐다'는 표정으로 어깨를 으쓱하고 손짓을 많이 한다.

우리 동양 사람들이 그들처럼 서로 대화를 하면서 어깨짓을 으쓱으쓱하고 머리를 흔들어대는 제스처를 따라서 맞장구를 치려면 심히 어색할 때가 많다. 그 사람들은 감정을 그때 그때 잘 노출시키지만 우리는 그렇지 못하기 때문이다.

우리가 그런 식으로 남과 이야기할 때 잔망스런 제스처를 서슴없이 써대면 '방정맞다'고 야단을 들을 것이다. 밥상머리에서도 그 사람들은 웃고 얘기하고 남녀 간에 눈웃음을 치지만 우리는 옛날부터 식불언(食不言)이라 해서 이야기를 하지 않는 법이다.

이런 생활 습속의 차이가 어디서 온 것일까? 물론 역사와 문화 전통이 그렇게 만들어 주었을 것이다. 자유분방하게 의사를 표현하고 생활감정을 노

조선의 선비

출시킬 수 있었던 서양 사람들은 온갖 제스처로 의사를 그렇게 표현해도 상관이 없을지 몰라도 우리네 전통은 가부장과 군신학의 상하관계에 절어 감정노출도 항상 조심을 했다. 그래서 대인大人이 되면 기쁠 때나 슬플 때나 표정을 쉽게 안색으로 드러내서는 안 된다.

그럼 왜 그렇게 '얼굴에 표정을 담지 못하도록' 양반 집안에서는 자기 자손들에게 어려서부터 훈련을 시켰을까? 그것은 벼슬살이를 하여 임금 앞에 나가는 신하가 되면 '얼굴'에서나 '말씨'에서 표정을 감추어 행동하는 것이야말로 인격수양의 제1과 제1장이 되기 때문이다.

조선조 선조 때 예조좌랑을 지냈던 정여립이 있었다. 전주출신이던 그는 경사經史와 제자백가에 뛰어나 율곡 이이의 문하에서도 재주 있기로 소문났던 당대의 인물이었다. 이 정여립은 모반을 꾀했다가 잡혀 죽었던 인물인데 그가 조정에서 쫓겨난 조그만 꼬투리의 하나가 임금 앞에서 안색을 숨길 줄 몰랐던 데서 발단했던 것이다.

어떤 일로 정여립이 선조 앞에서 상주를 하다가 임금의 꾸중을 듣고 물러나면서 '얼굴에 불평한 노기를 떴던' 것이 목숨을 재촉하는 첫걸음이 되었다. 꾸중을 들으면 누구나 사람은 안색에 노기가 오르기 마련이다. 임금에게 꾸중을 듣는 신하도 사람이니 마찬가지일 것이다. 그러나 임금의 입장에서 자기 말에 안색을 드러내고 노기를 띠는 신하를 보게 된다면 그것을 용서하겠는가? 왕권 앞에 노기를 띠고 눈망울을 굴려 바라본다면 죽음 밖에는 내릴 것이 없었다.

그래서 남의 신하 노릇을 하려는 양반 집안에서는 얼굴에 감정을 나타내지 않는 훈련부터 하였다.

우리네 할아버지들은 얼굴에 표정을 잘 나타내지 않는 것을 '큰 사람'이요, '큰 그릇'이 되는 공부라고 해서 그런 대기학^{大器學}을 수양시켰는데 여기서 대기학은 결국 '도량이 넓다'는 것이다. 도량을 넓게 쓸 줄 알아야 화^{禍}를 물리칠 수 있어 관계^{官界}에서도 장수를 누릴 수 있는 법이었다.

우리가 흔히 황희나 상진 또는 맹사성 같은 정승들을 말할 때 으레 그들의 '넓은 도량'을 예로 드는 것도 바로 그 때문일 것이다.

얼굴에 표정을 잘 나타내지 않는 것이 목숨을 오래 누릴 수 있는 보신책이자 장수책이 되기도 했던 셈이다. 지금도 중종 때의 영의정 정광필$^{鄭光弼(62)}$의 이야기는 많은 곳에 남아 있다.

《한경식략^{漢京識略}》에 보면 서울 회현동 1가 14번지에 있는 수백 년된 은행나무가 바로 그의 집터 안에 있었고 여기서 그의 후손들인 동래 정씨 일문이 대대로 번성하였던 일을 기록하고 있다.

정광필은 좌참찬 정난종의 아들로 좌의정 정유길의 할아버지가 된다. 그러나 연산군 10년에는 갑자사화를 극간하다가 아산으로 귀양 갔었고, 기묘사화 때는 조광조를 구하려다가 영의정 자리에서 파직을 당했었다.

명문^{名門}도 험한 난세를 만나면 바람 앞의 촛불처럼 위태롭기가 한이 없었다. 그래서 어려운 고비를 두 차례나 넘겼지만 일흔다섯 살의 영의정 정광필은 다시 간신 김안로$^{(63)}$의 무고를 받아 김해로 귀양 가서 죽기만을 기

---

(62) **정광필** 鄭光弼 1462(세조 8)~1538(중종 33).
본관은 동래, 호는 수부(守夫). 정광필은 정난종의 둘째아들로 중종 때의 문신이다. 1519년에 일어난 기묘사화 때 조광조를 구하려다 영중추부사로 좌천되었고 1527년에 다시 영의정이 되었다.

(63) **김안로** 金安老 1481(성종 12)~1537(중종 32).
호는 희락당. 조선 중종시대 정쟁의 주역. 조광조가 몰락하고 그의 아들 김희가 효혜공주와 결혼하자 권력을 잡는다. 1537년 문정왕후를 몰아내려다가 도리어 중종의 역습을 받아 유배되었다가 사사 된다.

정난종 묘역과 정광필 신도비

조선 세조 때의 명신인 정난종을 비롯하여 그의 장자 광보, 차자 광필 그리고 광필의 넷째 아들 복겸과 6세손 주손, 진원의 묘 등이 조성되어 있다. 정광필의 신도비는 묘의 왼쪽 아래에 있는데 이수에는 섬세하고 사실적으로 표현된 두 마리의 용이 새겨져 있다. 비문은 소세양이 지었고 글씨는 이황이 써서 명종 17년(1562)에 세워진 것이다. 경기도 군포시 속달동 산 3-1소재.

다리는 신산한 세월을 살았다.

웬만한 사람 같으면 몇 번씩 자기의 죽음을 앞당겼을 일을 그때마다 문익공 정광필은 대인으로 살아 남았다. 정광필은 특별히 재주가 뛰어나거나 남다른 명성을 떨친 젊은 날을 가진 것도 아니었다.

나이 서른 살이 넘어서야 과거에 급제했고, 의정부 사록이나 봉상시 직장 같은 자질구레한 벼슬만을 맡게 되었다. 그런데도 작은 벼슬을 창피하게 여기지 않고 직책을 다하기를 더욱 힘썼다는 것이다. 재주를 믿고 출세를 서둘거나 남처럼 승진이 빨리 되지 않는다고 해서 불평을 했던 일도 없었다. 이것은 문익공 정광필의 겸손할 줄 아는 대인학의 수양에서 온 것이다.

그가 이조참의로 있다가 충청도 아산 고을로 귀양살이를 갔을 때다. 이조참의라면 정3품 당상관이니 위의威儀가 당당한 신분인데 귀양살이를 하는 동안 그는 법도대로 천한 종들이 하는 짓을 부끄러워 하지 않고 이행했다.

"저 알상투에 회색바지 입은 사람이 누군가? 저기 손에다 싸리비 들고 서 있는 영감말일세."

"저분이 이조참의 영감이라네."

"그런데 저 양반이 왜 천한 관노들과 함께 섞여 관문 앞 길바닥을 쓸고 있노?"

"귀양왔으니 별 수 있나?"

"그래도 높으신 영감이 어찌 차마 저런 짓을 하노?"

아산현감은 문익공 정광필이 새벽마다 싸리비를 들고 삼문 앞길을 쓰는 것을 보자 차마 민망하여 몇 번이나 말렸지만 듣지 않았다.

"귀양살이 온 사람은 법이 이렇게 되어 있어서 그러니 사또는 괘념치 마시오."

이처럼 모든 일을 법대로 스스로 지키면서도 괴로운 기색을 나타내지 않았고, 그 귀양살이 동안 천한 종들이 얼마나 힘들고 어려운 생애를 사는가 하는 인간학을 배웠다.

그래서 영의정이 된 뒤 정광필은 첫 헌책獻策으로 '선상노자船上奴子'와 각 관청의 하인, 각 진鎭에서 부리는 수군 등 천인들이 사람은 적은데 일은 너무 힘겨우므로 그들의 고통을 덜어줄 정책을 써야 한다'고 아뢰었다.

물론 그 당시의 사상 체계로는 '귀하고 천한 것은 하늘이 낸 것'이라고 믿고 살던 세상이어서 '貴(귀)'와 '賤(천)'을 없애자는 생각이나 말조차도 감히 할 수가 없었다. 귀인(양반)과 천인(노비,백정)을 따로 낸 것은 하늘(天)의 뜻이니, 귀천을 혼돈하는 것은 하늘의 뜻을 거슬리는 것이 되기 때문이다.

그래서 우리나라 역대 명현, 거유 중 그 누구도 노예 해방사상 같은 것은 생각지도 못했지만 '고충'을 헤아려 사람 대접을 해줘야 한다는 문익공의 도량은 대인학에서 두드러지게 읽을 수가 있다. 자기 집 하천(下賤)들을 대인학의 도량으로 대해 존경을 받았던 문익공이었고 그것이 그 동래 정씨 집안의 너그러운 가풍이기도 했다. 그러면 문익공 정광필의 대인학은 어떻게 짜였는가?

公有器局善應接 言貌休休

    공은 그릇이 크고 국량이 있으며 사람 응접하기를 잘하고 말과 안색이 너그럽다.

우선 도량이 큰 점을 드러냈고 그런 대인학을 달통하고 보면,

可謂聽於無聲 視於無形

    가위 소리가 없는 데서 듣고 형상이 없는 것도 본다.

이렇게 신명(神明)이 자통(自通)하는 경지에 이른 것이라고 했다. 그런데 아무리 도학정치를 숭상하는 그때라고 하지만 정승재목이라고 하는 것은 '재주'가 있다는 것만으로 충족될 수가 없다.

雖如精金美玉 當國家有爲之時 無能往來

비록 자품이 맑은 금이요. 아름다운 옥과 같은 사람일지라도 나라의 큰일이 있을 때를 당하여서는 어떻게 할 능력이 없어서 공연히 왔다갔다만 한다면 무엇에 쓰는가.

'능력'이 있어야 한다고 했다.

踐履端重 操存性重 平生無疾言遽色

행동이 단정하고 신중하며 정성스럽고 말을 빠르게 하거나 얼굴빛을 창졸간에 변하는 일이 없다.

그야말로 '듬직하고 무거운' 사람이라야 '기국器局이 있다.'고 했는데 그러나 그것만으로는 나랏일을 처리해 갈 수가 없다.

畦畛甚嚴

일을 당해서는 경우를 엄하게 가려야 한다.

畦(휴)라는 것은 밭두둑이다. 밭 50이랑을 一畦(일휴)로 두둑(區)을 짓고 畛(진)이라는 것은 논두둑, 말하자면 밭두둑이나 논두둑을 정확하게 구분하여 경지耕地의 구계區界를 이룬다는 뜻이다. 두둑과 이랑이 명확하게 갈라진 것(區界)은 술에 술 탄듯 물에 물 탄듯 하지 않는다는 뜻이다. 이것이 없으면 아무리 대인학을 달통한 명기名器라고 할지라도 국사는 맡아서 다스릴 수가 없다.

휴진(眡眕)은 법으로써 그 법을 법같이 시행하며 밀고 나갈 '嚴(엄)'을 갖추지 못하면 아래를 통솔할 수가 없는 탓이다.

문익공 정광필은 한없이 도량이 큰 사람이면서도 바로 그 휴진을 지키기 위해 권신 김안로와 맞섰다가 죽을 뻔 했던 것이다.

문익공이 사복시 도제조로 있을 때였다. 사복시는 왕궁에서 쓰는 말을 관리하는 관청이어서 왕궁에 소속된 목장이 있었다. 뚝섬 쪽에도 수십만 평 터에 목책을 치고 말을 길렀는데 그 땅이 넓고 기름져서 김안로가 욕심을 냈다.

김안로는 바로 효혜공주의 시아버지로 중종과는 사돈대감이 된다. 김안로의 아들 김희가 효혜공주에게 장가들어 연성위가 된 후 우의정, 좌의정에까지 이르러 정치를 독단하다시피 할 때였다. 그 김안로가 뚝섬에 있는 목장을 욕심내어 사람을 보냈다.

"무슨 일인가?"

"예. 목장 땅을 희락당(김안로) 대감께서 … 땅이 넓고 좋으니 일부를 떼어 차라리 밭을 만드는 것이…."

"안 되네."

"하오나 이는 희락당 대감의 분부이십니다."

"아무리 희락당이라도 이 목장은 나랏것이요, 관리할 책임은 내게 있네. 가서 자네 대감에게 그렇게 여쭙게."

사복시 도제조 정광필은 분연하게 김안로의 청을 거절했다.

바야흐로 김안로의 세력이 온나라를 덮고 그의 패거리들이 정부에 꽉 차서 종친이나 공경(公卿)이라도 김안로의 비위를 거스르지 못하고 그의 공포정치 앞에서 전전긍긍 떨고 있을 때였다.

그런데 사복시 도제조가 김안로의 청을 단호하게 거절하고 나섰다.

又稱內旨 必慾得之 光弼固拒之 曰 國家牧馬之場 決難割給勢家可待老未死後

이에 김안로가 다시 내전의 뜻이라 전하고 기어이 차지하려 하자 광필이 굳이 거절하기를 국가에서 말을 먹이는 땅은 결단코 베어서 세도가에 줄 수 없으니 정 빼앗고 싶으면 이 노부가 죽기를 기다려라.

이런 일로 김안로의 노여움과 원망을 사서 영의정 정광필도 끝내 김해 땅으로 귀양을 갔었다. 그것은 정광필이 총호사로 있을 때 중종의 비妃가 묻힌 희릉 묏자리를 잘못 잡았다는 죄목으로 얽은 것이다. 그래서 영의정 정광필은 파직을 당해 회덕에 있는 시골집으로 쫓겨났는데 김안로의 일당은 사방에서 벌 떼처럼 일어났다.

"정광필의 죄는 죽음으로 다스려야 마땅합니다."

"정광필에게 죽음을 내리셔야 하옵니다."

하지만 임금은 그 치성한 세력을 꺾을 수 없어 허락하였으나 이를 곧 뒤집었다.

"정광필을 죽음에서 감하여 김해로 귀양 보내라."

그래서 정광필은 죽음을 당했다가 죽음을 다시 면하고 귀양길을 떠났지만 언제 또 김안로 일당에 의해 죽음이 내려오게 될 지 모르는 신세가 되었다. 그때 정광필은 김해로 귀양 가면서 처절한 시 한 수를 남겼다.

훼방이 산같이 쌓였으나 마침내 용서를 받았네. 이 생에 임금 은혜를 보답할 길이 없구나. 열 번 높은 고개를 넘는데 두 줄기 눈물이요, 세 번 장강을 건너면서 홀로 혼이 끊어지네. 아득히 높은 산엔 구름이 먹을 뿜고 망망한 들판에는 비가 항아리를 쏟듯 하네. 저물게 바닷가 동쪽 성에 다다르니 초가집은 쓸쓸한데 대나무로 문을 삼았고녀.

대인학을 완성한 노정승 정광필로서도 난세를 살아가기가 그렇게도 힘들었다. 소인들의 비방이 먹구름처럼 난무하기 때문에 자기도 소인처럼 함께 춤추지 않고서는 가락이 맞지 않는다. 그러나 그런 세상이라도 휴진조차 무너진다면 무엇으로 지탱하는가?

휴진(法) 하나를 지키고 세가(勢家)에게 나라 땅 한 뼘을 뺏기지 않고 지키려는 청백함이 드디어는 김해 땅 험한 바닷가로 귀양와서 하루살이 같은 목숨으로 불안에 떠는 몸이 되었다.

그때 영의정 정광필의 나이도 일흔여섯 살의 노신이었다. 목숨이 경각에 달려 집안 자제들은 모두 김해로 내려가 아버지를 모시고 대인학 노신 문익공은 사약을 기다리는 나날 가운데서도 코를 골며 편안히 자고 이튿날 일어나면 바둑만 두었다.

그러던 어느 날 한밤중이었다. 서울집에서 부리는 종 하나가 정광필 적소가 있는 해변가 오두막집 문 밖에 와서 쓰러져 버렸다.

서울서부터 김해까지 밤인지 낮인지도 모르고 닷새만에 뛰어온 종 천만이는 정광필이 있는 귀양터 오막살이 앞에 이르자 그만 너무 지쳐서 정신을 잃고 쓰러져 버린 것이다.

"무슨 일인지 이렇게 실신을 하도록 급히 뛰어왔다면 반드시 사단이 있을 것입니다."

"사단이야 뻔하다. 내게 죽음을 내렸다는 소식을 알리러 왔을 것이다. 내야 죽을 때가 되면 죽지만 서울서 여기까지 이렇게 기절해 쓰러지도록 급히 달려온 종이 고맙구나."

문익공을 모시고 있는 자제들은 통곡을 터뜨렸다. 필시 '나쁜소식(죽음)'이 아니라면 이렇게까지 급히 뛰어 왔겠는가.

그런데 종은 가서 家書나 편지 한 조각도 지니지 않았으니 영문을 알 수가 없다. 그래서 그 자제들이 종의 주머니 속을 뒤져 보았다.

"무슨 편지가 있느냐?"

"아무것도 없습니다."

여기서 문익공은 기가 막히게 낙담할 일이었다.

"그러냐?"

문익공은 이 한 마디를 하고 방 안으로 들어가더니 코를 골며 깊은 잠을 잤다고 했다.

'길한 소식'을 가져오지 않은 것이라면 죽음이 있을 뿐이라는 것은 누구나 짐작하기에 어렵지 않은 노릇이다. 그 죽음 앞에서는 누구나 간이 타고 뼈가 쑤시기 마련이다. 그런데도 그는 다만 한 마디 "그러냐?" 할 뿐 더 말없이 깊은 잠을 자고, 그 이튿날에야 종의 옷 속에서 나온 조보朝報를 펼쳐보고 김안로가 쫓겨나고 자신을 다시 영중추부사 벼슬로 불러들인다는 것을 알았다.

조선의 선비